A ficção da realidade

Rodrigo Estramanho de Almeida

A ficção da realidade

Sociologia de *O Guarani* de José de Alencar

alameda

Grafia atualizada segundo o Acordo Ortográfico da Língua Portuguesa de 1990, que entrou em vigor no Brasil em 2009.

Edição: Haroldo Ceravolo Sereza
Editora-assistente: Danielly de Jesus Teles
Projeto gráfico, diagramação e capa: Mari Ra Chacon Massler
Revisão: Alexandra Colontini
Assistente acadêmica: Bruna Marques
Imagem da capa: Charge sobre Jorge de Alencar e a polêmica acerca da suspensão do drama *O Guarani*. Fonte: Vida Fluminense, 15 de agosto de 1874 - Hemeroteca Digital da Biblioteca Nacional

CIP-BRASIL. CATALOGAÇÃO NA PUBLICAÇÃO
SINDICATO NACIONAL DOS EDITORES DE LIVROS, RJ

A45f

Almeida, Rodrigo Estramanho de
A ficção da realidade : sociologia de O Guarani de José de Alencar / Rodrigo Estramanho de Almeida. - 1. ed. - São Paulo : Alameda, 2018.
: il. ; 21 cm.

Inclui bibliografia

1. Crítica literária. 2. Sociologia na literatura. I. Título.

18-51689 CDD: 301.01
CDU: 316

ALAMEDA CASA EDITORIAL
Rua Treze de Maio, 353 – Bela Vista
CEP 01327-000 – São Paulo – SP
Tel. (11) 3012-2403
www.alamedaeditorial.com.br

Para Bernardo e Antonio

La seducción que ejercen sobre nosotros los mitos no reside en el carácter religioso de esos textos – esas creencias no son las nuestras –, sino en que en todos ellos la fabulación poética transfigura al mundo y a la realidad.

Octavio Paz, *Los hijos del limo*, 1972

Sumário

Introdução

O objeto desse estudo é o livro *O Guarani (romance brasileiro)* escrito em 1857 por José de Alencar (1829-1877).

A escolha desse objeto advêm do meu interesse em desenvolver experiências de conhecimento sociológico sobre o Brasil por meio da produção artística, mormente a literária, com vistas à compreensão da sociedade na realidade das ficções do país.

Desde 2006 venho me dedicando a essa tarefa ocupando-me mais dos romances do período realista, mas sempre pensando em retornar no tempo a fim de analisar alguma peça literária escrita nos primeiros anos após a independência política do país, e perscrutar o potencial sociológico dos romances românticos entre os quais destacam-se os de José de Alencar.

Aliás, Alencar foi um dos primeiros escritores brasileiros de peso que li. Digo 'peso' porque são, na maior parte, obras grandes, de narrativa um tanto quanto rebuscadas e que tomam dias de leitura. Ao longo de minha trajetória de estudante, ora porque eram leituras obrigatórias para provas e vestibulares, ora porque me interessavam pelo curioso dos títulos, estavam sempre ali por perto e foram se acumulando nas prateleiras do pequeno escritório em que estudava na casa de meus pais.

Entre os livros de Alencar, *O Guarani* foi marcante na minha formação de leitor. Nunca saiu da minha memória (nem da prateleira) e por muito tempo eu pouco sabia de seu escritor. Apenas que era cearense e produzira diversos romances, sendo identificado como figura chave do romantismo brasileiro e que comumente é tachado de chato, justamente pelo 'peso' de suas obras.

Ainda não sabia, como agora mais ou menos sei, que o escritor de *O Guarani* havia participado intensamente do debate político e cultural no segundo reinado, que tinha sido jornalista, cronista, polemista, deputado e ministro da justiça.

Puxando pela memória lembrei do indianismo, da importância que a crítica coloca em relevo no que diz respeito ao papel da obra de Alencar para as questões de nacionalidade e figuração do brasileiro que projetara. Resolvi ler, anos depois, próximos desses que escrevo, com a lente de sociólogo, novamente *O Guarani.*

Ao relê-lo com os mesmos propósitos de outras análises que fiz, tal como em *A realidade da ficção: ambiguidades sociais e literárias em O Mulato de Aluísio Azevedo*[1] (2012), anotei às margens do livro aquilo que me parecia peculiar para o olhar do sociólogo: família, etnia, história e religião sobressaltaram como temas centrais a partir dos quais eu poderia desdobrar algumas linhas indutivas sobre a realidade ficcional do romance com vistas à alguma compreensão sociológica da obra.

De fato, esses são os temas que moveram o início do trabalho. Após algumas considerações de fundo no capítulo *Prólogo a sociologia de um romance*, apresento em *Por dentro de O Guarani* uma leitura da obra realizada sem anteparos de outros críticos e sem lançar mão de maiores contextualizações externas. Realizei uma leitura fechada, deixando as linhas do romance conduzirem os nexos sociais e políticos da estória. Antes, no entanto, tento esclarecer os pressupostos metodológicos dessa leitura baseados, sobretudo, em Auerbach (2011) e Frye (2014), bem como esclareço algumas questões de cunho metodológico.

Uma vez realizada essa parte do trabalho fui buscar toda informação que eu pudesse ter sobre a obra: quando e como foi publicada;

1 Publicado em 2012 também pela Alameda Casa Editorial.

seu contexto político e social; sua repercussão; a crítica sobre ela produzida. Descobri "um mundo".

Nenhum pesquisador se move em direção a um objeto sem alguma intuição sobre o seu potencial e eu, pois, já sabia que *O Guarani* daria "pano pra manga", mas não imaginava tanto. Descobri, por exemplo, não muito além do que muitos já haviam descoberto sobre a obra, que ela nasceu em meio a um debate sobre literatura sem precedentes àquele momento, 1857, que ela foi escrita em ritmo artesanal (para não dizer comercial) e que fora adaptada uma centena de vezes (talvez mais do que qualquer outro romance brasileiro) para diversos gêneros e mídias e que sua vida no imaginário brasileiro, tal como dizem a maior parte dos críticos que a ela se dedicaram, ocupa lugar mitológico.

Depois de dois anos de coleta de dados e material sobre a obra eu já tinha amontoado pilhas de papel e anotado pelo menos umas cinco chaves de leitura do livro: *O Guarani* como romance romântico; como romance histórico; como romance indianista; como faceta do pensamento social do escritor, como mito e, enfim, como um excelente mote para tratar de assuntos de economia cultural brasileira de idos da segunda metade do século XIX.

Sem abandonar o conjunto das chaves, me detive, por *insight*, na dimensão concreta da obra, pois notei (o óbvio) que *O Guarani* é antes de tudo um livro com capa, lombada, páginas... Um romance fruto da ação artística de um escritor que viveu em meados do século XIX, quando o produto literário ainda não tinha um mercado sólido para circular no país.

Anotei no meu caderno de pesquisa o que parecia um bom caminho a seguir: *O Guarani* de livro a mito. Queria compreender a obra num sentido sociológico, mas queria, também, recompor a dimensão histórica e concreta do romance. Queria saber *como* a estória do livro foi concebida, mas também *como* foi reproduzida enquanto produto cultural e *como* alcançou o *status* mítico aludido por seus críticos.

Percebi que *O Guarani* poderia ser tomado como uma espécie de, parafraseando Marcel Mauss (2003), *obra social total* e se muitos críticos já o haviam apreciado em múltiplas direções parecia faltar uma que relacionasse a dimensão concreta da obra, o livro em si, com a sua dimensão literária e social.

Fui levado a esse caminho porque tudo o que eu pensava a partir da obra já parecia ter sido analisado por outrem: o pensamento político do autor e a relação com a obra; o autor no debate da questão nacional entre 1855 e 1870; o aspecto histórico da obra; os sentidos do indianismo e do romantismo na obra. Ainda bem: minhas ideias faziam sentido! Mas, pareceu-me que tudo já havia sido dito sobre *O Guarani* e eu quase abandonei o projeto.

Só não o abandonei porque encontrar uma chave de leitura ainda não realizada me pareceu, em algum momento, o verdadeiro desafio da pesquisa. Agora que considero o trabalho mais ou menos acabado, não tenho certeza se consegui iluminar algo que não tenha sido antes ventilado, mas a aventura da pesquisa foi instigante e creio que duas perguntas formuladas ao longo do estudo são alvissareiras.

Assim, após a análise interna da narrativa, procuro responder (a) como *O Guarani* é um livro? e (b) como *O Guarani* é um mito? Admito pois que é um livro e um mito, mas me propus a saber *como*.

A primeira pergunta guia o capítulo *À francesa e a vapor* no qual tento recompor o contexto político e social, bem como o debate literário e as questões de pensamento do período de composição da obra sem deixar de considerar questões concretas relacionadas à infraestrutura de produção de livros e formação do público leitor.

A segunda questão motiva o capítulo *As versões de um romance* onde realizo um inventário das versões e adaptações da estória de *O Guarani* ao longo de 160 anos de sua presença no mercado de cultura do país. De algum modo, pois, relaciono a dimensão material à dimensão imaterial da obra à guisa de tentar compreender o lugar e a presença da estória de *O Guarani* na imaginação brasileira.

O que concluí está na conclusão. Não adianto nada aqui para criar o suspense que deixa o leitor curioso, tal como fazia Alencar quando escrevia seus romances folhetins. Aqui, também, encerro o uso da primeira pessoa.

Não queremos que pensem que o que escrevemos nos capítulos que seguem tenha sido efetivo da nossa ideia sobre a obra, se não aquilo que a própria narrativa e a realidade empírica reconstruída ao redor dela permitiu dizer.

Prólogo à sociologia de um romance

O Guarani é um romance cujas cenas se desenvolvem na estória de um núcleo familiar luso-brasileiro fixado em uma propriedade colonial tropical em idos de 1603, 1604.

No drama de narrador onisciente, o patriarca, chefe da família, Dom Antônio de Mariz é pai de Cecília, a protagonista, musa da trama. Na propriedade habitam, além da família do fidalgo, um grupo de aventureiros, espécie de bandeirantes, responsáveis pela segurança e exploração do meio. Deste núcleo de homens agregados a Mariz é que sairão heróis e vilões.

À margem dos núcleos familiar e dos aventureiros, vive, meio agregado e cativo, Peri. Um índio de etnia Goitacás cuja servidão é prova de amor livre e devotado por Cecília, a musa que em sua cosmologia confunde-se com uma deusa da natureza.

A vida da família que é expressão da obra da colonização ver-se-á ameaçada por um iminente ataque de uma aldeia aimoré e pela vilania de Loredano, antagonista central da casa de Mariz. Peri, o único suficientemente conhecedor do meio, far-se-á herói salvando Cecília dos planos de Loredano, que era raptá-la, bem como da horda bárbara aimoré que objetiva extinguir a família de Mariz.

Por fim, em fuga pelas águas do Paraíba – a natureza é grande protagonista do romance – Peri, a essa altura um índio convertido ao catolicismo, ainda terá de salvar Cecília de uma grande enchente. Navegando sobre o tronco de uma palmeira os dois somem no horizonte para juntos, num final aberto, talvez fazerem o Brasil, miscigenado, da branca luso-brasileira com um índio, habitante original da terra.

Em linhas gerais é esse o enredo escrito por um romancista cearense que escondendo à época os seus 27 anos de idade, atrás de uma fisionomia e barba austeras, publicou entre primeiro de janeiro e vinte de abril de 1857, capítulo a capítulo em forma de romance-folhetim no *Diário do Rio de Janeiro*, aquele que foi o seu segundo romance e este lhe renderia a consagração nas letras brasileiras.

O Guarani de José Martiniano de Alencar (1829-1877) é um dos romances brasileiros de maior expressão e – como veremos adiante – um dos mais adaptados e, muitas vezes, mesmo quando não lido, conhecido do grande público.[1]

Não obstante, o sucesso do livro à época de seu lançamento, entre janeiro e abril de 1857, não foi tão expressivo quanto se possa pensar, inclusive pelo que já dissemos; em todo caso, o reconhecimento viria na década seguinte e o nome do autor entraria de forma marcante, quase sempre como um capítulo decisivo, nos manuais de literatura brasileira.

No que diz respeito à política *O Guarani* guarda relação direta com o projeto nacional, pois no início da segunda metade do século XIX o Brasil tinha pouco mais de 35 anos de independência e ainda não havia herói nem mito fundador nacionais consubstanciados no imaginário nacional. A ideia de povo, o seu sentido e caráter, eram rarefeitos, as palavras-chave que melhor poderiam significar o país eram desconhecidas, impensáveis. O sentido de nação, sua origem e signifi-

---

1 Os livros de Alencar, sobretudo *O Guarani*, são uma constante na lista de leituras obrigatórias do ensino médio e dos vestibulares no Brasil. No senso comum não é difícil achar quem tache a leitura das obras do autor como enfadonha, mesmo assim esgotam-se rapidamente os ingressos das óperas e releituras de *O Guarani* como registrou a reportagem da Folha de S. Paulo de 24 de abril de 2000, disponível em : <http://www1.folha.uol.com.br/fsp/ilustrad/fq2404200014.htm> Último acesso: jun. 2013.

cado não estavam elaborados e era pois preciso dar sentido a criação simbólica do Brasil por meio de mitos e tradições.

Em outras nações recentes àquele momento, o romantismo foi o movimento artístico e filosófico que melhor realizou a missão de dar significado simbólico à forma moderna de organizar o Estado e a sociedade. Assim é que podemos falar da Alemanha de Johann Wolfgang von Goethe (1749-1832), nos Estados Unidos de James Fenimore Cooper (1789-1851), na França de François-René de Chateaubriand (1768-1848), no Reino Unido de Walter Scott (1771-1832) e no Brasil criado por Alencar.

Muitas são as notas críticas sobre os condicionamentos que as obras destes autores teriam exercido sobre as criações literárias de José de Alencar. No que toca ao romance de fundação onde os 'selvagens' americanos e os 'brancos' europeus protagonizam a história seria decisiva, segundo alguns, a leitura de *O último dos moicanos* (1826) de James Fenimore Cooper. Ainda no que diz respeito à forma do romance histórico seria decisiva a leitura de Alencar das obras de Walter Scott (CANDIDO, 2006, p. 536).

Em todo caso, a despeito da influência e condicionamentos externos *O Guarani* forneceu, segundo a crítica, tal como veremos alhures, concretude à fundação da nação brasileira nas letras, dava sentido ao caráter do povo, inventava o herói original, o índio ideal e tudo isso nas tramas românticas de uma história de amor miscigenada, cabocla. Da relação de um índio herói e uma donzela nasceria, segundo Alencar, entre a barbárie mítica e a brancura europeia, o *Ethos* brasileiro.

Não obstante, quando Alencar começou a escrever *O Guarani* em 1856, o Imperador Dom Pedro II (1825-1891) havia encomendado com outro escritor, outro livro para fundar o país nas letras.

Alguns anos antes, final de 1854, um cônsul do Brasil chamado Domingos Gonçalves de Magalhães (1811-1882), renomado autor de *Suspiros Poéticos e Saudades* (1836), agraciado por Dom Pedro II, retornava de seu posto oficial na Itália, para brindar sobre as honras do Império o seu mais novo poema: *A Confederação dos Tamoios* (1856) almejava ser a epopeia da civilização brasileira. Assim queria o imperador que financiou com o erário imperial a edição do longo poema de Magalhães e "na sessão do Instituto Histórico a 13 de junho de 1856, ofereceu à respeitável instituição um rico exemplar primorosamente encadernado do belo poema do Sr. Dr. D.J.G. de Magalhães, *A Confederação dos Tamoios*." (MARTINS, 1993, p. 29).

O poema não agradou nada ao público e muito pouco a crítica. Um ano depois era *O Guarani* de Alencar que cumpriria em prosa a tarefa epopeica – para frustração de Magalhães e o desconforto do Imperador.

Assim, não faltou polêmica – e essa seria uma constante na vida do escritor – à José de Alencar, pois foi ele que animou a crítica negativa ao poema de Magalhães. Em 1856, no *Diário do Rio de Janeiro*, o futuro autor de *O Guarani*, utilizando-se do pseudônimo Ig. (corruptela do nome da protagonista do poema de Magalhães, Iguaçú), escreveu oito cartas com críticas severas sobre a forma e conteúdo de *A Confederação dos Tamoios*. A polêmica atrairá intelectuais de renome, bem como o próprio imperador D. Pedro II às páginas dos jornais. Dada a importância do episódio, uma vez que precede e anuncia a proposta de *O Guarani*, iremos tratar com mais vagar do tema em tópicos posteriores desse estudo.[2]

Por ora basta dizer que *O Guarani* nos interessa não só porque é um livro que inventa uma certa ideia das origens do Brasil, mas também porque nasce da crítica ao projeto oficial de nação do Estado. Entrementes, Alencar, tanto para pensar as origens do Brasil quanto

2 Sobre a polêmica em torno d'A *Confederação dos Tamoios* ver, também, CASTELLO, 1953.

para criticar o projeto de nação oficial, baseou-se na história para inventar um estória.[3]

O romance histórico e a politização da arte

O que é peculiar aos leitores de ontem e de hoje d'*O Guarani* é que ao ler o romance lê-se, também, um capítulo da história do Brasil, uma descrição da vida e do cotidiano rural dos inícios do século XVII. O curioso é que este aspecto do romance não foi apenas posto em evidência pela crítica, posto que foi anunciado pelo próprio autor em um curto prólogo adicionado à primeira edição do romance em formato de livro:

> O seu único merecimento[d'*O Guarani*], se algum lhe cabe é de falar de coisas da nossa terra dos primeiros tempos da colonização, e de misturar algumas reminiscências históricas aos costumes indígenas.
> As notas que vão no fim explicarão algumas coisas que muitos não conhecem, por serem especialíssimas ao interior do Brasil; aí verá o leitor que a imaginação não fez mais do que dar algum colorido a costumes nacionais, que podem se tornar uma fonte de poesia para a nossa literatura (ALENCAR, 1857a, p. X).

Cumpre, pois, dizer que na ideia de José de Alencar, *O Guarani* deveria ser entendido como fidedigno ao que de fato se passava nos inícios do Brasil, mesmo alguns dos personagens, como é o caso de

3 Deste ponto em diante utilizaremos *estória* para fazer menção ao romance e *história* para tratar do processo histórico seja aquele referente ao contexto em que viveu Alencar (séc. XIX) ou o contexto no qual está baseada a narrativa de O *Guarani* (século XVII). Mesmo sendo *estória* um arcaísmo o *Dicionário Houaiss da Língua Portuguesa* (2009) parece indicar que o uso que fazemos é, em termos etimológicos, pertinente.

Mariz, foram inspirados, para não dizer lastreados historicamente, a partir de registros históricos de colonizadores reais que habitaram o Brasil em idos de 1600.

Trata-se, pois, *O Guarani*, e assim queria o seu autor, de um romance histórico e, embora, como veremos adiante, não achamos ser suficiente tal conceito para dar cabo do que queremos retirar do romance, é indispensável a sua definição.

Romance Histórico é o gênero literário que classifica obras literárias nas quais "narrativas fictícias tratam de fatos ou de personagens históricos" (ESTEVES, 2010, p. 31) que recriam tramas onde o fluxo narrativo está vinculado a uma localização real no tempo e no espaço. Não obstante, obras literárias desse tipo existem desde a antiguidade (ESTEVES, 2010, p. 31) mas a gênese moderna do gênero é localizada pela crítica no início do século XIX, sobretudo a partir obra de Walter Scott (1771-1832). Assim é paradigma que

> coube a Scott, no processo de afirmação do romance como epopeia da burguesia, criar essa nova variante narrativa, cujos personagens, ao mesmo tempo em que estão profundamente inseridos no fluxo da história, atuam de modo que seu comportamento explicite as peculiaridades da época apresentada (ESTEVES, 2010, p. 31).

A obra de maior fôlego dedicada ao estudo do gênero é, sem dúvida, *O Romance Histórico* de György Lukács de 1955. No livro, o filósofo húngaro identificará o romance histórico em sua forma clássica, a relação do fenômeno com o drama histórico, a crise do realismo burguês, além da relação do gênero com o humanismo democrático e o "espírito autêntico da história" (LUKÁCS, 2011, p. 344). Passagem da primeira parte do livro *A forma clássica do romance histórico*, contribui para nosso propósito de bem definir a categoria:

> O romance histórico surgiu no início do século XIX, por volta da época da queda de Napoleão (Waverley, de Walter Scott, foi publicado em 1814). É óbvio que, já nos séculos XVII e XVIII, havia romances de temática histórica, e quem desejar pode até considerar as adaptações de histórias e mitos antigos na Idade Média "precursoras" do romance histórico e ir além, retrocedendo à China e à Indía. Mas por essa via não se encontrará nada que possa de algum modo iluminar, em sua essência, o fenômeno do romance histórico. [...] O que falta no romance histórico anterior ao de Walter Scott é o elemento especificamente histórico: o fato de a particularidade dos homens ativos derivar da especificidade histórica de seu tempo (LUKÁCS, 2011, p. 33).

No mesmo sentido e para completar o entendimento do conceito, Perry Anderson registra que

> em sua forma clássica, o romance histórico é uma épica que descreve a transformação da vida popular através de um conjunto de tipos humanos característicos, cujas vidas são remodeladas pelo vagalhão das forças sociais. Figuras históricas aparecem entre os personagens, mas seu papel na fábula será oblíquo e marginal. A narrativa será centrada em personagens de estatura mediana, de pouca distinção, cuja função é oferecer um foco individual à coalizão dramática dos extremos entre os quais se situam ou, mais frequentemente, oscilam (ANDERSON, 2007, p. 206).

Assim, chamamos romance histórico o gênero narrativo realizado a partir da fabulação de fatos reais, do encontro entre a ficção e a realidade, história de fato e história ficcional. Com essa combinação o autor objetiva lastrear a narrativa ficcional em acontecimentos passados e conhecidos. Em romances deste gênero, muitas vezes, o final total já está dado, mas o autor detém autonomia relativa para expandir, por meio dos personagens e episódios criados a partir das personalidades e/ou situações reais e conhecidas, os fatos e os protagonismos da trama gerando um final específico.

Ao ancorar a invenção específica na realidade histórica a narrativa ganha credibilidade diferenciada, fazendo do leitor expectador da ficção e ao mesmo tempo da história; não à toa o livro do gênero pode ser facilmente utilizado como instrumento didático ou pode vir a tornar seus personagens parte da história de fato, confundindo ficção e realidade, construindo heróis, gerando mitos e inventando tradições. O mesmo ocorre em *O Guarani*. Daí o encontro do gênero com "o despertar do sentimento nacional e, consequentemente, da sensibilidade e do entendimento para a história nacional" (LUKÁCS, 2011, p. 40).

Dado o contexto de seu surgimento, permeado pela questão do Estado nacional moderno, o romance histórico apresenta-se quase sempre em uma situação de politização da arte, pois "o artista e a obra incluem-se no fluxo da propagação difusa de algum projeto político, sem deixar-se apanhar completamente pela rede do poder centralizado e impositivo de alguma instituição" (CHAIA, 2007, p. 24). Aqui vale lembrar, como registrado alhures de passagem, que *O Guarani* de José de Alencar veio frustrar o projeto da epopeia oficial da *Confederação dos Tamoios* de Gonçalves Magalhães que era a preferência do imperador. O mito de origem do Brasil estava oficialmente em jogo, mas politizou-se mais a obra que não era gosto do "poder centralizado e impositivo" da instituição imperial.

Assim, no quebra-cabeça do pensamento político e literário da segunda metade do século XIX pensamos ser a obra e porque não dizer o pensamento de José de Alencar uma peça importante na qual outras podem vir a se somar para completar melhor o quadro. Em certo sentido podemos argumentar que *O Guarani* possibilita alguma compreensão dos inícios da história do Brasil independente a partir da lente ficcional de um autor brasileiro do período ao mesmo tempo em que pode possibilitar uma compreensão da cultura política do brasileiro na longa duração uma vez que a história de *O Guarani* ainda se faz presente, como veremos adiante, nas dezenas de adaptações para quadrinhos, cinema, teatro e ópera.

Cultura política deve ser entendida aqui como a noção que se refere "ao conjunto de atitudes, crenças e sentimentos que dão ordem e significado a um processo político, pondo em evidência as regras e os pressupostos nos quais se baseia o comportamento de seus atores" (KUSCHNIR; CARNEIRO, 1999, p. 227).

Ora, se José de Alencar, por meio de sua obra, imprimiu certa ideologia da realidade na cultura política brasileira, guardam seus romances históricos, uma vez que devem conter as características até aqui assinaladas, os ingredientes narrativos que mimetizados entre a ficção e a realidade e na relação autor, público e obra, uma compreensão possível do Brasil de idos do segundo reinado e suas possíveis e eletivas sincronicidades com o presente.

Ora, mas ainda resta a questão: por que *O Guarani* pode ser aproximado dos assim chamados romances históricos? O que faz desta obra em meio às mais de quinze outras do autor ser considerada desse gênero?

Em primeiro lugar, pode-se argumentar que ela guarda as características acima enunciadas: lastreia a narrativa na história do Brasil, esforça-se em limitar o tempo e o espaço dos fatos e personagens ancorando a ficção na realidade. Para além disso, a crítica e o próprio autor nos ajudam na tarefa classificatória que, como dissemos, embora não seja suficiente para nossos objetivos, é deveras importante.

Em um prefácio de 23 de julho de 1872, escrito para o romance *Sonhos D´Ouro*, intitulado *Benção Paterna*, José de Alencar, após disparatar comentários ferinos aos críticos coetâneos de seus romances, propõe ele mesmo uma classificação de sua obra:

> Aos que tomam ao sério estas futilidades de patriotismo, e professam a nacionalidade como uma religião, a esses hás

> de murmurar baixinho ao ouvido, que não te escutem praguentos, estas reflexões: "A literatura nacional que outra coisa é senão a alma da pátria, que transmigrou para este solo virgem com uma raça ilustre, aqui impregnou-se da seiva americana desta terra que que lhe serviu de regaço; e cada dia se enriquece ao contato de outros povos e ao influxo da civilização?" O período orgânico desta literatura conta já três fases. A primitiva, que se pode chamar aborígene, são as lendas e mitos da terra selvagem e conquistada [...] Iracema pertence a essa literatura primitiva cheia de santidade e enlevo[...] *O segundo período é histórico:* representa o consórcio do povo invasor com a terra americana, que dele recebia a cultura, e lhe retribuía nos eflúvios de sua natureza virgem e nas reverberações de um solo esplendido. Ao aconchego desta pujante criação, a têmpera se apura, toma alas a fantasia, a linguagem se impregna de módulos mais suaves; formam-se outros costumes, e uma existência nova, pautada por diverso clima, vai surgindo. *É a gestação lenta do povo americano, que devia sair da estirpe lusa, para continuar no novo mundo as gloriosas tradições de seu progenitor. Esse período colonial terminou com a independência. A ele pertencem O Guarani e As Minas de Prata. Há aí muita e boa messe a colher para o nosso romance histórico* [...] (ALENCAR, 1955c, p. 35, grifo nosso).

De fato, José de Alencar não soma a sua classificação de romances históricos o seu *Guerra dos Mascates* (1873), mas isto porque este livro foi escrito um ano após a publicação deste prefácio do qual trasladamos o trecho supracitado. No entanto, alguns críticos da obra de Alencar tentaram dar continuação a classificação proposta pelo autor.

É o caso de M. Cavalcanti Proença que em 1965 fará a sua *Tentativa de classificação da obra de ficção de Alencar* e que incluirá, muito próximo aos históricos, no que tipificou como 'crônicas romanceadas', o *Guerra dos Mascates*. (PROENÇA in ALENCAR,

1977, p. XX). Outros críticos como Antonio Esteves argumentam que a maturidade do romance histórico adquire vulto na obra do "cearense de Mecejana, em sua volumosa obra narrativa, consolida não apenas o ideal nacionalista por meio do indianismo, como também o romance histórico no Brasil, em obras como *O Guarani* (1857), *As minas de prata* (1862-66), *Iracema* (1865), *Guerra dos Mascates* (1871) e *Ubirajara* (1874)". (ESTEVES, 2010, p. 48). Note-se que o autor cita os livros que Alencar separava em aborígenes e históricos. Seriam então, *Iracema*, *Ubirajara* e *O Guarani* os indianistas e os demais históricos, muito embora considere, de algum modo, todos os títulos citados como romances históricos. Mas, se o recorte for o começo da história a considerar a transição da colônia para a independência, excluem-se *Ubirajara* e *Iracema*. Seria, assim, *O Guarani* um romance de transição na obra do autor; dos 'aborígenes' para os 'históricos', daí sua centralidade.

Algo dessa especificação foi adotada por Valéria De Marco em *A perda das ilusões: o romance histórico de José de Alencar* (1993), que o próprio Esteves diz ser "o trabalho definitivo até o momento" sobre José de Alencar e o romance histórico (ESTEVES, 2010, p. 50). Para a autora, é a partir da leitura e análise de *O Guarani*, *As minas de prata* e *Guerra dos Mascates*, que se pode acessar o assim chamado 'romance histórico' de José de Alencar e também "à [paulatina] desilusão do autor e à degradação do possante romance histórico romântico" (DE MARCO, 1993, p. 218).

Daí que, considerando a proposta classificatória de José de Alencar, bem como a colocação de seus críticos e os objetivos do presente estudo, tendemos, em parte, a aceitar a delimitação do objeto no romance histórico de José de Alencar, mormente *O Guarani*, um, porque é o primeiro romance de renome do escritor; dois, porque é, entre os outros, um dos mais marcantes das letras brasileiras; três porque, tal como afirmado pelo escritor, "há aí muita e boa messe a colher para o nosso romance histórico." (ALENCAR, 1955c, p. 35).

Eis, pois, que, considerando a faceta histórica do romance, um de nossos objetivos é o de tentar entender de que modo a repercussão de *O Guarani* impactou a imagem que o brasileiro da segunda metade do século XIX, momento decisivo de formação de atitudes, crenças e sentimentos, faz de sua própria nação e porque não dizer de uma certa autoimagem.

Entrementes, *O Guarani*, em nossa proposta de estudo, não será tomado apenas como romance histórico, mas também político. Uma vez que aceitamos, pois, que a estória do romance foi construída a partir da história do Brasil, destacamos o fato de que ele foi elaborado em um momento político de transição no qual estava em disputa – como veremos pela polêmica em torno da obra de Magalhães e, consequentemente, no debate animado por Alencar, no qual participou o próprio imperador Dom Pedro II – a construção da ideia de nação (RICUPERO, 2004).

Há, portanto, o momento no qual o livro foi inspirado que é a fase colonial do Brasil e há, também, o momento em que o livro foi concebido e publicado, o segundo reinado. Num duplo movimento, o autor conta certa história do Brasil em um momento crucial para formulação da história do Brasil a ser contada. *O Guarani* é, além de histórico, um romance político. Não só porque realiza leitura da história brasileira, mas, sobretudo, porque nasce em meio a uma polêmica onde arte e política se fundem em uma direção programática.

A ideologia do autor será impressa em *O Guarani*. Na ação de seus personagens imprimir-se-á as alegorias que permitem uma certa visão de mundo sobre os inícios do Brasil. Os personagens, como veremos, são tipos pensados para agirem na direção da construção nacional e na direção política que quer o autor. Esta direção política não é somente aquela potencial do século XVII, momento da estória, mas, também a possibilitada pelo contexto de seu autor que vive na transição da primeira para a segunda metade do século XIX, momento da história. Aqui "o conflito é inevitável: o romance tenta confrontar a experiência que é imediata e íntima, enquanto a ideologia é, por natureza, geral e abrangente." (HOWE, 1987, p. 7).

De algum modo, propomos, *O Guarani* e José de Alencar formam dois polos que se distanciam e, também, se referenciam para efeitos de análise literária, política e histórica. *O Guarani*, portanto, equivale a uma construção literária que porta um pensamento político em si mesmo.

Ora, neste romance há um drama político expresso na ação dos personagens que são alegorias da substância humana da qual é – ou deve ser feito, segundo a ideologia do autor – o Brasil. O que move esta possibilidade do romance é o conflito de ideias políticas entrelaçadas ao fazer artístico. É a ideologia política submersa no romance, possibilitada pelo meio político em que transita o autor. A possibilidade de *O Guarani* é a polêmica, e a ideologia de seu criador, sobre a ideia de Brasil de idos da segunda metade do século XIX. E...

> é precisamente desse conflito que o romance político ganha seu interesse e assume a aura de um drama solene. Dizer simplesmente que a ideologia é, num certo sentido, uma carga ou um empecilho pode ser valioso ao forçar o romancista a uma concentração de todos aqueles recursos que são necessários para superá-lo. (HOWE, 1987, p. 7)

Assim, se *O Guarani* é um romance baseado na história é, também, um drama político. O drama efetivo de seus personagens forçados pela história a serem tipos, alegorias do Brasil, revelam a intencionalidade política de seu criador. O romance, como deixa revelar a polêmica na qual Alencar deliberadamente se envolveu, é fruto não só de uma atitude literária, mas, também política. Há, pois, política *no Guarani* que é aquela da estória, dos personagens, suas atitudes e comportamentos. Ao mesmo tempo há, também, a política *do Guarani* que é aquela do autor envolvido nas questões de seu tempo e propondo uma outra política que possibilita uma leitura do passado e uma proposta do futuro, nas letras e na nação. Os dramas do romance e do autor encontram, juntos, o seu lugar.

Nessa politização da arte (CHAIA, 2007) de Alencar o romance pode ser lido como a materialização estética de um projeto, pois o livro é parte do pensamento e da prática política do autor. Deste modo, em nossa perspectiva, é preciso pensar um pouco além do romance histórico para reconstruir o drama político alencariano em duas direções: (i) a da compreensão do momento político e social do autor e; (ii) a da construção do imaginário político e social brasileiro a partir do romance. Em qualquer uma das direções queremos extrair o que é político do que é artístico, literário. Assim, a literatura é assumida como forma de conhecimento.

Ainda, de algum modo, queremos fortalecer a dimensão germinal, originária d'*O Guarani*, posto que se trata de um romance de invenção que propõe, por meio de seu espaço dramático onde atuam seus personagens, um certo capítulo inicial da história do Brasil. Neste capítulo a figura do índio, cuja metáfora é Peri, é central, pois a força do lugar e da história que sobrepuja todo e qualquer empuxo psicológico da personagem, acaba por produzir um herói determinante para a estória do livro e para a história do Brasil. Ainda, neste ponto, extrapola o autor: o livro é intitulado com o nome de uma etnia, de todo um tronco linguístico ameríndio, de uma categoria social, portanto. Isto leva a crer, ainda mais quando relevado que o tema indígena era uma constante na obra de Alencar, que o seu plano de Brasil, em parte também porque não foge à moda indianista do momento romântico brasileiro, seja tópico indispensável no pensamento político do autor. Esse aspecto também será ventilado a frente com mais vagar.

Nesse ponto vale lembrar que *O Guarani* foi publicado quinze anos antes de 1870, ano marcante para o pensamento social brasileiro. Nos debates dos intelectuais e cientistas agrupados na classificação 'geração de 1870', a questão da miscigenação racial era central. A ideia de um Brasil mestiço e a valoração positiva ou negativa deste aspecto tornar-se-á o tema mais importante na crítica, na literatura, na política e nas ciências médicas e sociais que animadas por um "misto de cientistas e políticos, pesquisadores e literatos" que "irão se mover nos incômodos limites que os modelos lhes deixavam, haja visto que, nesse momento, indagar sobre que nação era essa significava, de alguma maneira, se perguntar sobre que raça era a nossa ou, então, se uma mestiçagem tão extremada não seria em si um sinal de decadência e enfraquecimento". (SCHWARCZ, 1994, p. 139-40)

Além do mais, o fato é que Alencar parece constituir, assinalada a diferença entre outros românticos indianistas do período como Domingos de Magalhães, uma ponte entre a ideia de nação do primeiro reinado (1822-1831) e da geração de 1870.

A ideia que chega com mais vigor do primeiro período do Brasil independente é a de José Bonifácio de Andrada e Silva (1763-1838). Numa relação entre certo liberalismo assegurado pela autoridade monocrática do Imperador, José Bonifácio via a ideia da nação sustentada socialmente pelo "amalgamento de pessoas de diversas raças" (WEFFORTT, 2006, p. 175).

José de Alencar, marcadamente em *O Guarani*, revisita o tema da miscigenação primeiramente proposto por José Bonifácio e antecede a inflação do tema na geração de 1870. Não obstante, o tema é central no pensamento social brasileiro atual e acompanhou todo o desenvolvimento das 'micro' e 'macro' teorias sociais sobre o Brasil como, por exemplo, em *Casa Grande e Senzala* (1933) de Gilberto Freyre e "por vezes é a visão otimista freyriana que prevalece transformando o país numa grande imagem de convivência racial pacífica e idílica" (SCHWARCZ, 1994, p. 149). À frente ainda veremos o papel do indianismo nesse contexto.

Estamos propondo, portanto, que a ficção da realidade de José de Alencar em *O Guarani* participa de um capítulo importante do pensamento sobre nacionalidade no Brasil, reinterpretando o passado pelo molde romântico europeu que estereotipa os "nativos estilizados como aristocracia autóctone" e se vincula, independentemente da quantidade de ingredientes raciais na mistura, a uma tradição que vê a mestiçagem como, neste caso, "do colonizador épico com o bom selvagem (...) em uma imagem idílica da nacionalidade e se expurgava o processo de colonização". (ALONSO, 2002, p. 57). Tratava-se, pois, de "dotar o Brasil de uma identidade (...) e inventar uma tradição nacional. Os romances de Alencar fizeram parte deste trabalho, dando à tradição inventada uma forma acessível ao gosto médio" (ALONSO, 2002, p. 58). A atitude literária de Alencar não era, pois, de ruptura com as ideias em circulação em sua época, mas conservadora.

Não obstante, a ideia que aqui queremos perseguir não deixa de levar em consideração o fato de que esta alegoria e ideologia da miscigenação de *O Guarani* de José de Alencar – donde o branco europeu prepondera, de certo modo, sobre a força nativa como se a ajustasse e também donde se obnubila propositalmente o negro - foi alvo de crítica política literária que descortina outros modos de ver o problema.

A mais relevante crítica está certamente no *Manifesto Antropófago*[4] de Oswald de Andrade (1890-1954) publicado em maio de 1928 na esteira das transformações estéticas promovidas pela Semana de Arte Moderna de 1922. No manifesto divulgado na *Revista de Antropofagia* (1928, p. 3 e 7), registrou Oswald: "Nunca fomos catequisados. Fizemos foi Carnaval. O índio vestido de senador do Império. Fingindo de Pitt. Ou figurando nas operas de Alencar cheio de bons sentimentos portugueses.". De todo modo, a presença de *O Guarani* não esmaeceu por completo depois da *Manifesto Antropófago*, muito pelo contrário, a

4 Ainda sobre este aspecto ver: ORTIZ, 1992. O *Manifesto Antropófago* pode ser consultado em versão digitalizada da *Revista de Antropofagia*, ano 1, nº 1, mai. 1928. Disponível em: http://www.brasiliana.usp.br/bbd/bitstream/handle/1918/060013-01/060013-01_COMPLETO.pdf. Acessado em: mai. 2015.

crítica de Oswald de Andrade contribui muito para o entendimento do sentido que aqui perseguimos, pois o eminente modernista nada mais fez, no trecho, do que desvelar mitos brasileiros que só merecem crítica porque são deveras importantes. Assim, podemos argumentar que o modernismo critica de fato a ideia de miscigenação de Alencar, mas não deixa de reconhecê-la como mito da nacionalidade.

Voltando ao contexto do autor, pouco depois do lançamento de *O Guarani*, Alencar se filiou ao Partido Conservador. Na política, assim como em literatura, suas atitudes eram quase sempre conservadoras, no máximo reformistas, mas nada progressistas se comparadas à cartilha abolicionista de seu tempo. Sobre este perfil conservador, ficou conhecida a polêmica parlamentar que Alencar travou, quanto a questão da escravidão, com o defensor do abolicionismo Joaquim Nabuco.[5]

Aqui vale dizer que estamos de algum modo, mesmo que indiretamente, pois o foco é a literatura e a política, mas não só a política, interessados nesta característica conservadora de Alencar mais no que diz respeito a sua forma de fazer literatura do que seus vínculos formais com os conservadores de seu tempo.

Como saquarema (assim eram chamados os políticos vinculados ao partido conservador) o escritor, advogado e político deixou claro em seus discursos e cartas ao imperador o seu ponto de vista contrário às políticas graduais de inserção dos negros escravizados na sociedade do segundo reinado. José de Alencar fez oposição a Lei do Ventre Livre de 1871 que tinha por objetivo tornar livres os negros filhos de escravizados nascidos a partir daquele ano. Daí, talvez que entre os

5 Sobre a polêmica Alencar – Nabuco ver COUTINHO, 1978. Análise recente do perfil conservador de José de Alencar, bem como da polêmica que este travou com o liberal Joaquim Nabuco está em WEFFORT, 2006. Sobre a relação do escritor com o Partido Conservador ver LIRA NETO, 2006; RIZZO, 2007 e SANTOS, 1991.

protagonistas de seus romances não fulgurassem personagens negros e que seu projeto de nação é miscigenado, mas nem tanto.

Alencar, como registrado nas cartas que escreveu contra a abolição (PARRON, 2008), coloca a barbárie da escravidão como uma etapa da construção da civilização. Esse conservadorismo de seu pensamento é, assim, "uma tal configuração estrutural objetiva e dinâmica" de seu tempo escravista e "historicamente desenvolvida" e ele, pois, agia de "modo conservador (...) na medida em que, e apenas na medida em que, se [incorporava] a uma das fases do desenvolvimento [da estrutura mental objetiva e contemporânea] do segundo reinado. Alencar, então, se "[comportava] nos termos da estrutura, ou simplesmente reproduzindo-a no todo ou em parte, ou desenvolvendo-a mais através de sua adaptação a uma situação concreta particular" (MANNHEIM, 1982, p. 110-111) uma vez que era ator e de certo modo protagonista na polêmica de 'civilização e raça' no segundo reinado brasileiro (1840-1889).[6]

Com isso, no entanto, não estamos querendo dizer que uma leitura de *O Guarani* a partir das convicções conservadoras de Alencar ilumine a obra para além de seu verdadeiro potencial. Esse não é e nem poderia ser nosso objetivo uma vez que a ordem do discurso literário e do político são diversas e só poderiam ser aproximadas por meio de uma análise holística do que produziu o autor. Nosso foco, por outro lado, está em apenas uma de suas obras; aquela que, como veremos, alcançou uma popularidade sem precedentes na literatura brasileira.

---

6 Esse aspecto mais político que literário do pensamento de Alencar foi assunto tratado por nós em comunicação de pesquisa intitulada *Formação do Brasil no pensamento conservador de José de Alencar* apresentado no XVI Congresso da Sociedade Brasileira de Sociologia (SBS) no GT21 – Pensamento Social no Brasil. Salvador, Universidade Federal da Bahia, 11. Set. 2013.

Mito, realidade e ficção

O Guarani é um romance histórico brasileiro, escrito em 1857 por um escritor conservador. Era conservador também em política, mas aqui estamos falando de literatura e/ou da política na literatura. Alencar não ousa, apenas acompanha a cartilha de pensamento de seu tempo, mas, não obstante, criou uma obra literária que repercutiu mais do que todas as outras escritas pelos entes de sua geração e foi "o único escritor de nossa literatura a criar um mito heroico, o de Peri." (CANDIDO, 2006, p. 538).

Numa análise que se pretende sociológica, o caráter mítico da obra é um 'prato cheio' e aqui, pois, nos deteremos em alguma revisão das apreciações críticas de *O Guarani* que encampam esse aspecto do romance. Antes, no entanto, vale alguma definição, grosso modo, do que vem a ser um mito.

Ora, se *O Guarani* pode ser considerado mito, como muitos no senso comum e na crítica o consideram da nacionalidade brasileira, é porque, em primeiro lugar, ele trata de acontecimentos passados, originários, historicamente distantes da atualidade, mas nem por isso desimportantes para ela. Isto é, embora a estória de *O Guarani* fale sobre a fundação do Brasil, antes mesmo de poder ser considerado um país na faceta moderna do termo, e a estória mesma já seja antiga, se sobrepondo ao tempo real de sua criação com o tempo de sua ficção, ele acabou por permanecer na produção cultural e na imaginação brasileira e, assim, "se relaciona simultaneamente ao passado, ao presente e ao futuro". (LÉVI-STRAUSS, 1996, p. 241). Dessa maneira, em certo sentido, os acontecimentos narrados na estória de Peri e Ceci, não podem ser revertidos, mas podem ser contados de múltiplos modos e reinterpretados em diversas direções. Daí mais uma característica mítica do romance quando o próprio final aberto possibilita enorme margem de possibilidades para sua continuação. Não é incomum, por exemplo, a interpretação livre de que Peri e Ceci rumam, sentados na palmeira, em direção ao sentido nacional e de que seus filhos serão os brasileiros frutos das duas culturas que darão origem a um novo povo.

Importante frisar que isso ocorre sobretudo pela mediação dos feitos sobrenaturais de Peri cuja força e destreza na ação não encontram contrapartida nos humanos comuns. Peri é um herói e por meio de seus feitos é que são abertas as possibilidades do novo. Assim, *O Guarani*, é "a narrativa de uma criação" e como pede o protocolo dos mitos, pode-se encontrar nessa estória a "irrupção do sagrado que realmente fundamenta o mundo" [leia-se o Brasil] "e o converte no que é hoje." (ELIADE, 2000, p. 11).

Assim, a substância de *O Guarani* "não se encontra nem no estilo, nem do modo de narração, nem na sintaxe, mas na história que é relatada" (LÉVI-STRAUSS, 1996, p. 242) e difundida em todas as suas 'falas', tal como veremos adiante no capítulo dedicado às versões desse romance-mito. Aliás, o fato de haver diversas 'versões' só vem reforçar o potencial mítico de *O Guarani*.

O Guarani de Alencar pertenceu pouco a seu autor. Primeiro que a estória, pela impressão das verossimilhanças com o passado colonial brasileiro, nunca pertenceu inteiramente a ele, preso que estava aos conteúdos próprios das origens; segundo que a sua repercussão teve muito mais a ver com as suas versões espalhadas desde o seu lançamento até os nossos dias do que a um sucesso ou consagração intrínsecos ao espaço de atuação do escritor. Assim, o mito de *O Guarani* guarda relação direta com todas as suas versões, por conseguinte com a sociedade brasileira.

De fato, o que mais transborda do romance de Alencar - fruto da dialética entre a práxis literária e convencionalismo do tempo, qual seja a estética romântica conservadora - é a ideia de um Brasil mestiço que tem o índio como elemento fundamental na mistura.

Nesse contexto, seria pacífico argumentar que em certo sentido *O Guarani* é produto da representação de Alencar sobre o índio a moldar, pelo reiterado de suas versões, uma certa ideia coletiva no Brasil do porvir ao romance. Ao mesmo tempo Alencar é um escritor com consciência que formula, por meio da ação social, um tipo de brasileiro que é receptor de certa forma de imitar a natureza num sentido que foca as relações entre brancos e indígenas, formulação latente em sua época. A ideia central, nesse caso, é buscar as origens do Brasil nos povos anteriores a chegada dos portugueses. Nela os nativos são recuperados por meio de uma atitude *folk*, sem abrir mão, entretanto, da contribuição do homem branco português (tida como indispensável por Alencar) também no seu sentido original de lealdade e nobreza cavalheiresca e coragem conquistadora. Vejamos, pois, como a crítica especializada elaborou essas questões do romance em relação a seu caráter mitológico.

A primeira análise crítica que destila algo sobre o aspecto mítico de *O Guarani* é aquela empreendida por Antonio Candido, em 1959, no seu *Formação da Literatura Brasileira: momentos decisivos*, no capítulo intitulado *Os três Alencares.*

O crítico ressalta o caráter heroico de Peri (CANDIDO, 2006, p. 538), registrando que personagens do tipo "inteiriças" são recorrentes na obra de Alencar, mas que no caso de Peri, e conseguintemente de *O Guarani*, como um todo, há o passado como força da condução narrativa e isso é determinante para o caráter mítico do herói.

Na descrição quase realista do passado o autor, segundo o crítico, cria o espaço do desequilíbrio propício a uma luta de opostos do bem contra o mal, donde Peri emerge com força sobrehumana que dissolve ao mesmo tempo em que empurra o drama. Segundo Antonio Candido, tal figura heroica e, portanto, mítica não encontra precedentes nos tipos literários formulados na literatura nacional.

Em todo caso ele, Candido, não aprofunda a relação do herói com o mito, senão nos termos do que aqui dissemos. Isto é, não é desenvolvida nenhuma argumentação mais detida sobre o que vem a ser um mito.

Uma década e meia depois, o poeta e crítico carioca Afonso Romano de Sant'Anna publicou *Análise Estrutural de Romances*

Brasileiros (1984). Trata-se, como bem sugere o título, de um livro que compila pouco menos de uma dezena de análises de romances brasileiros por meio do arcabouço teórico estruturalista. Uma das análises é voltada a *O Guarani*.

Segundo Sant'Anna (1984), *O Guarani* é um romance de estrutura simples sem ser simplista, que acaba por aprofundar, em termos narrativos, as contradições típicas do romance romântico. A análise dessas contradições pela embocadura metodológica estruturalista leva o autor a denotar o que ele considera uma desvantagem estrutural onde duas constantes se entrelaçam: a do mito e da ideologia.

Analisando primeiro o sistema de nomeação, em segundo lugar os personagens e em terceiro a linguagem o crítico sistematiza um conjunto de códigos a serem decifrados no a) princípio ou código edênico inicial; b) clímax ou código dramático declarado e; c) desfecho ou código edênico final.

Nessa ordem a harmonia entre sujeito e objeto do código inicial vai gradativamente se corrompendo pela antropomorfização de Peri, rumo a um código edênico onde natureza e cultura aparecem interacionados em meio a ideologia romântica medieval da narrativa. Afinal, Peri, habitante natural da selva irá transitar em cenários cujo lastro é o medievo europeu; a casa de Mariz é o principal código desse elemento da narrativa.

Assim, como manda o figurino romântico, a natureza vai sobrepondo a cultura e somente Peri consegue transitar nessa passagem, haja visto que no desfecho, onde se dá a feitura do código edênico final, Peri transita para a cultura quando é batizado por Mariz e Cecília que adentra a natureza quando é retirada de sua casa pelo herói que lhe salva, Peri.

Desse modo, *O Guarani* se configura, segundo Sant'Anna (1984), como um mito épico alimentado por três registros: a) o histórico, uma vez que a história se passa em espaço e tempo determinados de acordo com a história anterior do Brasil; b) o romanesco, uma vez que o drama de contornos medievais empurra a trama para a frente e; c) o indianista, na medida em que o personagem de contornos sobrenaturais que transita na história e no drama, sobrepondo suas forças às do meio, é um índio.

Ademais, Sant'Anna chega à conclusão de que o discurso de Alencar quer ser a própria natureza e quer reencontrar o homem com as coisas. *O Guarani* quer, pois, não apenas ser um discurso sobre a natureza conquanto quer ser parte dela. Peri o herói, centro do mito, é o portador da grandeza humana que possibilita o reencontro. Daí, pois, o caráter mítico do romance.

Na década de 1990, o sociólogo Renato Ortiz escreveu a terceira crítica de *O Guarani* abordando o caráter mítico da estória. Trata-se de *Guarani: mito da fundação da brasilidade*, capítulo de livro do autor intitulado *Românticos e Folcloristas* (1992). Segundo o autor, o romance de José de Alencar guarda relação direta com a formulação cultural que os brasileiros terão de si próprios em pelo menos três chaves fundamentais: a) a histórica; b) a religiosa e; c) a racial.

Nessa formulação, a história do Brasil, ou uma parte dela, diga-se de passagem, a inicial, é contada por meio de um índio nativo que encontra o mundo dos brancos e o acessa gradativamente pelo reconhecimento religioso. O próprio encontro de Peri e Ceci é visto, pelo crítico, como metáfora de um fiel encontrando a virgem Maria católica.

Os vilões da trama, mais tarde vencidos pela destreza incomum de Peri, são a encarnação dos valores não da idade média - como Mariz - mas sim da colonização baseada em ganância e traição; valores anticristãos, pois. Assim, a verdadeira oposição que lastreia o mito, para Ortiz, diferente de Sant'Anna, é aquela existente entre espírito e matéria. Peri dá significado à primeira e sua conversão é o que permite os seus valores humanos transitarem ao mundo do colonizador.

O colonizador, no entanto, impõe obstáculos a essa passagem de Peri, pois o ideal de brancura é aquele que medeia as relações sociais.

Para o crítico, muito embora haja enleio de miscigenação a própria relação de Peri com Ceci nunca é de fato consumada. Há uma pulsão reprimida do intercurso do índio com o branco que acaba legando a miscigenação para um final aberto imposto pelo ideal de alvura da ideologia colonizada do escritor.

Esse o caráter mítico de *O Guarani* no qual o herói não cumpre seu destino por causa das imposições históricas e ideológicas coloniais. De todo modo é o amaciamento pela religião católica e pela incompletude das relações sociais que carrega a narrativa para sua ampliação enquanto mito, nas palavras do crítico, fundador da brasilidade.

Outro registro crítico que anuncia o caráter mitológico de *O Guarani* é o texto *Um mito sacrificial*, capítulo de a *Dialética da Colonização* (1992) de Alfredo Bosi.

Segundo Bosi, José de Alencar elabora uma interpretação "pesadamente ideológica do processo colonial" ao resolver a relação do índio com o branco no abandono, pelo primeiro, de sua cultura original.

Assim, no que ele chama de "tratamento antidialético" da oposição nativo / colonizador de Alencar o primeiro só brilha frente ao segundo e o mito parte, pois, de uma ideologia sobejamente colonial do autor.

Não obstante, a saída de Alencar é nacional na medida em que estereotipa o brasileiro na relação entre um índio e uma mulher branca, ligando o primeiro a uma espécie de reminiscência bíblica, pois o final da narrativa é uma referência direta ao dilúvio do velho testamento e a palmeira na qual Peri carrega Cecília nada mais é que espécie de Arca de Noé a salvar aqueles que farão o Brasil. O mito é, pois, mais cristão que índio. Não à toa, o índio Peri é que se sacrifica, bem como sua rotina e cultura, para salvar o mundo dos brancos da natureza e da cultura feudal adaptada à história do Brasil. Peri é metáfora, para Bosi, de toda a nação indígena sacrificada no processo colonial.

Mas, segundo Bosi, essa realidade desigual da trama é usurpada pela lenda, pelo mito e os personagens são levados por ela para um tempo indeterminado cujo esvaziamento político é inevitável. Daí porque é um mito. Um mito sacrificial nas palavras do crítico.

Em parte discordante das outras críticas é aquela empreendida por Valéria De Marco em *A perda das ilusões* (1993). No livro a autora realiza uma análise dos romances históricos de Alencar, entre eles *O Guarani*. Discorda de seus colegas justamente no que tange à caracterização da narrativa do primeiro romance de Alencar como sendo um mito.

Segundo De Marco, o mito não se completa justamente por conta do final aberto de *O Guarani*, possibilitando que as versões posteriores da narrativa sejam afuniladas, distanciando a leitura de seu aspecto mitológico. Em todo caso, vai afirmar que *O Guarani* é uma história romanesca que caminha para o mito uma vez que a força centrífuga do personagem Peri se realiza num plano mimético despreocupado, em muitas passagens, com a verossimilhança.

De Marco, de todo modo, admite que a postura de Alencar é programática nos seus romances, pois quer e consegue criar imagens do Brasil que atravessam a literatura rumo a uma quase ideologia. Daí, pois, que os romances históricos de Alencar, e assim é *O Guarani*, não são exatamente mito, mas se direcionam para ele.

Ora, em todas as críticas que abordam uma pressuposta característica mitológica da obra de Alencar, fica latente a ideia de que se trata de uma estória que transborda a literatura e a história. O que está subjacente a essas análises é o fato de que *O Guarani*, quando lido passiva ou criticamente, ultrapassa, por ser histórico, o seu lugar passivo enquanto texto literário e ganha autonomia relativa na compreensão da história do Brasil, sobretudo àquela original dos tempos coloniais quando brancos e índios passaram a se relacionar.

Dessa maneira, o mito de *O Guarani* é uma estória sobre as origens e pode, como será, ser contada de muitos modos animando versões. Tem lugar histórico, mas se destaca do piso realístico e da verossimilhança à guisa de encontrar suas saídas narrativas. Peri, o herói do drama, é exemplo claro de algo que só pode existir numa fábula, mas que, ao mesmo tempo, guarda as características originais que farão parte, junto com o branco colonizador, da formação do tipo brasileiro.

Não obstante que as críticas sobre *O Guarani* sintetizadas aqui sejam elucidativas, pensamos que nenhuma delas esclarece de fato *como* o livro é um mito. Partem da ideia, um pressuposto na verdade, de que assim o é e desse ponto destilam considerações ora mais, ora menos críticas. Como veremos adiante, queremos aprofundar os aspectos dessas críticas reconstruindo a narrativa nos seus sentidos míticos ou não e cremos que, para isso, seja preciso ir mais fundo nos termos da realidade e da ficção e vice-versa, pois *O Guarani* é uma ficção histórica, isto é, uma ficção declaradamente baseada na realidade, por mais que em muitos momentos – como aqueles em que Peri ganha força sobrehumana – seja irreal.

Segundo o *Dicionário Houaiss da Língua Portuguesa* (2009) realidade diz respeito à "qualidade ou característica do que é real; o que realmente existe; fato real; verdade; o conjunta das coisas e fato reais" e 'ficção' é "o ato ou efeito de fingir; fingimento; elaboração; criação imaginária, fantasiosa ou fantástica; fantasia; grande falácia, mentira, farsa, fraude; criação artística (literária, cinematográfica, teatral, etc.), em que o autor faz uma leitura particular e geralmente original da realidade(...)".

Ora, em *O Guarani* o que é histórico o é para aproximar a narrativa da realidade e aproximá-la daquilo que existiu de fato. Por outro lado, o que é mito o aproxima da fantasia e do imaginado. Assim, se o Guarani é histórico, é porque quer ser real e se é mito é porque abusa da ficção, almejando ser fantástico e fantasioso. Mas em qualquer caso é ficção, pois a história é também uma narrativa que quer 'fazer uma leitura particular e geralmente original da realidade' para ficarmos no diálogo com os termos do dicionário.

Além, foi Barthes que disse que "desde a antiguidade, o 'real' estava do lado da História; mas era para melhor opor-se ao verossímil, isto é, à própria ordem do discurso narrativo" (BARTHES, 1972, p. 42). Um romance histórico não quer outra coisa senão estar ao lado da história e nela encontrar piso firme para os efeitos reais que possa produzir. Daí porque os textos de Alencar, e em particular *O Guarani*, são repletos de descrições densas do real, de "notações insignificantes" (BARTHES, 1972, p. 36) que buscam ancorar o texto num verossímil estético. Alencar, pois, acaba por cumprir "a definição que Platão dá ao artista, que é um criador em terceiro grau, uma vez que imita o que já é simulação de uma essência" (BARTHES, 1972, p. 39).

A ancoragem da ficção na história por Alencar tem assim um propósito, qual seja, o de relatar "o que realmente se passou" (BARTHES, 1972, p. 41) e garante um realismo romântico à obra. Mas a obra, *O Guarani*, não se deixa levar apenas pelas referências históricas explícitas, pois quer ultrapassar a realidade com a ficção e fazer a segunda ser também a primeira numa direção em que uma e outra não podem ser distinguidas, assim como nos mitos.

Assim, em diversos momentos buscaremos compreender o jogo entre o verossímil e o mítico, entre o mimético baixo e o alto, identificando o que é efeito da ficção é o que é o sentido verossímil de *O Guarani*, pois

> o sentido do verossímil não tem mais objeto fora do discurso, a conexão objeto-linguagem não lhe diz respeito, a problemática do verdadeiro e do falso não tem nada a ver com ele. O sentido verossímil finge preocupar-se com a verdade objetiva; o que a preocupa efetivamente é sua relação com um discurso cujo 'fingir-ser-uma-verdade-objetiva' é reconhecido, admitido, institucionalizado. O verossímil não conhece; não conhece senão o sentido que, para o verossímil, não tem necessidade de ser verdadeiro para ser autêntico (KRISTEVA, 1971, p. 49).

O que tentaremos, pois, compreender é o sentido verossímil de *O Guarani* e o tomaremos como uma realidade em si e, embora preocupados com a verdade objetiva que o circunda sabemos ser ela também uma certa ordem de discurso numa certa direção de realidade.

Em todo caso, *O Guarani* é uma ficção reconhecida, aceita, admitida e institucionalizada no Brasil e é, por isso também, uma realidade. No próximo capítulo a ideia é deixar a realidade do texto falar por si fazendo transbordar os seus sentidos de verossimilhança; de realidade ficcional.

Por dentro de *O Guarani*

Uma vez que até aqui fizemos não mais do que registrar algumas considerações iniciais sobre *O Guarani*, encaminhamos nosso estudo para a leitura e análise interna da obra.

A ideia, nessa parte, é ler o livro por ele mesmo, isolando a sua estória das condições e das possibilidades de sua criação, procurando aquilo que o texto pode revelar por si só na tentativa de encontrar o que ele quer dizer e como ele quer dizer o que quer dizer.

Ainda, em certo sentido, não estamos distantes do tipo de análise empreendida por Auerbach em *Mimeses* (2011) que depreende da análise interna do texto – isto é da crítica detida no texto da obra para além dos aspectos externos, tais como posição do autor, recepção da obra etc. – as considerações centrais para deslanchar na compreensão dos múltiplos sentidos reais da obra ficcional.

Assim, pois, o método de interpretação de texto do qual lançaremos mão "deixa à descrição do intérprete um certo campo de ação: poderemos escolher e dar ênfase como preferirmos." Contudo aquilo que afirmaremos deverá ser sempre "encontrável no texto". Mesmo que nossas interpretações sejam dirigidas por uma "intenção determinada" – aqui no caso por uma intenção, por assim dizer, sociopolítica – esta intenção só poderá "ganhar forma paulatinamente, sempre durante o jogo com o texto" (AUERBACH, 2011, p. 501) de *O Guarani*.

Não obstante, pelo que é específico no método proposto – deixar o texto guiar a fala de quem critica – a leitura pode parecer um tanto quanto passiva e condescendente no sentido de que aceita a realidade do texto sem maiores controvérsias que só poderiam ser possíveis se lastreadas fora do texto. Pensamos ser isso resultado da objetividade aqui pretendida que tentaremos compensar, adiante, quando das outras partes do estudo.

Ainda: podemos ser acusados de construir vias de acesso ao texto, conceitos, figuras e termos, assemelhados àqueles construídos por outros críticos em distintas apreciações da obra, tais como os que citamos na parte anterior. Há, de fato, esse risco. Primeiro, porque outros que empreenderam análise antes da nossa também se deixam guiar, totalmente ou em parte, pelo texto (nosso método não é novo); segundo, porque a leitura anterior que fizemos de muitos desses trabalhos pode agora remaniscar aqui e acolá no nosso olhar. Temos consciência disso e tentamos, pois, fugir ao máximo dessas leituras prévias, mas sabemos, e daí por que tornamos explícita essa preocupação, que talvez seja impossível escapar a noções e caminhos já conhecidos pelo trabalho de outrem, de modo que elas podem aparecer de forma mais ou menos implícita em nossas considerações.

Em todo caso, o resultado dessa nossa investidura compreensiva e fechada no texto gerou sendas literárias que são excertos, trechos do texto cuja investidura narrativa transmite a atitude do autor sobre a história, a política e a sociedade. Há aqui, pois, uma dialética entre o que parece ser relevante aos olhos do crítico interessado nos problemas enunciados, e o que deixou transparecer o autor no curso narrativo.

Em todo caso é importante ressaltar que as sendas, muitas vezes, não são decisivas para "o fluxo narrativo como um todo e, portanto, poderão ser analisadas segundo critérios seletivos. Ao mesmo tempo, no entanto, elas não poderão ser compreendidas fora do contexto integral da obra." (ALMEIDA, 2010, p. 37-38).

As sendas, isto é, os excertos selecionados à luz da proposta de compreensão de um certo *Ethos* da obra serão os únicos elementos a partir dos quais as considerações e análises poderão ser destiladas no sentido de perscrutar os elementos internos da narrativa que garantem a sua aura como produto literário. Esse *Ethos* deve ser entendido aqui como "o contexto social interno" da obra "compreendendo a caracterização e o cenário da literatura ficcional" (FRYE, 2014, p. 522)

Há, também, a intenção de recriar o ritmo da narrativa em uma direção filológica e sociológica, identificando se as sendas são produto do mimético baixo ou do mimético alto; o primeiro diz respeito aos momentos em que a ação dos personagens está no nível do real, tal qual aquele que se pode encontrar "grosso modo, em nosso próprio nível" (FRYE, 2014, p. 523) e que é, portanto, realista (não em termos de escola ou estilo literário, mas de um modo de criar a ação). As sendas do segundo tipo, o mimético alto, dizem respeito aos momentos em que "as personagens estão acima de nosso próprio nível de poder e autoridade, embora dentro da ordem da natureza e sujeitas à crítica social" (FRYE, 2014, p. 523).

Assim, por meio das sendas miméticas baixas ou elevadas, vamos perseguir o sentido social interno de *O Guarani* à guisa de compor um quadro que identifique os arquétipos, as imagens, as metáforas e, enfim, a iniciativa de seu autor; o elemento fundamental que governa a composição do romance.

Aqui, lembremos, nossa pergunta se resume em saber como *O Guarani* é um livro e se ele é e como é um mito; daí a leitura interna da estória no sentido de identificar o fio condutor da trama na rede de significados ficcionais que animam a realidade ficcional da estória que preenche o produto de literatura na realidade.

Um livro pode ser composto pelos baixios da mimeses. Um mito depende do altiplano mimético. Como veremos, há no texto sendas dos dois tipos e a sua análise visa contribuir nos dois sentidos – o do livro e o do mito – de compreensão.

Destarte, para compor a análise interna de *O Guarani* resolvemos tomar o texto tal como publicado na primeira edição, em 1857, respeitando as passagens selecionadas na ordem em que aparecem no texto, salvo algumas poucas exceções, modificando apenas a ortografia que foi atualizada para tornar a leitura mais cômoda.

A primeira edição em livro do romance foi publicada pela *Empresa Nacional do Diário* em quatro volumes. Eis, pois, porque, a numeração das citações será reiniciada a cada parte e assim será, também, nas citações diferenciadas por letras.

Um outro elemento importante para a análise do texto são as notas que o próprio autor incluiu na edição do romance, explicando a origem real de alguns personagens da ficção, considerações sobre a história colonial brasileira, bem como explicações etnográficas e etimológicas de mitos e termos lusos e ameríndios.

Algumas destas notas, selecionadas aos propósitos de nosso trabalho, foram metareferenciadas para uma rápida discussão, por motivos econômicos e de destaque, ao final do capítulo, pois uma vez que foram publicadas como parte do romance não mereceriam tratamento diferente em uma análise que pretende passear por toda a obra, mas, como se tratam de discursos diferentes – a narrativa e as notas dela – achamos por bem separa-las no momento da análise.

A edição utilizada, raríssima, integra o acervo da Biblioteca Brasiliana Guita e José Mindlin da Universidade de São Paulo.[1] Vale lembrar que antes de ser publicado em livro, *O Guarani* saiu em folhetins no jornal *Diário do Rio de Janeiro*, entre 1 de janeiro e 20 de abril de 1857.[2]

Não fizemos a análise a partir do texto do jornal, pois julgamos ser a versão em livro mais cômoda, além do que, salvo engano, não há diferenças importantes entre os textos.

---

1 A versão digital está disponível em: <<http://www.brasiliana.usp.br/bbd/handle/1918/00177500#page/1/mode/1up>>. Último acesso: maio. 2015

2 A Biblioteca Nacional disponibiliza acesso aos originais digitalizados do jornal que podem ser consultados acessando <http://memoria.bn.br/DocReader/docreader.aspx?bib=094170_01&pasta=ano%20185&pesq=>>

Aqui, diga-se de passagem, convém recordar que são muitas as edições de *O Guarani* e três delas, além da primeira, foram publicadas quando vivia o autor, que fez ajustes em uma ou outra edição. Darcy Damasceno (1958) publicou uma edição crítica onde são cotejadas estas edições. O cotejo mostra que as revisões são de ortografia e pequenas mudanças no estilo o que, frente aos objetivos de nossa proposta, não carecem de consideração.

O que segue é o resultado da análise interna de *O Guarani* segundo os pressupostos metodológicos que mencionamos.

Colonização e cobiça

A natureza tropical é o cenário. A descrição frondosa do meio natural anima as primeiras linhas da narrativa que conta a estória de gentes que por força de uma história maior e transcendente são levadas a criar uma nova nação. Eis que "tudo é grande e pomposo neste cenário que a natureza, sublime artista, decorou para os dramas majestosos dos elementos, em que o homem é apenas um simples comparsa." (ALENCAR, 1857a, p. 5).

Se o drama é majestoso é porque os elementos já estão determinados no novo mundo que fora descortinado com as transnavegações atlânticas. O homem branco, europeu, agora vive estabelecido em um novo mundo devassando novos terrenos vastos próximos às primeiras cidades que se fundam além mar. E se no horizonte já se pode descrever em língua portuguesa as belezas naturais da Serra dos Órgãos, é porque uma nova cultura luta para se criar na natureza, "no ano da graça de 1604" quando o lugar "estava quase deserto e inculto" e a cidade do Rio de Janeiro, que ficava a algumas léguas do cenário do romance, "tinha-se fundado havia menos de meio século, e a civilização não tivera tempo de penetrar até o interior." (ALENCAR, 1857a, p. 5).

Estes são o tempo e o lugar dentro dos quais começou a ser construída, em 1593, a habitação que será outro cenário do que o autor subintitulou de *romance brasileiro*. Dentro desta casa mista de arquitetura ibérica com formas velhas-novas impostas pela força do meio e do momento, "a qual fazia as vezes de um castelo feudal na idade média" (ALENCAR, 1857a, p. 15) com muralhas naturais que protegiam os seus habitantes dos ataques de índios bravios, é que reside o primeiro personagem com destino já traçado pela onisciência do narrador. Trata-se de Dom Antônio de Mariz, um fidalgo português cuja biografia se entrelaça com história do lugar posto que

> em 1567 acompanhou Mem de Sá ao Rio de Janeiro, e depois da vitória alcançada pelos portugueses, auxiliou o governador nos trabalhos da fundação da cidade e consolidação do domínio de Portugal nessa capitania.
> Fez parte em 1578 da célebre expedição do Dr. Afilonio de Salema contra os franceses, que haviam estabelecido uma feitoria em Cabo Frio para fazerem o contrabando de pau-brasil.
> Serviu por este mesmo tempo de provedor da real fazenda, e depois da alfândega do Rio de Janeiro; e mostrou sempre nesses empregos o seu zelo pela fazenda, e a sua dedicação ao rei.
> Homem de valor, experimentado na guerra, ativo, afeito a combater os índios, prestou grandes serviços nas descobertas e explorações do interior de Minas e Espírito Santo.
> Em recompensa do seu merecimento, o governador Mem de Sá lhe havia dado uma sesmaria de uma légua com fundo sobre o sertão, a qual depois de haver explorado, deixou por muito tempo devoluta.
> A derrota de Alcácer-Quibir, e o domínio espanhol que se lhe seguiu, veio modificar a vida de D. Antonio de Mariz.
> Português de antiga tempera, fidalgo leal, entendia que estava preso ao rei de Portugal pelo juramento da nobreza, e que só a ele devia preito e menagem (ALENCAR, 1857a, p. 11-13).

De seus setenta anos de idade mais da metade tinha vivido no novo mundo e se o que lhe fez viver foi a ficção, não faltam elementos da realidade a animar a sua biografia. Neste romance brasileiro, por trás de cada cena ou personagem, há sempre a história, uma tal realidade, por trás da estória, qual ficção. Assim, por força da história que há na estória, Dom Antônio de Mariz "tomou os seus penates, o seu brasão, as suas armas, a sua família, e foi estabelecer-se naquela sesmaria que lhe havia sido concedida por Mem de Sá." (ALENCAR, 1857a, p. 11-13).

A missão do fidalgo não é outra senão fazer valer e assegurar o patrimônio que é ao mesmo tempo seu e do império português. Cumpria, pois, o papel que um fidalgo tinha de cumprir, qual fosse ampliar e manter as conquistas portuguesas no novo mundo. No princípio tudo se põe em mimético baixo.

Expressão da indistinção do que é privado ou público, Mariz era, ao mesmo tempo, o indivíduo aventureiro que empregou forças pessoais para viver em uma nova terra, e o súdito do império pronto a impor o princípio nacional que trazia no seu inquebrável elo com o velho mundo. Em meio a floresta tropical e sob o sol dos trópicos exclamou:

> — Aqui sou português! Aqui pode respirar à vontade um coração leal, que nunca desmentiu a fé do seu juramento. Nesta terra que me foi dada pelo meu rei e conquistada pelo meu braço, esta terra livre, tu reinarás, Portugal, como viverás na alma de teus filhos. Eu o juro! (ALENCAR, 1857a, p. 13).

O velho fidalgo portugês é um habitante do novo mundo, mas é também um agente do velho. O seu tipo social é aquele encontrado entre os muitos feitores da expansão ibérica. Por suas mãos é que serão garantidas as condições de existência na colônia e mantidos os vínculos com a metrópole. A sua investidura é, sobretudo, administrativa e o texto ganha, pouco a pouco uma marca econômica de baixio mimético, pois

> além das expedições que fazia periodicamente à cidade do Rio de Janeiro, para comprar fazendas e gêneros de Portugal, que trocava pelos produtos da terra; mandara vir do reino alguns oficiais mecânicos e hortelãos, que aproveitam os recursos dessa natureza tão rica, para proverem os seus habitantes de todo o necessário (ALENCAR, 1857a, p. 14).

Como agente do reino português na colônia Mariz será, também, gestor da política feitorial. Sob a sua égide é que organizar-se-ão as funções de exploração e defesa das conquistas do império. Chefe administrativo, comercial e militar. Eis a investidura do fidalgo portador da centralizadora dominação ibérica uma vez que

> ele mantinha, como todos os capitães de descobertas daqueles tempos coloniais, uma banda de aventureiros que lhe serviam nas suas explorações e correrias pelo interior; eram homens ousados, destemidos, reunindo ao mesmo tempo a força e o recurso do homem civilizado à astucia e à agilidade do índio de quem haviam aprendido; eram uma espécie de guerrilheiros, soldados e selvagens ao mesmo tempo. D. Antônio de Mariz, que os conhecia, havia estabelecido entre eles uma disciplina militar rigorosa, mas justa; a sua lei era a vontade do chefe; o seu dever a obediência passiva, o seu direito uma parte igual na metade dos lucros (ALENCAR, 1857a, p. 16-17).

Chefe privado de conquistas a ele doadas pelo reino, era imantado da capacidade política que garantia a ordem e a lei. Nele vivia a vontade do rei que a milhares de quilômetros era por ele representado. Em Mariz pulsa Portugal e se realiza a obra de centralização. A sua casa, um castelo, as suas terras, um microcosmo do reino. Ele é o rei e o juiz de um reino privado onde a lei seria desenhada ao sabor das situações e

> nos casos extremos, a decisão era proferida por um conselho de quatro, presidido pelo chefe; e cumpria-se sem apelação, sem demora, sem hesitação.
> Pela força da necessidade, pois, o fidalgo se havia constituído senhor de baraço e cutelo, de alta e baixa justiça dentro dos seus domínios; devemos porém declarar que rara vez tinha sido precisa a aplicação dessa lei rigorosa; severidade tinha apenas o efeito salutar de conservar a ordem, a disciplina e a harmonia (ALENCAR, 1857a, p. 17).

Dom Antônio de Mariz porta a tradição. A sua nobilitação, o seu título é a expressão viva do império de além mar nos trópicos. É sobre o seu comando, frente a sua investidura real, expressa no brasão de armas que adorna a porta do centro de sua casa, que viverão os seus súditos e sua família. Mariz é, pois, um líder amparado nos valores e nas tradições do império que lhe dava nome, título, terra e poder. E, sob sua tutela é que

> vivia, quase no meio do sertão, desconhecida e ignorada, essa pequena comunhão de homens, governando-se com as suas leis, os seus usos e costumes; unidos entre si pela ambição da riqueza, e ligados ao seu chefe pelo respeito, pelo hábito da obediência e por essa superioridade moral que a inteligência e a coragem exercem sobre as massas.
>
> Para D. Antônio e para seus companheiros a quem ele havia imposto a sua fidelidade, esse torrão brasileiro, esse pedaço de sertão, não era senão um fragmento de Portugal livre, de sua pátria primitiva: aí só se reconhecia como rei ao duque de Bragança, legitimo herdeiro da coroa; e quando se corriam as cortinas do dossel da sala, as armas que se viam,

> eram as cinco quinas portuguesas, diante das quais todas as frontes se inclinavam.
> D. Antônio tinha cumprido o seu juramento de vassalo leal; e, com a consciência tranquila por ter feito o seu dever, com a satisfação que dá ao homem o mando absoluto, ainda mesmo em um deserto, rodeado de seus companheiros que ele considerava como amigos, vivia feliz no seio de sua pequena família (ALENCAR, 1857a, p. 17-18).

Uma vez apresentados o lugar, o tempo e o patriarca do romance brasileiro, a família, pedra angular da trama, começa a aparecer. Tudo será composto em sendas miméticas baixas, pois nada resvala no sobrenatural.

Dona Lauriana, cinquenta e oito anos de idade, esposa de Mariz, é a segunda personagem a ser descrita. Ela era uma "dama paulista, imbuída de todos os prejuízos de fidalguia e de todas as abusões religiosas daquele tempo" (ALENCAR, 1857a, p. 18). E aqui vale denotar que a dama não era portuguesa, e isso indica, pois, que seus rebentos também não o são de todo ibéricos. Ela traz em si o prejuízo da fidalguia, leia-se, estava condenada a certos casamentos, tal como este, com Mariz, que lhe impôs a permanência na colônia.

Das abusões religiosas depreende-se o que era regra moral à mulher típica do mundo ibérico: o temor a Deus. Apesar do sua posição secundária no drama, Lauriana abre uma senda na trama que é a da figuração do feminino.

Ademais, o segundo capítulo da primeira parte do livro constitui o núcleo inicial da história que é o familiar. Nele são descritos e retratados a esposa de Mariz, que já conhecemos, seu filho Dom Diogo de Mariz, sua filha de dezoito anos, Cecília e Isabel que, embora tida como sobrinha,

> os companheiros de D. Antônio (...) tinham suas suspeitas de que era o fruto dos amores do velho fidalgo por uma

> índia que haviam cativado em uma das suas explorações (ALENCAR, 1857a, p. 19).

Assim é que os personagens d'*O Guarani* são feitos não só pelo narrador, mas pela narrativa. Antes ou depois de suas descrições, vem sempre uma quase que justificativa, uma explicação de suas origens, como se a história por trás da estória lhes conferisse lastro em mimese baixa. Nenhum tipo existe para contribuir na trama se não for, ao mesmo tempo, um tipo que exemplifique ou represente um ente dos inícios do Brasil. Lauriana não só é uma brasileira paulista, senão também a fidalga portuguesa mãe de Cecília que, como veremos será central no enredo. Isabel, por sua vez, é fruto miscigenado do branco com o índio e, portanto, não somente uma suposta filha bastarda de Mariz. Ela é, antes, um tipo da colônia, fruto da aventura, da necessidade do desbravamento da nova terra, pois era rebenta das *bandeiras* nas quais Dom Antonio era comandante e

> naquele tempo dava-se o nome de *bandeiras* a essas caravanas de aventureiros que se entranhavam pelos sertões do Brasil, à busca de ouro, de brilhantes e esmeraldas, ou à descoberta de rios e terras ainda desconhecidos (ALENCAR, 1857a, p. 21).

Mais uma vez é uma descrição mimética baixa de lastro econômico que se coloca na narrativa. A cobiça do ouro, brilhantes e esmeraldas salta como motivo para o devassamento do território que dá bases à fixação de Mariz e consequentemente do núcleo familiar.

Entre o empuxo econômico da cobiça por ouro e pedras preciosas veremos, adiante no romance – na quinta parte do primeiro tomo – que Cecília e Isabel, se resta a dúvida da irmandade, serão colocadas em oposição. Loura e morena no mesmo núcleo familiar demarcarão o que parece ser uma das linhas da ficção da realidade d'*O Guarani*: a miscigenação do branco com o índio, do europeu com o americano.

Outros personagens vão aparecer antes do par de musas opostas que romantizam a narrativa, pois ainda na primeira parte será apresentado, sem minúcias de descrição, o aventureiro Loredano que saberemos ser, mais adiante, um antagonista de Mariz e líder do núcleo antifamiliar, o segundo do romance.

Será, também, apresentado Dom Diogo, irmão de Cecília, e Álvaro de Sá, aventureiro bandeirante agregado da casa de Mariz, que será o quase herói branco, como veremos, da trama. A ele, personagem que faz a intersecção entre o primeiro e o segundo núcleo da história familiar e antifamiliar respectivamente, se oporá de maneira complementar Peri, o herói, um índio protagonista cuja

> pele, cor do cobre, brilhava com reflexos dourados; os cabelos pretos cortados rentes, a tez lisa, os olhos grandes com os cantos exteriores erguidos para a fronte, a pupila negra, móbil, cintilante, a boca forte mas bem modelada e guarnecida de dentes alvos, davam ao seu rosto pouco oval a beleza inculta da graça, da força e da inteligência.
>
> Tinha a cabeça cingida por uma fita de couro, à qual se prendiam do lado esquerdo duas plumas de ema matizadas, que descrevendo uma longa espiral, vinham roçar com as pontas negras o seu pescoço flexível.
>
> Era de alta estatura, linha as mãos delicadas; e a perna ágil e nervosa, ornada com uma axorca de frutos amarelos, apoiava-se sobre um pé pequeno, mas firme no andar e veloz na corrida (ALENCAR, 1857a, p. 32-33).

Em *O Guarani* as oposições serão sempre complementares. As irmãs branca e cabocla, o herói índio e o quase herói branco, a casa símbolo da civilização construída no meio da natureza, o núcleo familiar e o antifamiliar. Mas o grande par de opostos complementares, no entanto, será aquele formado pela natureza e a cultura.

Peri será o símbolo da natureza a ser civilizada, ou no mínimo, representação da cultura inacabada que sorria "indolentemente encostado ao tronco seco" e que frente a uma onça "não perdia um só desses movimentos". (ALENCAR, 1857a, p. 34) e que diante de um animal feral "estendeu o braço e fez com a mão um gesto de rei, que rei das florestas ele era, intimando aos cavalheiros que continuassem a sua marcha." (ALENCAR, 1857a, p. 35). Aqui, perceba-se, Peri tem um reino, assim como Mariz tem o seu, mas o de Peri não é o reino da civilização, mas o da natureza. Assim, no momento em que Peri prova sua realeza das matas vencendo uma onça,

> seria um espetáculo curioso para um europeu (...) ver esse índio delgado, que quando muito teria vinte anos, apoiado sobre o seu longo arco, tendo aos pés domado, vencido, esse animal de uma força prodigiosa, esse rei das florestas americanas (ALENCAR, 1857a, p. 41).

A composição do quadro que apresenta Peri resulta em uma senda mimética elevada, pois que ele é posto como "rei da floresta" capaz de domar e capturar uma onça apenas com as próprias forças; algo incrível para qualquer um que não tenha capacidade quase sobrenatural de domínio sobre um animal selvagem.

Peri aparece um pouco antes de Cecília, seu par romântico, ser apresentada e, mais à frente, o quinto capítulo da primeira parte, intitulado 'loura e morena' é o ponto alto da história. O seu tópico são as ironias da pele, a mestiçagem no cotidiano das supostas primas, pois há dúvida se são, na verdade, meio irmãs. Por um lado, Cecília de

> (...) tez alva e pura como um froco de algodão, tingia-se nas faces de uns longes cor de rosa, que iam, desmaiando, morrer no seu colo de linhas suaves e delicadas.
>
> O seu trajo era do gosto o mais mimoso e o mais original que é possível conceber; era uma mistura de luxo e de simplici-

> dade, de arte e de natureza. [...] seus longos cabelos louros, enrolados negligentemente em ricas tranças, descobriam a fronte alva (ALENCAR, 1857a, p. 43-44).

De outro, a cabocla Isabel que

> era um tipo inteiramente diferente do de Cecília; era o tipo brasileiro em toda a sua graça e formosura, com esse encantador contraste de languidez, de malícia, e de vivacidade ao mesmo tempo. Os olhos grandes e negros, o rosto moreno e rosado, cabelos pretos, lábios desdenhosos, sorriso provocador, davam a este rosto um poder de sedução irresistível (ALENCAR, 1857a, p. 46).

Cecília é concebida como o tipo acabado das donzelas do romantismo que sonhava que algum dia "um homem vinha cair a seus pés tímido e suplicante." (ALENCAR, 1857a, p. 45) Mas, ao contrário das donzelas cujos "mitos de um coração de moça aos dezoito anos" (ALENCAR, 1857a, p. 45) sonhavam com um herói branco em algum baile de alguma corte do velho Ocidente, ela, "com o seio palpitante, toda tremula e ao mesmo tempo contente e feliz, abria os olhos; mas voltava-os com desgosto, porque, em vez do lindo cavalheiro que ela sonhara, via a seus pés um selvagem."(ALENCAR, 1857a, p. 45).

O narrador ao esfacelar o mito do coração de Cecília, esfacela, também, o lugar típico da musa romântica. Esta originalmente pertence apenas ao mundo da cultura e espera que o destino se cumpra nos moldes dos valores do velho mundo, mas no *Guarani* a natureza colocou aos seus pés, Peri.

Neste ponto sabemos, também, da devoção do índio pela donzela branca. Um amor natural, de entrega sem expectativa de retorno, sem luxúria ou desejo carnal, um amor pueril e idealista. Um romantismo índio, sem fidalguias. O coração do bom-selvagem será cativo por escolha e, ele, o índio nada sabe das fidalguias, cobiças e melindres de que são feitos os amores do lado português de Cecília. Aqui, pois, é lícito assinalar que Cecília não era de todo europeia uma vez que sua mãe era paulista. Mas não há nos genitores de Cecília um traço que seja do mundo americano. Cecília é filha do velho mundo, Peri o nativo do novo.

Peri diverte Cecília do mesmo modo que outros animais lhe enchem a visão do mundo em que vive. Um trecho de diálogo entre Cecília e Isabel é emblemático da visão das moças sobre o índio protagonista:

> — Olha, respondeu Isabel; ali está a tua rola esperando que tu a chames, e o teu veadinho que te olha com os seus olhos doces; só falta o outro animal selvagem.
>
> — Peri! exclamou Cecília rindo-se da ideia de sua prima. Ele mesmo! Só tens dois cativos para fazeres as tuas travessuras; e como não vês o mais feio, e o mais desengraçado, estás aborrecida (ALENCAR, 1857a, p. 48).

Para Cecília, Peri não é de todo humano, - encaminha-se o mimético alto –, pois ele pertence à natureza selvagem e "anda ele todo o dia batendo o mato, e correndo como uma fera bravia" (ALENCAR, 1857a, p. 49). A donzela, no entanto, gosta da devoção de Peri. Zangase quando o índio demora a aparecer em seu dia. Não descansa bem quando sabe que ele não a vela.

Há, entre os dois, entre a filha do velho mundo e o habitante do novo, uma relação de dependência. Uma dependência pueril, mas tenaz. E, frente a dúvida de que Peri pode regressar ao seu povo a qualquer momento, Cecília o indaga: "— Tu não abandonarás tua senhora, não é?" (ALENCAR, 1857a, p. 49)

A metáfora não é sem lugar. Cecília e Peri significam a relação do velho e do novo mundo. Uma relação de dependência, cuja a iminência de separação abrupta causa tensão. Mas a tensão não reside apenas na separação, ela é o lugar comum da coabitação. O velho e novo, o branco e o vermelho, a civilização e a natureza, não coexistem em harmonia. O princípio da integração é privilégio da coerção dos brancos. São eles os dominadores da nova terra, os portadores da cultura.

Neste sentido, outro diálogo entre Cecília e Isabel é revelador do espírito do tempo e do olhar colonizador. Ponha-se em relevo que o ressentimento à mestiçagem de Isabel também existe e fica claro o seu deslocamento em relação aos outros membros da família de Mariz. Discorrendo sobre a impossibilidade do casamento de Cecília com o nativo Peri, é que se revela o sistema marcado pela origem e a cor da pele:

> — Não faças caso, Cecília, replicou D. Isabel reparando na melancolia da moça; pedirás a meu tio para caçar-te um outro que farás domesticar, e que ficará mais manso do que o teu Peri.
>
> — Prima, disse a moça com um ligeiro tom de repreensão, tratas muito injustamente esse pobre índio que não te fez mal algum.
>
> — Ora, Cecília, como queres que se trate um selvagem que tem a pele escura e o sangue vermelho? Tua mãe não diz que um índio é um animal como um cavalo, ou como um cão?
>
> Estas ultimas palavras foram ditas com uma ironia amarga, que a filha de Antônio de Mariz compreendeu perfeitamente.
>
> — Isabel! exclamou ela ressentida.
>
> — Sei que tu não pensas assim, Cecília; e que o teu bom coração não olha para a cor do rosto para conhecer a alma. Mas os outros?... Cuidas que não percebo o desdém com que me tratam?
>
> — Já te disse por vezes que é uma desconfiança tua; todos te querem, e te respeitam como devem.
>
> Isabel abanou tristemente a cabeça.

— Vai-te bem o consolar-me; mas tu mesma tens visto, se eu tenho razão (ALENCAR, 1857a, p. 49-50).

De todo modo o narrador encaminha a conclusão do diálogo para uma solução afetiva. As primas afagam-se mutuamente dizendo, uma, invejar a cor da pele da outra: " - devem ir-te bem as pérolas, com tuas faces cor de jambo! Sabes que eu tenho inveja do teu moreninho, prima? — E eu daria a minha vida para ter a tua alvura, Cecília." (ALENCAR, 1857a, p. 54).

Esse encaminhamento da equalização do interdito pela solução afetiva será recurso amplamente utilizado no romance. Ainda, adianta-se, quase todos os litígios, as tensões da história serão baseadas nas difíceis relações entre as diferentes tonalidades da pele. O conflito homem branco civilizado *versus* índio vermelho selvagem serão motes comuns às desarticulações do sistema social do livro. Única exceção é aquela causada pela cobiça de um tal personagem chamado Loredano, o vilão da história que quer tomar as riquezas de Mariz e raptar Cecília.

Loredano, assim como Álvaro de Sá, Aires Gomes e Dom Diogo são tipos que representam, em mimético baixo, uma senda política do romance. Entre estes tipos, o primeiro será o mais importante para a trama, pois será o principal antagonista de Mariz e de Peri. Esses, no entanto, estão tipologicamente unidos na função social e política que cumprem, pois são aventureiros agregados da casa de Mariz. Ao mesmo tempo que são aventureiros caçadores de riquezas constituem o lastro de chefia na defesa militar da propriedade do fidalgo português. Dom Diogo e Aires Gomes são os mais próximos de Mariz; o primeiro porque é seu primogênito; o segundo porque é o funcionário mais antigo e de confiança. Já Loredano e Álvaro de Sá, são aventureiros e milicianos e, por vezes, devem cumprir ordens de Diogo e Brito. Álvaro, no entanto, por sua lealdade e cavalheirismo se aproximará mais do núcleo familiar do que os outros.

A organização política privada da ordem colonial ibérica no Brasil aparece retratada nas relações entre esses tipos, tal que "os aventureiros e seus chefes viviam num lado da casa inteiramente separados da família; durante o dia corriam os matos e ocupavam-se com a caça ou com diversos trabalhos de cordoagem e marchetaria." (ALENCAR, 1857a, p. 72). Mais uma senda econômica que demarca a viabilização dos meios de vida das personagens em mimético baixo.

Depois de Diogo e Brito, Álvaro de Sá ganhará relevo entre os personagens funcionários de Mariz. Além de ser um jovem leal, cumpridor das ordens de Dom Antônio e por isso ser preferido pelo fidalgo, ocupará o papel de herói subalterno da trama. Com Peri, inimigo inicial do qual mais tarde se torna amigo, revelando-se bom colonizador, disputará a atenção de Cecília e o heroísmo nas coisas de guerra. Será superado por Peri pelo fato de não carregar em si todos os conhecimentos do meio natural ao qual precisa se afeiçoar para garantir seu destaque. A natureza será, pois, a mediadora na escolha do melhor herói. O par perfeito para Cecília será o par possibilitado pela natureza. O guerreiro vencedor também.

Prosseguindo, outros tantos personagens subalternos se agregam ao sistema social fechado e patriarcal que é a casa do fidalgo, o único ungido nobiliarquicamente pela coroa portuguesa.

Loredano, ficamos sabendo no primeiro capítulo da segunda parte do romance, era um frei carmelita italiano cuja cobiça e a maldade o converteram em um amoral caçador de riquezas. Será ele o representante das sombras da civilização. Os outros homens da administração de Mariz são pintados sem passado sombrio, mas serão, na progressão dos acontecimentos, portadores da violência. A viabilização da vida pela conquista fácil dos bens materiais e carnais é objetivo de Loredano; os meios de vida lhe impõem o destino de vilania.

Planície mimética que abre senda política relevante é o assassinato de uma índia Aimoré pelo filho de Mariz, Dom Diogo. Aqui, diga-se de passagem, a violência será lugar comum em *O Guarani.*

O assassinato, não sem dúvidas, parece culposo. Dom Diogo ia caçar um pássaro e por descuido acertou uma índia Aimoré que passava no mesmo momento. O chumbo da civilização ceifa a vida da índia, mas, destaque-se aqui, Dom Diogo parece não o ter feito por querer: o narrador dir-se-ia que Dom Diogo é o bom colonizador, assim como seu pai. O problema, no entanto, é que a morte da índia significava incitar toda a aldeia Aimoré contra a propriedade e as gentes de Mariz. Um descuido do bom colonizador fará abrir a guerra contra um povo bravio, diferente da dócil etnia de Peri. O longo diálogo entre Mariz e Aires Gomes sobre o caso é revelador das questões que se abrem com o episódio fatal:

> — Não digo de todo que não, Sr. cavalheiro; confesso que D. Diogo cometeu uma imprudência matando essa índia.
>
> — Dize uma barbaria, uma loucura !… Não penses que com ser meu filho, o desculpo!
>
> — Julgais com demasiada severidade.
>
> — E o devo, porque um fidalgo que mata uma criatura fraca e inofensiva, comete uma ação baixa e indigna. Durante quarenta anos que me acompanhas, sabes como trato os meus inimigos; pois bem, a minha espada, que tem abatido tantos homens na guerra, cair-me-ia da mão se, n'um momento de desvario, a erguesse sobre uma mulher.
>
> — Mas é preciso ver que casta de mulher é esta, uma selvagem…
>
> — Sei o que queres dizer; não partilho essas ideias que vogam entre os meus companheiros; para mim, os índios quando nos atacam, são inimigos que devemos combater; quando nos respeitam são vassalos de uma terra que conquistamos; mas são homens!
>
> — Vosso filho não pensa assim, e bem sabeis que os princípios que lhe deu a Sra. D. Lauriana.

— Minha mulher! . . . replicou o fidalgo com algum azedume. Mas não é disto que discorramos.

— Sim; faláveis dos receios que vos inspirava a imprudência de D. Diogo.

— E que pensas tu?

— Já vos disse que não vejo as coisas tão negras como vós, Sr. D. Antônio. Os índios vos respeitam, vos temem, e não se animarão a atacar-vos.

— Digo-te que te enganas, ou antes que procuras enganar-me.

— Não sou capaz de tal, Sr. cavalheiro!

— Conheces tão bem como eu, Aires, o caráter desses selvagens; sabes que a sua paixão dominante é a vingança, e que por ela sacrificam tudo, a vida e a liberdade (ALENCAR, 1857a, p. 57-58).

Toda a fala de Dom Antônio de Mariz é equilibrada e assim o narrador vai concebendo uma personalidade que quer projetar a imagem do bom colonizador ponderado e humano, porém realista. Releve-se que a culpa da má educação do filho nas questões de preconceito contra os gentios, recai sobre a mãe, Lauriana que, "quanto ao seu moral, já dissemos que era uma mistura de fidalguia e devoção; o espírito de nobreza que em D. Antônio de Mariz era um realce, nela tornava-se uma ridícula exageração." (ALENCAR, 1857a, p. 62). E,

> só em um ponto a sua firmeza tinha sido baldada; e fora em vencer a repugnância que D. Lauriana tinha por sua sobrinha; mas como o velho fidalgo sentia talvez doer-lhe a consciência nesse objeto, deixou sua mulher livre de proceder como lhe parecesse, e respeitou os seus sentimentos (ALENCAR, 1857a, p. 63).

Dom Antônio, por outro lado, sabia reconhecer o lugar do indígena a depender da etnia. Aos gentios coexistência, aos bravios cuidado. Esta a lei formulada pelo narrador que vai querendo delinear o espírito de bom colonizador de Mariz. Ele sabe que os índios bravios o temem pela força das armas, mas pondera que "desde o momento em que se julgarem ofendidos [...] sofrerão tudo para vingar-se." (ALENCAR, 1857a, p. 59). E argumenta com seu filho, Dom Diogo: " - Apesar das minhas recomendações expressas, ofendestes um desses selvagens, e excitastes contra nós a sua vingança. Pusestes em risco a vida de vosso pai, de vossa mãe, e de homens dedicados. Deveis estar satisfeito de vossa obra." (ALENCAR, 1857a, p. 59-60). O castigo ao filho infrator será desabilitá-lo da guerra e, em parte da fidalguia. A Dom Diogo diz Mariz:

> — Não vos quero envergonhar, tirando essa arma que vos dei para combater pelo vosso rei; mas como ainda não vos sabeis servir dela, proibo-vos que a tireis da bainha ainda que seja para defender a vossa vida. [...] Sois português, e deveis guardar fidelidade ao vosso rei legítimo; mas combatereis como fidalgo e cristão em prol da religião, conquistando ao gentio essa terra que um dia voltará ao domínio de Portugal livre." (ALENCAR, 1857a, p. 60).

Em meio às descrições e diálogos que constituem sendas ficcionais importantes para o viés político do texto, serão muitas as passagens que, embora não relevantes para a trama, são de suma importância para o lastro do texto em relação à noção de realidade que quer transmitir. Esse lastro histórico será reforçado por um princípio de verossimilhança ao ancorar a ficção em fatos do início do século XVI, momento escolhido para o tempo narrativo d'*O Guarani*.

De certo modo, o narrador constrói a estória na história, como se quisesse constituir, ao mesmo tempo, um romance e um capítulo da história do lugar que é o espaço da trama. Aqui, também, a estória e a história são complementares.

A forma romântica escolhida deve ceder espaço à realidade, pois somente ela dará sentido histórico à ficção. O que acontecerá para o leitor depois do último capítulo, é justamente a história que ele vive. Aqui, pois, o romance é passatempo e aprendizado. Forma e conteúdo que permite a fruição e, simultaneamente o conhecimento sobre um dado tempo e lugar na história.

Ao leitor brasileiro da segunda metade do século XIX, ou ao leitor atual, exige-se um suporte. Se este ou aquele nada souber da história colonial do Brasil e de Portugal, terá que recorrer às muitas notas de rodapé incluídas pelo narrador ou aos livros de história que lhe permitam, por exemplo, saber de que 'restauração' trata o narrador ao colocar amiúde, aqui e ali, no texto, passagens como a que "D. Antônio desejava saber notícias do Rio de Janeiro e de Portugal, onde se tinham perdido todas as esperanças de uma restauração que só teve lugar quarenta anos depois com a aclamação do duque de Bragança." (ALENCAR, 1857a, p. 65).

O momento é o da união ibérica, quando Espanha e Portugal constituíram um único reino de 1580 a 1640. A dita 'restauração' faz alusão a investidura de um monarca português no lugar de Filipe II de Espanha.

A escolha do período em que o autor situa a estória d'*O Guarani* é central: a colônia é portuguesa, mas Portugal tem parte de sua soberania ferida. O "aqui sou português de Mariz" deve ter duplo caráter: é português na colônia e representa Portugal e não a dominação transitória espanhola. Em diversos momentos do texto o nativismo português de Mariz, revelado em suas várias afirmações, tem esse propósito duplo. Se afirmar na colônia e, também, em relação à Espanha. E, assim, ao longo do texto serão impressas as noções nacionais em disputa, produzindo a ancoragem no tempo e lugar em que se situa a trama, em sendas miméticas baixas.

Outros momentos de ancoragem são produzidos com a descrição do cotidiano. Se há passagens que vinculam o texto à grande história, tal como a descrita acima, há aquelas em que a pequena história aparece para conferir lastro temporal à trama. Delas pode-se extrair alguma noção ficcional realista do que é comezinho no dia a dia colonial brasileiro. Como, por exemplo, por meio de senda mimética baixa, quando o narrador nos conta sobre o cotidiano da família de Dom Antônio de Mariz que "conservava-se sempre retirada no interior da casa durante a semana; o domingo era consagrado ao repouso, à distração e à alegria; então dava-se às vezes um acontecimento extraordinário como um passeio, uma caçada, ou uma volta em canoa pelo rio." (ALENCAR, 1857a, p. 72).

É também na descrição do cotidiano das personagens que vamos tomando conhecimento de que Álvaro, o agregado preferido de Mariz, guarda imensa afeição por Cecília. E Cecília, por sua vez, volta-lhe alguma atenção, temperando pouco a pouco os desejos do moço.

Não obstante, esse é o par esperado: uma branca com um branco, mas Peri é que será par romântico de Cecília. Será o índio, e não o cavalheiro, que por mais de uma ocasião na estória lhe salvará a vida; ele que cobrirá a moça de velo e elogios; ele que a presenteará com regalos de seu mundo. O quarto da moça será um mostruário de itens da fauna e da flora da selva dadas por Peri, e de tanto era cercada por essas coisas que Álvaro passava em olvido, pois tudo, no quarto de Cecília,

> lhe fatiava dele [Peri]; suas aves, seus dois amiguinhos que dormiam, um no seu ninho e outro sobre o tapete, as penas que serviam de ornato ao aposento, as peles dos animais que seus pés roçavam, o perfume suave de beijoim que ela respirava; tudo tinha vindo do índio, que, como um poeta ou um artista, parecia criar em torno dela um pequeno templo dos primores da natureza brasileira.
>
> Ficou assim a olhar pela janela muito tempo; nessa ocasião nem se lembrava de Álvaro, o jovem cavalheiro elegante, tão delicado, tão tímido, que corava diante dela, como ela diante dele (ALENCAR, 1857a, p. 77-78).

Era tanta a dedicação do índio pela moça que o pai de Cecília, no seu ímpeto de bom colonizador que insiste em imprimir o narrador, não deixa de registrar seu apreço pelo gentio. A passagem de um diálogo de Mariz com Álvaro é relevante para esse registro. Nela sobra algo como de provocação a Álvaro, pois imprime qualidades à Peri que lhe confere lugar possível no círculo familiar, pois, segundo o fidalgo, havia algo da civilização em Peri e ele, não era, pois, um selvagem como outro qualquer. Diz D. Antônio Mariz sobre o índio:

> É para mim uma das cousas mais admiráveis que tenho visto nesta terra, o caráter desse índio. Desde o primeiro dia que aqui entrou, salvando minha filha, a sua vida tem sido um só ato de abnegação e de heroísmo. Crede-me, Álvaro, é um cavalheiro português no corpo de um selvagem! (ALENCAR, 1857a, p. 75).

Nas descrições do cotidiano colonial são reveladas, amiúde, cenas do processo de aculturação dos europeus portugueses às coisas e gentes do meio e vice-versa. A própria relação de Peri com Cecília constitui o exagero deste pano de fundo. Para além das relações cotidianas, o prazer parece ser o lugar comum donde as coisas são reinterpretadas. Mesmo, "o vício tinha suprido os licores europeus pelas bebidas selvagens; afora uma pequena diferença de sabor, havia no fundo de todas elas o álcool que excita o espírito, e produz a embriaguez." (ALENCAR, 1857a, p. 80).

Mas o processo de assimilação, para além das ebriedades, não é de todo, como podemos esperar, sem assomos. Diante dos regalos, itens da civilização, que Cecília recebera de Álvaro em ato de competição com os presentes do índio, Peri parece querer competir ainda mais e achar algo na natureza que pudesse suprir o brilho e a beleza dos presentes do cavalheiro branco. E assim que

> uma lembrança triste porém o assaltou; vendo os lindos objetos que a moça recebera, pensou que podia dar-lhe a sua vida, mas que não tinha primores como aqueles para ofertar-lhe. O pobre selvagem ergueu os olhos ao céu num assomo de desespero, como para verse, colocado duzentos palmos acima da terra, sobre as grimpas da árvore, não podia estender a mão e colher estrelas que deitasse aos pés de Cecília (ALENCAR, 1857a, p. 87).

Cecília, Peri e Álvaro formam um reprimido triângulo amoroso. Uma moça rebento da fidalguia, um índio Goitacás e um português aventureiro, marcarão um lugar na narrativa a partir do qual relações de assimilação e disputa se desenrolam. Ambos, Peri e Álvaro, disputarão o lugar do herói capaz de conquistar as atenções da moça. O meio desta disputa, a colônia, impõem o seu empuxo na sagração destas relações, pois "as paixões no deserto, e sobretudo no seio dessa natureza grande e majestosa, tomam um vulto tão heroico, tão elevado, que á vista delas as nossas, por mais veementes que sejam, tornam-se afeições calmas e serenas." (ALENCAR, 1857a, p. 88).

Na nona parte do primeiro tomo, esse triângulo receberá incremento, pois ficamos sabendo que Loredano, "o aventureiro de baixa extração" (ALENCAR, 1857a, p. 89) também nutre desejos secretos e, a bem da verdade, doentios por Cecília.

A moça torna-se, então, o epicentro da trama. Por ela, um bom colonizador, Álvaro, um nativo, Peri, e um sombrio colonizador, Loredano, irão travar disputa. Por meio de Cecília revelam-se as posições sociais de cada um no mundo colonial. Álvaro parece ter lugar privilegiado neste preito, pois era branco e bom e isso lhe confere maior probabilidade de conquista. O índio, por sua vez tem a sua chance, afinal nenhuma outra dedicação era tamanha. Loredano ficava por último, pois era rude e não tinha a confiança nem o trânsito que o primeiro tinha junto ao patriarca Mariz. Atraindo a todos está

Cecília, centralizada como o elemento que distingue os tipos e que revela a personalidade de cada um, colocando-os em disputa.

Entretanto, entre os três homens que disputam Cecília, Loredano, por sua posição social, é o que está em maior desvantagem e em meio a uma estratificação estática as suas chances com a filha da fidalguia ficam por demais reduzidas, pois ele era um

> [...] pobre colono, e a filha de D. Antônio de Mariz, rico fidalgo de solar e brasão.
> Para destruir esta barreira e igualar as posições, seria necessário um acontecimento extraordinário, um fato que alterasse completamente as leis da sociedade naquele tempo mais rigorosas do que hoje; era preciso uma dessas situações em face das quais os indivíduos qualquer que seja a sua hierarquia, nobres e párias, nivelam-se; e descem ou sobem a condição de homens (ALENCAR, 1857a, p. 89-90).

Diante desta desvantagem o ex-clérigo italiano não verá outra saída para ter a moça a não ser à força. O mau colonizador é fruto do meio e da estratificação estática a qual está submetido na sociedade colonial. Já em Álvaro, o bom colonizador, "o sentimento era uma afeição nobre e pura, cheia dessa graciosa timidez que perfuma as primeiras". (ALENCAR, 1857a, p. 90). Em Peri, personagem que está em outra etapa da civilização em que não lhe é possível a cosmologia dos brancos, pois seu " sentimento era um culto, uma espécie de idolatria fanática, na qual não entrava um só pensamento de egoísmo; amava Cecília não para sentir um prazer ou ter uma satisfação" (ALENCAR, 1857a, p. 91) e, ao contrário de seus contendentes, "ele não estava ali [frente à Cecília], nem por um ciúme inquieto, nem por uma esperancinha; arrostava a morte unicamente para ver se Cecília estava contente, feliz e alegre". (ALENCAR, 1857a, p. 91).

Nesta quadra de disputa passional Cecília é, para Loredano, como qualquer riqueza da terra colonial e deve ser cobiçada e possuída mesmo que à força; para Álvaro, ela é a moça elemento de desejo a ser conquistada nas regras da fidalguia e; para Peri ela é senão uma Deusa, um ente a ser venerado feito entidade de uma cosmologia pré--histórica. Enfim, Loredano é o lado sombrio da civilização; Álvaro o bom; Peri, o representante da noção inocente da natureza. Nos dois primeiros casos há valores em disputa senão a cobiça; no último, só uma adoração 'verdadeira' e 'natural'.

> Assim o amor se transformava tão completamente nessas organizações, que apresentava três sentimentos bem distintos; um era uma loucura, o outro uma paixão, o último uma religião.
>
> Loredano desejava; Álvaro amava: Peri adorava. O aventureiro daria a vida para gozar; o cavalheiro arrostaria a morte para merecer um olhar; o selvagem se mataria, se preciso fosse, só para fazer Cecília sorrir (ALENCAR, 1857a, p. 91-92).

Não obstante, Peri foi o único entre os três capaz de compreender tal estado de relações. Na sua "sagacidade natural" tinha compreendido

> o amor de um e o ciúme do outro; e formulou na sua inteligência selvagem e na sua adoração fanática um pensamento, que para ele era muito simples. Se Cecília julgasse que isto devia ser assim [ficar com um ou com outro], pouco lhe importava o mais; porém, se o que tinha visto lhe causasse uma sombra de tristeza, e empanasse um momento o brilho de seus olhos azuis, então era diferente (ALENCAR, 1857a, p. 96).

Na sua adoração cativa, Peri era capaz de tudo. Na sua maneira pueril de ver o mundo e as coisas faria qualquer coisa para agradar a sua musa advinda de outro mundo. Cecília, por sua vez, irá se aproveitar disso. Não raras vezes, chama 'o seu índio' de escravo e lhe exigia o imponderável, pois gostava de ouvir as histórias do Goitacás.

Falando um português raso – o que revela o estágio avançado de assimilação do nativo perante os imperativos civilizacionais da colônia – Peri acaba por divertir a donzela com suas histórias orais, misto de assimilação com os valores da cristandade que constituirão, como veremos, item importante no processo cultural da trama, e sua mitologia.

Em um dos diálogos entre a moça e o índio, Cecília pergunta a Peri se ele faria qualquer coisa por ela. Ele, sem titubear, responde afirmativamente. Ela, então, inquire, e

> (...) se eu te pedisse aquela nuvem?...
>
> E apontou para os brancos vapores que passavam ainda envolvidos nas sombras pálidas da noite.
>
> — Peri ia buscar.
>
> — A nuvem? perguntou a moça admirada.
>
> — Sim a nuvem.
>
> Cecília pensou que o índio tinha perdido a cabeça; ele continuou:
>
> — Somente como a nuvem não é da terra e homem não pode toca-la, Peri morria e ia pedir ao Senhor do céu a nuvem para dar a Ceci.
>
> Estas palavras foram ditas com a simplicidade com que fala o coração.
>
> A menina que um momento duvidara da razão de Peri, compreendeu toda a sublime abnegação, toda a delicadeza de sentimento dessa alma inculta (ALENCAR, 1857a, p. 100-101).

Senda mimética baixa da narrativa, no que diz respeito aos processos de troca e assimilação, é quando Cecília presenteia o índio com um par de armas de fogo que ela havia encomendado de Álvaro com essa intenção. Já que Peri corria tantos perigos, salvando-a de animais selvagens e índios bravios, que assim fizesse, mas com as armas da civilização. Quando Cecília, segurando as pistolas, indaga ao índio: "— Olha ! Peri não desejava ter umas?" E ele responde: "— Muito!" (ALENCAR, 1857a, p. 102) Ela, logo depois argumenta: "— Quando correres algum perigo, lembra-te que Cecília as deu para defenderem e salvarem a tua vida." E ele diz: "— Porque é tua, não é, senhora?" Ao que ela responde: "— Sim, porque é minha, e quero que a conserves para mim." (ALENCAR, 1857a, p. 103) Pois, "para ele essa menina, esse anjo louro, de olhos azuis, representava a divindade na terra" (ALENCAR, 1857a, p. 103).

Em relação à prima de Cecília, a cabocla Isabel, Peri não nutria afeições e a recíproca era verdadeira. Como em um espelho distorcido pelo cotidiano da colônia, na fusão do velho com o novo mundo, ela via nele com clareza o que em si mesma era tido como defeito: ser em parte índia. Ele, por seu lado, via-se nela, mas pela metade e isto era razão de incômodo. A miscigenação incomoda a cada qual por determinados motivos. Dessa maneira, desde o primeiro encontro, Isabel e o "índio nem se olharam; odiavam-se mutuamente; era uma antipatia que começara desde o momento em que se viram, e que cada dia aumentava." (ALENCAR, 1857a, p. 103).

Ora, já não dissemos que os processos de assimilação não eram sem assomos em *O Guarani*? A miscigenação e a assimilação são sendas políticas relevantes no romance, mas não são linhas tranquilas. Por vezes de forma rarefeita o narrador vai demonstrando ao leitor que os processos culturais da trama são, em muitos sentidos, processos difíceis, incômodos, recalcados em preconceitos e afirmações de identidade.

Entretanto, o heroísmo de Peri vai sendo fortalecido. Uma vez mais Cecília estará em risco, e outra vez mais o índio será o seu protetor. Buscando vingança contra o grupo de Mariz os personagens da etnia Aimoré – que tiveram uma de suas moças assassinadas por Dom Diogo, tentarão matar Cecília com uma flechada. Peri se antecipou, portando as pistolas presentadas por Cecília, e desferiu um disparo que "despedaçou a cabeça dos selvagens." (ALENCAR, 1857a, p. 117).

A violência é extrema e o narrador faz questão de carregar a tinta. A realidade da ficção é tensa, macabra. A morte por assassinato é banalizada a cada parte em tonalidade mimética baixa.

Nessa passagem, note-se que Peri protagoniza contra uma outra etnia local utilizando-se das armas presenteadas pela civilização. O seu heroísmo, embora seja o tempo todo relacionado a uma certa 'pureza' e 'inocência' do selvagem é, também, marcado pela violência, pela barbárie, mas que, nesse caso, faz questão de relacioná-la a um item da civilização.

Na sequência, que conduz à última parte do primeiro livro, será descrito o episódio cujo objetivo é acender a chama da senda do preconceito contra os nativos, e Peri será o alvo principal.

Se até esse momento da narrativa o índio protagonista é tratado com esmero por Mariz, agora, diante do fato de ter caçado e levado para o círculo familiar uma onça viva, faz ativar em vários dos personagens a oposição ao fato do 'selvagem' viver entre a família e os aventureiros. Diante da onça viva presa dentro de sua propriedade, exclama Mariz: " — Deve ter sido um hábil caçador, disse D. Antônio contemplando a fera com esse prazer de montaria que era um dom dos fidalgos daquele tempo: não tem o sinal de uma só ferida!" E eis que não demora a afirmar D. Lauriana:

— É obra daquele excomungado caboclo (ALENCAR, 1857a, p. 127) e completa "— Bom é que vejais, Sr. Mariz, que nunca me iludo! Que de vezes vos hei dito que fazeis mal em conservar esse bugre? Não queríeis acreditar: tínheis um fraco inexplicável pelo pagão. Pois bem..." (ALENCAR, 1857a, p. 128).

Deste ponto em diante Lauriana destilará todo o preconceito contra Peri, dizendo que "não é concebível que continuemos com semelhante praga em casa." (ALENCAR, 1857a, p. 133) e um longo diálogo será travado entre Lauriana e Mariz. Lauriana pede ao esposo que expulse o índio de sua propriedade; Cecília, que entra de rompante na discussão argumentará que a mãe é injusta querendo expulsar alguém que tanto bem fez a ela. O fato é que o índio incomoda o núcleo familiar, a onça caçada e levada viva como demonstração de sua destreza e coragem era demais, pois não poderia se admitir que um índio levasse uma fera da natureza para dentro da propriedade, colocando todos os habitantes em risco. A lógica do indígena incomoda a lógica da civilização.

Aproveitando a discussão que era travada sobre o destino do índio, Isabel relata o fato ocorrido quando as duas se banhavam, foram atacadas e Peri as fez passar muito perto dos tiros que desferiu. Cecília acaba por contar, também, que havia dado pistolas de presente ao índio após sua mãe dizer: "— Senhor Deus! É pior do que uma judiaria! Mas quem deu pistolas a esse bugio?" (ALENCAR, 1857a, p. 135).

Eis que diante destes acontecimentos, Mariz não vê outra solução a não ser afastar o índio do núcleo familiar. Cecília muito ressentida teme pelo futuro do amigo e revela ao seu pai: "— Sabeis que tenho vontade de chorar só de pensar que ele se vai?".

Dona Lauriana, por sua vez, tinha alcançado seu objetivo e "a dama pôde então ir riçar os seus cabelos, e preparar o seu toucado domingueiro; tinha alcançado uma importante vitória. Peri ia finalmente ser expulso desta casa, onde na sua opinião nunca devera ter entrado." (ALENCAR, 1857a, p. 138).

Na última parte do primeiro livro dois temas serão centrais: a origem e papel da índia Aimoré assassinada por Dom Diogo, bem como uma descrição mais atenta desta etnia que, diferente da de Peri será descrita como bravia e avessa à assimilação com o branco e com as outras etnias locais; o outro tema é o ardil de Loredano. Com final suspenso o leitor fica sabendo que o ex-frade italiano planeja algo contra Mariz e os seus. Assim, ficam determinados os dois antagonistas do núcleo familiar de Mariz: os Aimorés e; Loredano.

De Loredano já temos alguma ideia de quem seja, falta saber um pouco mais dos Aimorés:

> No fim da lua das águas, uma tribo de Aimorés descera das eminencias da Serra dos Órgãos para fazer a colheita dos frutos e preparar os vinhos, bebidas e diversos alimentos de que costumava fazer provisão.
>
> Uma família dessa tribo trazida pela caça aparecera há dias nas margens do Paraíba; compunha-se de um selvagem, sua mulher, um filho e uma filha.
> Esta última era uma bela índia, cuja posse se disputavam todos os guerreiros Aimorés; seu pai, o chefe da tribo, sentia o orgulho de ter uma filha tão formosa, como a mais linda seta do seu arco, ou a mais vistosa pena do seu cocar (ALENCAR, 1857a, p. 145).

É em meio a esta incursão dos Aimorés em busca de alimento que Dom Diogo está caçando um pássaro que, por fatalidade, acertará a cabeça da mais bela índia Aimoré. O episódio do assassinato culposo repõe mais uma vez a senda da violência. A passagem é mórbida, triste e marcada de ironias macabras por parte dos aventureiros e de certa ambiguidade, entre o bem e o mal, na figura de D. Diogo. Mais um vez o solo de *O Guarani* é manchado com o sangue necessário à pavimentação da estória e da história que, a se tratar do Brasil , segundo pensamos ser a posição do autor, não pode ser escrita de outro modo:

> O moço ia atirar a um pássaro, e a índia que passava neste momento, recebera a carga da espingarda e caíra morta.
> O cãozinho lançou-se para sua senhora uivando, lambendo-lhe as mãos frias, e roçando a cabeça pelo corpo ensanguentado como procurando reanima-la.

> D. Diogo, apoiado sobre o seu mosquete, lançava um olhar de piedade sobre essa moça que morrera vítima de um capricho de caçador, que não desejava perder a sua pontaria.
> Quanto a seus companheiros, riam-se do acontecimento, e divertiam-se a fazer comentários sobre a qualidade de caça que o cavalheiro tinha escolhido.
> De repente o cãozinho que acariciava sua senhora morta, ergueu a cabeça, farejou o ar, e partiu como uma flecha (ALENCAR, 1857a, p. 146-147).

O capricho de caçador e a tenebrosa ironia dos caçadores reforçam o espaço da trama, diga-se de passagem, o do Brasil colonial como lugar onde a morte é banal e a caça comum. Talvez a metáfora não seja sem lugar: o colonizador muito embora mire num animal acaba por acertar outro. Um outro da terra, ao seu ver selvagem e sem importância. Todos que não são colonizadores podem ser vítimas do capricho da caça ou de um mero equívoco colonial. Na sequência do texto, o sentimento de Peri, que também presenciou a cena, revela bem a diferença do olhar colonizador e o olhar do colonizado diante da fatalidade:

> Peri que tinha sido testemunha muda desta cena, aconselhou a D. Diogo que se recolhesse à casa por prudência, e continuou a sua caminhada.
> O espetáculo que acabava de presenciar o fizera triste; lembrou-se de sua tribo, de seus irmãos que ele havia abandonado há tanto tempo, e que talvez àquela hora eram também vítimas dos conquistadores de sua terra, onde outrora viviam livres e felizes (ALENCAR, 1857a, p. 146-147).

A tristeza do selvagem diante do episódio não é sem lugar, e este se consuma em senda mimética baixa importante ao relevar um aspecto de alteridade entre o olhar colonizador e o olhar do colonizado. Devemos ponderar aqui as noções de liberdade e felicidade que o narrador imprime à psicologia de Peri talvez não sejam de todo adequadas, pois não sabemos ao certo se estas são noções constituídas do mesmo modo pelos habitantes originais. De qualquer maneira, fica impressa com muita clareza uma noção que veio se constituindo ao longo de toda a primeira parte, qual seja, a de que a colonização faz vítimas e que os gentios, os habitantes da natureza, são presas certas ou ao acaso do civilizador. O civilizador, no entanto, não passará incólume no processo, pois os habitantes da terra também têm a sua parcela de vingança. A violência vai, pouco a pouco, tornando-se o lugar comum da trama e a guerra será a senda política total do romance, pois

> os selvagens haviam encontrado o corpo de sua filha, e reconhecido o sinal da bala; por muito tempo procuraram debalde as pisadas dos caçadores, até que no dia seguinte a cavalgata que passava serviu-lhes de guia.
> Toda a noite rondaram em torno da habitação, e nessa manhã vendo sair as duas moças resolveram vingar-se com a aplicação dessa lei de talião que era o único princípio de direito e justiça que reconheciam.
> Tinham morto sua filha; era justo que matassem também a filha do seu inimigo; vida por vida, lágrima por lágrima, desgraça por desgraça (ALENCAR, 1857a, p. 149-150).

Neste ponto sabemos então porque os Aimorés tinham, páginas atrás, atentado contra a vida de Cecília e porque Peri seguia de perto os passos desta para defendê-la. Peri sabia que os Aimorés iriam tentar vingar a morte de uma das suas em proporção semelhante e tinha consciência que era preciso exterminar os membros que restaram da família da moça antes que estes voltassem a aldeia e avisassem os demais.

Enfim, Peri, mesmo que não gostasse de matar, precisaria agir assim, pois o meio produz a violência, única moeda capaz de dar cabo dos conflitos entre os colonizadores e os colonizados.

Destarte, fica mais do que evidente, na descrição do narrador – que muito embora seja imputada a Peri – qual a característica da etnia Aimoré: antropófaga e bravia. Imputar estas noções a Peri é o recurso do narrador para gerar mais uma alteridade e demonstrar que do mesmo modo que havia o bom e o mau colonizador, havia, também o bom e o mau nativo.

> Ora, o índio conhecia a ferocidade desse povo sem pátria e sem religião, que se alimenta de carne humana e vive como feras no chão pelas gretas e cavernas; estremecia só com a ideia do que pudesse vir assaltar a casa de D. Antônio de Mariz.
> Era preciso pois exterminar toda a família, não deixar nem um vestígio de sua passagem; apesar da repugnância que sentia de matar uma mulher, força era obedecer à necessidade; lançaria o golpe, e voltaria o rosto para não vê-la cair (ALENCAR, 1857a, p. 150-151).

O primeiro elemento antagônico ao núcleo familiar de Mariz está definido e a estratégia narrativa do autor será também definir o segundo elemento de antagonismo na mesma parte do livro.

Ao longo de toda a primeira parte o autor adiantou fatos e desfechos negando-lhes o motivo. A narrativa foi formatada com base em suspenses intermitentes que ao final são arrematados criando novos, envolvendo o núcleo familiar de Mariz e seus antagonistas. Há, pois, uso corrente de analepse na construção da narrativa.

Assim que a primeira parte foi arrematada com os planos de Loredano, que eram se apropriar de um antigo tesouro cujo mapa tinha adquirido num roubo praticado em sua época de clérigo; depois tomaria a casa de Mariz, matando seus aliados, apropriando-se de parte de seus agregados e raptando Cecília para seu uso marital. Daí a definição de Loredano: um caçador de riquezas, ladrão, assassino e sequestrador. Em meio a seus desejos está Cecília que tal como a filha da etnia Aimoré será alvo de disputa de todos os homens da tribo. Aqui, leia-se de todos os homens próximos do núcleo familiar.

Para dar andamento ao seu plano, Loredano contará com dois personagens subalternos que farão papel subsidiário ao seu antagonismo frente à Mariz. Rui Soeiro e Bento Simões, junto com Loredano, formarão o núcleo de aventureiros traidores do núcleo familiar e a missão do grupo será exterminar Mariz e aqueles cuja a identificação é mais próxima deste, Álvaro de Sá, pretendente de Cecília, e Aires Gomes, o velho escudeiro de Dom Antônio. Eis que ao fim de seu mórbido plano Loredano destina a cada um de seus comparsas um dos homens de Mariz e faz desdém da nobilitação de cada vítima, deixando transparecer seu ódio para com aqueles que, diferentemente dele, possuíam fidalguia.

> — Estou cansado de esperar, e resolvido a aproveitar o primeiro ensejo. A mim como chefe, disse o italiano com um sorriso diabólico, devia pertencer D. Antônio de Mariz; eu vo-lo cedo, Rui Soeiro. Bento Simões terá o escudeiro. Eu reclamo para mim Álvaro de Sá, o nobre cavalheiro (ALENCAR, 1857a, p. 169).

A promessa de futuro que Loredano faz a seus comparsas é elucidativa, pois após consumado o plano de tomada das posses de Mariz e de caça ao tesouro, cada um seria distinguido e sairiam, pois, da condição subalterna de aventureiros agregados. A cobiça pelos meios de vida fala mais alto em mimético baixo.

Diz Loredano aos comparsas: "Tu, Bento Simões, serás marquês do Paquequer; tu, Rui Soeiro, duque das Minas" (ALENCAR, 1857a, p. 169). As intenções do grupo antagônico ao núcleo familiar de Mariz não é, pois, só riqueza uma vez que parte da cobiça tem a ver diretamente com distinção, elemento por demais relevante na organização social do mundo português reproduzido na colônia.

Em todo caso, que não se esqueça, todos são vítimas da história e uma vez definidos os núcleos familiar e antifamiliar termina a primeira parte da estória enquanto "o dia no seu esplendor dominava a natureza" (ALENCAR, 1857a, p. 169).

Adiante, na segunda parte de *O Guarani* haverá amplo uso do mesmo recurso narrativo de retomar com mais profundidade partes da história apresentadas com suspense ao leitor. Este recurso da suspensão onisciente funciona tal qual o esquema de 'cenas do próximo capítulo' e constitui a principal estratégia do narrador no movimento cíclico de incremento ao cenário inicialmente descrito, bem como aos três núcleos – nesta altura passíveis de mapeamento – a) o núcleo familiar representados pela família de Mariz e os agregados mais próximos; b) o núcleo antifamiliar representado por Loredano e seus comparsas e, potencialmente, pelos outros agregados socialmente mais distantes da casa de Mariz; c) o núcleo nativo, representado por Peri e pelos Aimorés.

Nestes três núcleos narrativos convivem três tipos de personagens: a.1) as personagens fidalgas da família de Dom Antônio de Mariz cujo significado é o da fixação colonial; b.1) as personagens de transição que vivem próximas ou agregadas na casa de Mariz cujo significado é de apoio ou usurpação do princípio da fixação colonial, e estas podem ser de dois tipos: b.1a) o agregado de fixação, representados por Álvaro de Sá e Aires Gomes e; b.1b) o agregado de usurpação, tal como Loredano, Bento Simões e Rui Soeiro e; c.1) as personagens nativas cujos significados são de; c.1a) assimilação em relação ao núcleo familiar, é o caso de Peri e; c.1b) segregação em relação ao núcleo familiar, é o caso dos personagens Aimorés.

Cada núcleo da trama terá antagonismos endógenos e exógenos. Os do primeiro caso são aqueles que a despeito de participarem do mesmo grupo exercem algo de contrário em relação ao protagonista do interior de cada núcleo.

Assim, por exemplo, no que diz respeito ao núcleo familiar, Laureana é de opinião oposta a de seu esposo Mariz, quanto ao encaminhamento dos processos de convivência e coexistência com os índios; e, também, Isabel antagoniza, do ponto de vista, fisionômico com Cecília.

Já no núcleo antifamiliar, Loredano e seus comparsas, embora sejam exogenamente contrários a Mariz, são endogenamente contrários a Álvaro de Sá e Aires Gomes se considerarmos todos os agregados como um grupo a parte. Já no núcleo nativo, Peri será endogenamente contrário aos Aimorés e exogenamente contrário aos maus agregados do núcleo antifamiliar.

Estas definições duais implícitas no texto enganam o leitor e roubam o que é de fato mais importante para o engendramento dos núcleos: os meios de vida das personagens de *O Guarani,* habitantes do mundo colonial português.

Uma tal economia política do romance onde os lugares, os protagonismos e antagonismos exógenos ou endógenos a cada grupo encontram lugar nas posições sociais e nos conflitos devido as possibilidades reais ficcionais da história colonial.

Assim é que as personagens do núcleo familiar buscam fixação no meio, mas esta não é, em meio às dificuldades que o meio rústico impõe, coisa fácil de se obter sem o auxílio dos aventureiros agregados. Estes, por sua vez, não podem viver em meio precário e hostil sem o amparo daquele que faz a ponte com o velho mundo, com a metrópole e por isso são dependentes de Mariz. Dom Antônio, por sua vez, depende da colaboração dos agregados para gerar a força capaz de proteger sua família e posses das intempéries naturais e morais da história.

Há, pois, uma relação estreita de interdependência entre os núcleos narrativos e a força motriz desta economia é o meio a ser explorado de modo rudimentar. Os índios não são dependentes deste microcosmo branco e colonizador, mas acabam submetidos, Goitacás ou Aimorés, aos enleios gerados pela exploração do mundo civilizado e haverá aqueles que assimilam o processo ressignificando o lugar dos novos habitantes à sua cosmologia, é o caso de Peri; bem como aqueles que terão de sobreviver e lutar contra a vaga de violência que a exploração desenvolve.

Trata-se, pois, da realidade peculiar da vida colonial e os desafios postos às personagens são, nada mais, nada menos, do que os desafios estabelecidos à coexistência numa realidade de dependência externa e interna. Dom Antônio depende da titulação e das garantias que atravessam o oceano, afinal é um português; Loredano depende de Dom Antônio e se quiser sair desta dependência precisa vencê-lo ou roubá--lo; Peri não depende de ninguém, ele sabe viver e tirar tudo o que precisa do meio, mas encontra a família de Mariz na sua trajetória por isso estará submetido à economia política do enredo.

Daí que dois tipos de dependência se colocam às personagens do livro, uma infraestrutural que é aquela existente entre os núcleos familiar e antifamiliar; a outra é uma superestrutural, fruto do processo de assimilação, esse é o caso de Peri. Resta entre as duas o efetivo da resistência, marcadamente a dos Aimorés.

Assimilação, religião e violência

O início da segunda parte é constituído pela narração da vida pregressa de Loredano. Sua história é a expressão de alguma crítica ao clero, pois se este "obtivera do prior geral da Ordem do Carmo a graça de passar do seu convento de Santa Maria Transpontina, em Roma, para a casa que a sua ordem tinha fundado em 1590 no Rio de Janeiro , afim de empregar-se no trabalho das missões", (ALENCAR, 1857b, p. 3), não tardou o meio a dragar as intenções religiosas para que "o frade [passasse] a noite em claro, refletindo e traçando no seu espírito um plano infernal, para cuja realização não trepidaria diante de nem um obstáculo; de vez em quando levantava-se e ia ver se o horizonte se iluminava." (ALENCAR, 1857b, p. 15). Se de um lado da história há um Deus a religião católica que abençoa a empreitada de Mariz, por outro, há uma força demoníaca que ativa a cobiça e o ímpeto do colonizador e assim que "o frade sorriu-se nas trevas." (ALENCAR, 1857b, p. 9) perante a descoberta de um mapa roubado de outro colonizador assemelhado com Mariz que o levaria até uma grande mina de prata no interior do Brasil. Daí que por meio de uma autoexcomunhão o frade carmelita se transformará no aventureiro, o caçador de riquezas Loredano. Neste momento ele exclama a Deus:

> — Podeis matar-me; mas se me deixardes a vida, hei de ser rico e poderoso, contra a vontade do mundo inteiro!
> Havia nestas palavras um quer que seja da sanha e da raiva impotente de Satanás precipitado no abismo pela sentença irrevogável do Criador (ALENCAR, 1857b, p. 14).

Forjada a sua morte, "cinco meses depois, o vigário da ordem participava ao geral em Roma que o irmão Frei Ângelo Di Luca morrera como um mártir e um santo no zelo de sua fé apostólica." (ALENCAR, 1857b, p. 16). Morria Frei Ângelo, nascia o bandido Loredano.

Utilizando-se do recurso de suspensão onisciente, mais uma vez o narrador volta o leitor ao conhecimento mais profundo de relações já conhecidas na primeira parte do livro. Como já se fez conhecer melhor a história de Loredano, a narrativa regressa ao momento em que acontece o primeiro contato entre Dom Antônio de Mariz e Peri. O episódio trata da primeira vez em que o selvagem salva Cecília das forças naturais do meio e

> [...]para esse selvagem que surgira como um gênio benfazejo das florestas do Brasil.

> O fidalgo não sabia o que mais admirar, se a força e heroísmo com que salvara a sua filha, se o milagre de agilidade com que se livrara a si próprio da morte.
> Quanto ao sentimento que ditara esse procedimento, D. Antônio não se admirava; conhecia o caráter dos nossos selvagens, tão injustamente caluniados pelos historiadores; e sabia que fora da guerra e da vingança eram generosos, capazes de uma ação grande, e de um estimulo nobre (ALENCAR, 1857b, p. 21).

Mais à frente, a narração e o diálogo do encontro do colonizador com o índio é senda mimética baixa importante, pois retrata que, em um meio onde até então parecia reinar a violência e a barbárie, há a possibilidade de coexistência pacífica entre os de fora e os da terra, mas note-se que o índio, não obstante, reveste-se de submissão ao colonizador:

> [...]o índio humilde e submisso fitava um olhar profundo de admiração sobre a moça que tinha salvado.
> Por fim D. Antônio passando o braço esquerdo pela cintura de sua filha, caminhou para o selvagem, e estendeu-lhe a mão com um gesto nobre e afável: o índio curvou-se e beijou a mão do fidalgo.
>
> — De que nação és? perguntou-lhe o cavalheiro em linguagem guarani.
>
> — Goitacás: respondeu o selvagem erguendo a cabeça com um gesto altivo.
>
> — Como te chamas?
>
> — Peri, filho de Ararê, primeiro de sua tribo.
>
> — Eu, sou um fidalgo português, um branco inimigo de tua raça, conquistador de tua terra; mas tu salvaste minha filha; ofereço-te a minha amizade (ALENCAR, 1857b, p. 21-22).

Nesta passagem, vários elementos devem ser destacados: o primeiro é que D. Antônio quer saber a origem, a nação do índio e faz isso dirigindo-se a Peri, frisa o narrador, em "linguagem guarani". Contraditoriamente ao que pode esperar o leitor, dado que este sabe desde o início tratar-se do livro do guarani, Peri se diz um goitacá, etnia que habitou a costa sudeste do Brasil até meados do século XVII, quando foram praticamente exterminados pelos colonizadores que estabeleceram-se próximos ao Rio Paraíba do Sul, exatamente o lugar real ficcional retratado pelo narrador, posto que "a nação Goitacás, dominava todo o território entre o cabo de S. Tomé e Cabo Frio; era um povo guerreiro, valente e destemido que por diversas vezes fizera sentir aos conquistadores a força de suas armas." (ALENCAR, 1857b, p. 41-42).

No encontro, embora pressupondo, o índio nada saiba sobre gestos de fidalguia, Peri se porta como um súdito, beijando a mão de seu senhor. Peri se identifica juntando ao seu nome a sua origem, seu parentesco com Ararê e sua posição social em seu meio. Mariz não faz diferente, ressalva que é um branco inimigo da "raça" de Peri, mas que diante do gesto do índio oferecia a sua amizade.

A continuação do diálogo (de p.22 a p.26) é uma longa narração de Peri, por meio de uma fábula que mistura o mito de criação de sua etnia até o momento em que conheceu Cecília. Peri por meio de sua narração explica a Mariz que antes desse episódio já era, por força da natureza, seu amigo, pois a floresta e seus seres já haviam colocado Cecília, muitas vezes, à sua vista. E ouvira de Cecília, em sonho: "Peri, guerreiro livre, tu és meu escravo; tu me seguirás por toda a parte, como a estrela grande acompanha o dia." (ALENCAR, 1857b, p. 24). E, então:

> Veio o tempo da guerra.
>
> Partimos; andámos; chegámos ao grande rio. Os guerreiros armaram sua rede; as mulheres fizeram fogo; Peri olhou o sol. Viu passar o gavião.

> Se Peri fosse o gavião, ia ver a senhora no céu.
> Viu passar o vento.
> Se Peri fosse o vento, carregava a senhora no ar.
> Viu passar a sombra.
> (...)
> Peri tomou suas armas e partiu; ia ver o guerreiro branco para ser amigo; e a filha da senhora para ser escravo.
> O sol chegava ao meio do céu e Peri chegava também ao rio; avistou longe a tua casa grande; guerreiro Goitacás teve medo.
> Virgem branca apareceu.
> Era a senhora que Peri tinha visto; não estava triste como da primeira vez; estava alegre; tinha deixado lá a sua nuvem e as suas estrelas (ALENCAR, 1857b, p. 25-26).

Após a longa história mimética alta o narrador frisa que "embora ignorante, filho das florestas, era um rei; tinha a soberania do mando, a primazia da sua tribo; era rei pelo direito do mais forte." (ALENCAR, 1857b, p. 27) E diante disso "o velho fidalgo o recebia cordialmente e o tratava como amigo; seu caráter nobre simpatizava com aquela natureza inculta." (ALENCAR, 1857b, p. 30).

Depois do contato com D. Antônio, outros contatos, já anunciados, são aprofundados. É o caso do encontro de Peri com Isabel que gera certo desconforto ou, como dissemos alhures, uma sensação de reflexo distorcido.

Assim, de frente com Peri é que sabemos um pouco mais sobre a atitude de Isabel em relação a sua posição no meio social da colônia, pois o índio fizera nela "a mesma impressão que lhe causava sempre a presença de um homem daquela cor; lembrara-se de sua mãe infeliz, da raça de que provinha, e da causa desse desdém com que era geralmente tratada (ALENCAR, 1857b, p. 30-31).

Adiante, com o intuito claro de clivar um em relação ao outro, o ex-frade italiano e o índio, o narrador nos leva ao momento anterior quando Loredano chegara à casa de Mariz logo depois de ter abandonado sua faceta religiosa. D. Antônio pouco quer saber das origens do forasteiro, pois o que importa é se este quer ou não servir as necessidades da casa e ser leal à lei de seu reino privado. Fica claro, pois, qual a regra do sistema social do mundo colonial d'*O Guarani*.

Após Loredano declarar a Mariz que gostaria de se estabelecer junto aos outros aventureiros agregados da propriedade, D. Antônio diz: "— Sois livre de o fazer; a nossa hospitalidade assim como não pergunta o nome do que chega, também não marca o tempo da partida." (ALENCAR, 1857b, p. 31).

A passagem que segue é ainda mais alegórica como retrato do pacto político do mundo colonial no Brasil, pois "o fidalgo chamou o seu escudeiro, e o incumbiu de pôr o italiano ao facto das condições do bando de aventureiros que tinha ao seu serviço." (ALENCAR, 1857b, p. 32) O que segue é parte do código ditado por Aires Gomes com o qual Loredano deveria concordar caso quisesse de fato ficar e prestar serviços à Mariz:

> — *Primo*: Obedecer sem repinicar. Quem o contrário fizer pereça morte natural.
>
> O italiano fez um gesto de aprovação.
>
> — Isto quer dizer, mestre italiano, que se um dia o Sr. D. Antônio vos mandar saltar deste rochedo em baixo, fazei a vossa oração e saltai; porque de uma ou outra maneira, pelos pés ou pela cabeça, fé de Aires Gomes lá ireis.
>
> Loredano sorriu-se.
> *Secundo:* Contentar-se com o que há. Quem o contrário... (ALENCAR, 1857b, p. 33).

Loredano diz não ser necessário que Aires diga todas as cláusulas do código privado de Mariz, pois fosse qual fosse estaria de acordo e a ele serviria. Logo depois é o próprio Mariz que põe em termos claros quais as regras que regem a vida no interior de seu potentado privado e patriarcal:

> "— É que D. Antônio de Mariz, disse o fidalgo pousando a mão sobre o ombro do italiano, é um chefe rigoroso para seus homens, porém um amigo leal para seus companheiros. Sou aqui o senhor da casa e o pai de toda a família a que atualmente pertenceis." (ALENCAR, 1857b, p. 34).

Em seguida, observando os outros aventureiros Loredano tiraria sua próprias conclusões sobre o verdadeiro papel que deveria exercer como residente agregado de D. Antônio, pois

> homens mercenários que vendem a sua coragem, a sua liberdade, a sua consciência e a sua vida por um ganho, não tem dedicação verdadeira se não a um objeto — o dinheiro; seu senhor seu chefe e seu amigo é o que mais lhes paga.
>
> Frei Ângelo conhecia o coração humano, e por isso apenas iniciado no regimento da banda, avaliou do caráter dos aventureiros.
>
> — Esses homens me servirão perfeitamente, disse ele consigo (ALENCAR, 1857b, p. 36).

Ademais, Loredano desenvolverá uma doentia atração por Cecília e ela não será apenas a musa da obra, mas a musa em disputa, a mulher pela qual a guerra será travada, pois que Loredano "sentiu que essa mulher era tão necessária à sua existência, como o tesouro que sonhava; ser rico para ela, possui-la para gozar a riqueza foi desde então o seu único pensamento, a sita ideia dominante." (ALENCAR, 1857b, p. 37) Assim,

> qual era, já o sabemos pelas cenas passadas; o italiano contava tornar-se senhor da banda, apoderar-se de Cecília, ir à

> essas minas encantadas, carregar tanta prata quanto pudesse levar, dirigir-se à Bahia, assaltar uma nau espanhola, toma-la de abordagem, e fazer-se de vela para a Europa.
>
> Ali armava navios de corso, voltava ao Brasil, explorava o seu tesouro, tirava dele riquezas imensas e... E o mundo abria-se diante de seus olhos cheio de esperança, de futuro, de felicidade (ALENCAR, 1857b, p. 37-38).

"Mas não antecipemos; por ora ainda estamos em 1603, um ano antes daquela cena, e ainda nos faltam contar certas circunstâncias que servirão para o seguimento desta verídica história." (ALENCAR, 1857b, p. 40).

Voltemos, pois, aos fatos que sucedem o pedido de Mariz, como já havia sido decidido pelo núcleo familiar, contra o que queria Cecília, que via no nativo o seu defensor e seu escravo, para que Peri fosse embora e voltasse à sua tribo. Mas o índio "temia que na sua ausência a menina corresse um perigo e ele não estivesse junto dela para salvá-la." (ALENCAR, 1857b, p. 45).

Peri, sem escolhas, regressará para sua tribo e da sua maneira representa o momento:

> A estrela brilhou; partimos com a tarde. A brisa soprou; nos leva nas azas.
> A guerra nos trouxe; vencemos. A guerra acabou; voltamos.
> Na guerra os guerreiros combatem; há sangue. Na paz as mulheres trabalham; há vinho.
> A estrela brilhou; é hora de partir. A brisa soprou; é tempo de andar (ALENCAR, 1857b, p. 48).

O recurso narrativo da suspensão onisciente é utilizado em todas as partes da obra. O que vamos concluindo destas temporalidades d'*O Guarani* é que tudo o que está sendo narrado se passa, mais ou menos, ao longo de um ano. A história está sendo contada pelo marco inicial de 1604, tal como registrado no primeiro capítulo da primeira parte, mas parte dos acontecimentos que explicam o que se passa naquele ano, ocorreram em 1603.

Em todo caso, a onisciência do narrador também tem lastro ulterior, visto que ele faz alusões a acontecimentos futuros em relação a trama, tal como na parte que trata das injustiças cometidas pelos historiadores do porvir em relação à caracterização dos índios ou quando, em diversos momentos, faz alusão a fatos históricos posteriores cujas origens estão justamente no tempo que descreve, isso sem falar das notas de rodapé que integram o romance para esclarecer e lastrear de realidade fatos, personagens e situações ficcionais descritas no livro.

Há, portanto, ao menos três temporalidades narrativas em *O Guarani*: uma (i) é a da narração de 1604, momento no qual paira o narrador no começo da narrativa, pois será o momento de encaixe até o epílogo do livro; há também (ii) o passado recente da narrativa onde se passam os fatos e episódios que explicam e dão ordem aos acontecimentos de 1604 e, há (iii) o tempo do narrador que embora não especificado no texto, sabemos ser o de alguém que dispõe das fontes históricas que permitem saber ainda mais do que a estória permite. Trata-se do tempo do narrador historiador. Eis a estratégia narrativa que além de onisciente é histórica. Uma estória imaginada permitindo que a história de conta das lacunas da imaginação, uma ficção da realidade que coloca o leitor na estória que é parte da história maior e factual.

Voltamos, pois, mais uma vez no tempo, entre aquele que leva ao fim do livro e aquele que compõe o livro no ínterim de um ano passado no início da primeira década do século XVII. Voltamos ao momento em que Peri ressignifica o nome de Cecília em seu dialeto. O episódio é senda social importante, posto que trata do processo de assimilação de forma aguda. Por meio dele ficamos sabendo que a antipatia da moça por Peri foi se transformando ao longo de mais ou menos um ano, pois, no início não lhe agradava a ideia de ter um índio aos seus serviços:

> Cecília que um momento conseguira vencer a repugnância que sentia pelo selvagem, quando lhe ordenara que ficasse, não se lembrou da ingratidão que cometia e não disfarçou mais o seu medo, ou a sua antipatia.
> Quando o índio chegava-se à ela, soltava um grito de susto, e ou fugia, ou ordenava-lhe que se retirasse; Peri que já falava e entendia o português, afastava-se triste e humilde.
> Entretanto a sua dedicação não se desmentia; ele acompanhava a D. Antônio de Mariz nas suas excursões, ajudava-o com a sua experiência, guiava-o aos lugares onde haviam terrenos auríferos ou pedras preciosas.
> De volta destas expedições corria todo o dia os campos para procurar um perfume, uma flor, um pássaro, que entregava ao fidalgo e pedia-lhe desse a *Ceci,* por isso que não se animava mais a chegar-se para ela, com receio de desgosta-la.
> *Ceci* era o nome que o índio dava à sua senhora, depois que lhe tinham ensinado que ela se chamava Cecília.
> Um dia a menina ouvindo chamar-se assim por ele, e achando um pretexto para zangar-se contra esse escravo humilde que obedecia ao seu menor gesto, repreendeu-o com aspereza: — Porque me chamas tu Ceci? O índio sorriu-se tristemente. — Não sabes dizer Cecília? (ALENCAR, 1857b, p. 52-53).

Diante da áspera pergunta da donzela filha do fidalgo português, Peri esforça a língua e pronuncia "claramente o nome da moça com todas as sílabas; isto era tanto mais admirável quando a sua língua não conhecia quatro letras, das quais uma era o L." (ALENCAR, 1857b, p. 50). A moça, não contente, lhe indaga porque se sabia o nome correto dela não o pronunciava corretamente. E eis que Peri responde:

> — Porque *Ceci* é o nome que Peri tem na alma.
>
> — Ah! é um nome de tua língua?
>
> — Sim.
>
> — O que quer dizer?
>
> — O que Peri sente.
>
> — Mas em português?
>
> — Senhora não deve saber.
>
> A menina bateu com a ponta do pezinho no chão, e fez uma gesto de impaciência.
>
> D. Antônio apareceu: Cecília correu ao seu encontro:
>
> — Meu pai, dizei-me o que significa *Ceci* nessa língua selvagem que falais.
>
> — *Ceci!...* disse o fidalgo procurando lembrar-se. Sim! É um verbo que significa doer, magoar (ALENCAR, 1857b, p. 53-54).

Diante da expressão do índio a donzela branca achou-se cruel e chegou a sentir remorso pela maneira que até ali tratara Peri e, assim, se viu primeiro nele somente um escravo agora, o via como "um amigo fiel e dedicado. — Chama-me *Ceci*, dizia às vezes ao índio sorrindo-se; este doce nome me lembrará que fui má para ti; e me ensinará a ser boa." (ALENCAR, 1857b, p. 54). O processo de assimilação aqui, embora duro no início, acaba por amolecer frente a pureza da cultura de Peri. Essa, a única capaz, parece querer dizer o narrador, de ensinar a cultura civilizada a ser, de fato, moralmente melhor.

Além, Álvaro de Sá, sabia Peri, não era como o ex-frade italiano. O índio desse tudo sabia uma vez que, a espreita, o viu alcovitar com os seus parceiros. Peri sabia que Loredano queria agir contra a família de Mariz e sabia que Álvaro era muito próximo a casa de D. Antônio. Álvaro, por sua vez, zangava-se com o índio, assim como Loredano, pois ambos o viam apenas como selvagem e, sobretudo, como um obstáculo à aproximação de Cecília uma vez que esta sempre estava rodeada pelo índio.

Não demorará a surgir entre os colonizadores, Loredano e Álvaro, rusga e desafeto. É no quinto capítulo da segunda parte do livro, denominado 'nobreza e vilania', que Loredano tentará assassinar o pretendente branco de Cecília que também era um dos principais membros da milícia de Mariz. Assassiná-lo significaria, portanto, retirar um obstáculo a duas de suas cobiças: à moça e às posses de D. Antônio. Peri, ciente dos planos do vilão Loredano, fará guarda oculta do nobre Álvaro, defendendo-o do ardil do italiano.

No episódio, Álvaro percebe que está sendo seguido e sabia "que só um homem podia lutar com ele, e levar-lhe vantagem em qualquer arma, e esse era Peri; porque juntava à arte a superioridade do selvagem habituado desde o berço a essa guerra constante que é a sua vida" (ALENCAR, 1857b, p. 60), mas logo foi surpreendido pela tocaia de Loredano que lhe teria tirado a vida, não fosse, justamente, a intervenção de Peri que ao empurrar o italiano o faz ajoelhar no momento do tiro, mudando a trajetória da bala. Peri ia cravar sua faca na cabeça do ex-frade, mas é impedido por Álvaro, pois esse

> tinha recebido de D. Antônio de Mariz todos os princípios daquela antiga lealdade cavalheiresca do século XV, os quais o velho fidalgo conservava como o melhor legado de seus avôs; o moço moldava todas as suas ações, todas as suas ideias, por aquele tipo dos barões portugueses que haviam combalido em Aljubarrota ao lado do Mestre de Avis, o rei cavalheiro (ALENCAR, 1857b, p. 72).

E mais uma vez no romance o índio é reconhecido como bom por um branco. De certo que neste episódio voltou a ser a violência a moeda da trama, o índio encontra lugar no convívio com um colonizador.

> E o moço apertou a mão do selvagem:
>
> — Não agradece; Peri nada te fez; quem te salvou foi a senhora.
>
> Álvaro sorriu-se da franqueza do índio, e corou da alusão que havia em suas palavras.
>
> — Se tu morresses, a senhora chorava; e Peri quer ver a senhora contente (ALENCAR, 1857b, p. 73).

Assim como no episódio em que Cecília acaba por mudar sua maneira de ver Peri, aqui, também, na relação com Álvaro, são as palavras de Peri aliadas a sua maneira fiel de agir que impressionam e fazem o colonizador mudar de atitude na relação com índio. Destarte que

> Álvaro fitou no índio um olhar admirado. Onde é que este selvagem, sem cultura, sem civilização, aprendera essa poesia simples, mas graciosa; onde bebera essa delicadeza de sensibilidade que dificilmente se encontra num coração gasto pelo atrito da sociedade?
> A cena que se desenrolava a seus olhos respondeu-lhe; a natureza brasileira, tão rica, tão brilhante, era a imagem que se reproduzia naquele espírito virgem, como no espelho das aguas e nas facetas das rochas de cristal (ALENCAR, 1857b, p. 74-75).

Toda a passagem demonstra que Peri representava a força poética da natureza. Ele, pois, o poeta mimético e natural, de representações as quais o sentido estava nas belezas da terra. Ele, e não um português, capaz de expressar as razões e prever o sentido da história. Essa inteligência inculta é a única na estória com sagacidade suficiente para antever os passos dos colonizadores sombrios e o desejo de vingança aimoré:

> A sua inteligência sem cultura, mas brilhante como o sol de nossa terra, vigorosa como a vegetação de nosso solo, guiava-o nesse raciocínio com uma lógica e uma prudência,

> dignas de um homem civilizado; previa todas as hipóteses, combinava todas as probabilidades, e preparava-se a realizar o seu plano com essa certeza e essa energia de ação que ninguém possuía em grão tão elevado.
> Assim dirigindo-se para a casa onde o chamava um outro dever, o de avisar a D. Antônio da eventualidade de um ataque dos Aimorés[...] (ALENCAR, 1857b, p. 70).

Peri demonstra sua capacidade de representar os seus sentimentos por Ceci e, mais uma vez, é o índio que protagoniza a poesia e a beleza possíveis em *O Guarani*. Os brancos estão sempre submetidos pelo meio; ele, o selvagem, é o único capaz de utilizar o meio a seu favor, seja na espreita contra um inimigo, ou para confeccionar as suas armas, seja para se proteger das intempéries e para expressar, utilizando-se dos itens da natureza, o que sente por Cecília:

> — Escuta. Peri é filho do sol; e renegava o sol se ele queimasse a pele alva de Ceci. Peri ama o vento; e odiava o vento se ele arrancasse um cabelo de ouro de Ceci. Peri bebe a água; e Peri não molhava sua boca, se uma gota caísse na roupa bonita de Ceci. Peri gosta de ver o céu; e não levantava a vista, se ele fosse mais azul do que os olhos de Ceci (ALENCAR, 1857b, p. 69).

Na relação com Peri, Cecília vai gradativamente se deslocando das necessidades do mundo civilizado e constituindo sua personalidade no desapego ao mundo material dos brancos. A relação humana, a afeição, o afeto e a natureza vão romanticamente tomando uma forma pura e despretensiosa, tal como se fosse amoldando-se à maneira de Peri ver o mundo. Eis que:

> estes sentimentos eram toda a sua vida; no meio destes sentia-se feliz; nada lhe faltava e também nada mais ambicionava. Enquanto pudesse beijar a mão de seu pai e de sua mãe, receber uma carícia de seu irmão e de sua prima, sorrir a seu

> cavalheiro e brincar com o seu escravo; a existência para ela seria de flores (ALENCAR, 1857b, p. 87-88).

Se Cecília vai se amoldando aos modos de Peri, Isabel surpreende Cecília ao contar-lhe que era apaixonada por Álvaro e, assim, o narrador vai preparando o caminho para que o antagonismo entre o Álvaro e Peri se extinga por completo. Ativa ainda uma senda da miscigenação, pois abre a possibilidade de relação amorosa entre uma cabocla, filha de português com índio, e um branco português.

Ademais, toda esta segunda parte do romance parece ser destinada a desfazer boa parte dos segredos que existem entre os personagens, muitos desses conhecidos já adiantados pelo narrador. No nono capítulo, D. Antônio faz um testamento e convoca seu filho Diogo, bem como Álvaro, para que tenham ciência de seus espólios. O capítulo é substancial, pois os espólios dizem respeito a itens imateriais. Trata-se de transmitir o nome, a fidalguia o que, pensamos, já determinaria de todo a transmissão dos bens. Essa a regra do mundo colonial e patriarcal de *O Guarani*. É, ainda, nesse momento que D. Antônio, como já havia adiantado o narrador em outro momento, faz saber que Isabel era na verdade sua sobrinha e tinha, portanto, que levar a distinção que lhe cabia. O colonizador acaba por tornar claro todos os seus herdeiros no que parece mais uma confissão do que um inventário. Aprofunda-se cada vez mais a tonalidade religiosa cristã e católica do texto:

> — A vós, D. Diogo, transmito o legado de meu pai; estou convencido que conservareis o seu nome tão puro como a vossa alma, e que vos esforçareis por eleva-lo, servindo uma causa santa e justa. A vós, Álvaro, confio a felicidade de minha Cecília; e creio que Deus enviando-vos a mim, fazem já dez anos, não quis senão completar o dom que me havia concedido. (...)

> D. Diogo abriu os braços, e apertou Álvaro ao peito; um instante esses dois corações nobres bateram um de encontro ao outro.
>
> — O que me resta dizer-vos é difícil; custa sempre confessar uma falta, ainda mesmo quando se fala à almas generosas. Tenho uma filha natural: a estima que voto a minha mulher e o receio de fazer essa pobre menina corar de seu nascimento, obrigaram-me a dar-lhe em vida o título de sobrinha.
>
> — Isabel?... exclamou D. Diogo.
>
> — Sim, Isabel é minha filha. Peço-vos a ambos que a trateis sempre como tal; que a ameis como irmã, e a rodeeis de tanto afeto, de tanto carinho, que ela possa ser feliz, e perdoar-me a indiferença que lhe mostrei e a infelicidade involuntária que causei á sua mãe (ALENCAR, 1857b, p. 109-110).

Neste ponto desenrolar-se-á o momento em que Mariz pedirá ao índio que ele volte para sua tribo. Sem querer explicar o fato familiar que o levava àquela decisão, acabou por dizer ao índio que ele ali não podia viver por não partilhar dos mesmos costumes religiosos da família. A verdade é que "D. Antônio não sabia o que responder, e viu-se obrigado a procurar um pretexto para explicar ao índio o seu procedimento: a ideia da religião, que todos os povos compreendem, pareceu-lhe a mais própria." (ALENCAR, 1857b, p. 115).

D. Antônio argumentará que Deus não queria que um homem que não o adora vivesse no meio de uma família branca. Peri contra argumenta que seu Deus também o mandava ficar em sua tribo, mas que mesmo assim decidira se dedicar à família de Mariz. Cecília, muito embora a contragosto, mas, ao mesmo tempo deixando-se levar pela ideia da impossibilidade de o índio ali viver, acaba por dizer que o índio deveria ir embora. Frente a isso Peri não vê outra saída e dolorosamente reconhece que terá de ir para fora da propriedade de Mariz, não sem antes contar a D. Antônio da iminência do ataque Aimoré, bem como do ardil de Loredano. Não obstante, permaneceria à espreita para, a seu modo e sozinho, zelar pela segurança de Cecília. Antes de sua partida "a menina tirou do peito uma pequena cruz de couro presa à uma fita preta, e deitou-a no pescoço do índio: — Quando tu souberes o que diz esta cruz, volta, Peri." (ALENCAR, 1857b, p. 118). A assimilação completa de Peri ao mundo dos brancos depende, pois, do reconhecimento da fé cristã, da catequização.

Antes de sair, Peri, conta ao velho fidalgo sobre a possibilidade do ataque dos Aimorés, bem como conta sobre o dia em que salvou Cecília das setas destes. Diante de mais essa sua demonstração de dedicação dona Lauriana, até o momento, a principal propulsora da expulsão do gentio, acaba, tal como Cecília e Álvaro, mudando de opinião sobre o índio. E quando este já se punha fora ela diz: "— Não, disse ela levantando-se e dando alguns passos; Peri deve ficar, sou eu que vos peço agora esta graça, Sr. D. Antônio de Mariz; tenho também a minha divida a pagar." (ALENCAR, 1857b, p. 123).

Adiante, no décimo segundo capítulo, Isabel fará Álvaro saber de seus sentimentos. Álvaro, neste ponto, sabe que ela é filha de Mariz e isso o faz ver a moça de modo diferente, tal como se abrisse uma possibilidade entre os dois, visto que ela não era de todo índia.

A origem dos personagens é determinante para o lugar social na trama. Muito embora a relação dos dois não se consume neste momento é relevante a passagem em que Isabel revela como se sente em relação ao meio em que vive, pois, para além de elucidativa, revela o não-lugar de uma mestiça no meio social da colônia. Isabel, então, explica a Álvaro como se sente no (não) lugar que vive:

> — Sabeis o que eu sou; uma pobre órfã que perdeu sua mãe muito cedo, e que não conheceu seu pai. Tenho vivido da compaixão alheia; não me queixo, mas sofro. Filha de duas raças inimigas devia amar a ambas; e entretanto minha mãe

> desgraçada fez-me odiar à uma, o desdém com que me tratam fez-me desprezar, a outra (ALENCAR, 1857b, p. 145-146).

Assim como Isabel, mas de modo mais profundo, Peri é o sujeito completamente deslocado de possibilidades no mundo dos brancos. Sua origem é determinante para distingui-lo de Álvaro, mesmo que possuindo, como já se provou, um caráter tão ou mais elevado que o do nobre português. A passagem a seguir é relevante para o registro deste aspecto e inicia com um diálogo entre o quase herói branco e o herói índio, seguido de considerações do narrador sobre o que é peculiar nos dois e o que é impeditivo a Peri. Tudo se dá entre o mimético baixo e o alto:

> — Se tu a amasses, tu matarias teu irmão para livrá-la de um perigo.
>
> — Peri, talvez não compreendas o que vou dizer-te. Daria a minha vida sem hesitar por Cecília; mas a minha honra pertence a Deus no céu, e a memória de meu pai.
>
> Os dois homens olharam-se um momento em silêncio; ambos tinham a mesma grandeza de alma, a mesma coragem levada ao heroísmo, a mesma nobreza de sentimento; entretanto as circunstâncias da vida haviam feito deles dois contrastes (ALENCAR, 1857b, p. 171-172).

O único lugar possível a Peri, segundo o que lhe é dado pensar, é o de permanecer como escravo de Cecília e a ela tudo fazer e dar, mas a essa altura do processo de assimilação a moça que antes fazia-se contente com seu cativo, agora afirma: "— Mas tu não és escravo!... (...) tu és um amigo sincero e dedicado. Me salvaste a vida duas vezes; fazes impossíveis para me veres contente e satisfeita; te arriscas a morrer todos os dias por minha causa." (ALENCAR, 1857b, p. 175).

Cecília, a partir deste momento, que marca o final da segunda parte do livro, pensa ser possível aculturar por completo Peri, completando sua incursão no mundo dos brancos, nobilitando-o e catequizando-o aos moldes dos preceitos da civilização. A afeição crescente com o índio levou-a da rejeição ao catecismo. De todo modo, diga-se de passagem, não abre mão de sua pretensa superioridade em relação ao nativo, pois ela é que será responsável pelos ensinamentos necessários à completude do processo de aculturação que supostamente permitiria a Peri o ingresso no mundo dos brancos. Ela quer que Peri " – (...) ame sua senhora; que obedeça, que aprenda o que ela lhe ensinar, para ser um cavalheiro como [seu] irmão D. Diogo e o Sr. Álvaro."(ALENCAR, 1857b, p. 175) e continua Cecília:

> — Olha, (...); Ceci vai te ensinar a conhecer o Senhor do céu, a rezar, a ler bonitas historias. Quando tu souberes tudo isto, ela bordará um manto de seda para ti; tu lerás uma espada, e uma cruz no peito. Sim ?
>
> — A planta precisa de sol para crescer, a flor precisa de água para abrir; Peri precisa de liberdade para viver.
>
> — Mas tu serás livre; tu serás nobre e forte como meu pai!
>
> — Não, senhora; o pássaro que voa nos ares cai, se lhe quebram as asas; o peixe que nada no rio morre, se o deitam em terra; Peri será como o pássaro, e como o peixe, se tu cortarei as suas asas; se o tirares da vida em que nasceu.
>
> Cecília bateu com o pesinho em sinal de impaciência.
>
> — Não te zanga, senhora.
>
> — Tu não fazes o que Ceci pede?... Pois Ceci não te quer mais bem; não brincará mais contigo: não te chamará mais seu amigo. Vê; não guardo mais a flor que tu me deste.
>
> E a linda menina, machucando nos seus dedinhos a flor que arrancou dos seus cabelos, correu para seu quarto, e bateu a porta com violência.

> O índio retirou-se triste para a sua cabana (ALENCAR, 1857b, p. 175-176).

O desfecho desta parte é uma canção que irrompe no silêncio de uma noite tropical no Brasil colonial de inícios do século XVII. Trata-se de uma canção portuguesa que conta a história de um rei mouro que abandonara sua terra e aderira à cristandade para poder viver ao lado de uma formosa dama castelã. A letra inserida no cerrar do capítulo é uma nota clara de que tudo serve ao amor português, desde que cristão. Questão de valores, a conversão aparece como elemento fundamental para a realização da mestiçagem de uma portuguesa com um de fora. Assim, pois, deveria ser com Peri. Eis a letra da canção:

> Foi um dia. Um rei mouro
> Deixou
> Alcáçar de prata e ouro.
> Montado no seu corcel,
> Partiu
> Sem pajem, sem anadel.
> Do castelo à barbacã
> Chegou;
> Viu formosa castelã.
> Aos pés daquela que ama,
> Jurou
> Ser fiel a sua dama,
> A gentil dona e senhora
> Sorriu;
> Que antes isenta não fora.
> Tu és mouro; eu sou cristã:
> Falou
> A formosa castelã.
> Mouro, dou-te o meu amor;
> Cristão,
> Serás meu nobre senhor.

Sua voz era um encanto,
Seu olhar
Quebrado, pedia tanto!
Antes de ver-te, senhora,
Fui rei;
Teu escravo serei agora.
Por ti deixo meu alcáçar
Fiel;
Meus paços d'ouro e de nácar.
Por ti deixo o paraíso;
Meu céu
É teu mimoso sorriso.»
A dona em um doce enleio
Tirou
Seu lindo colar do seio.
E duas almas cristãs,
Na cruz
Um beijo, tornou irmãs.
(ALENCAR, 1857b, p. 177-178)

Guerra e heroísmo

A terceira parte do romance será dedicada ao desenrolar dos conflitos. É nessa parte, também, que o velho fidalgo manda seu filho, Diogo, ao Rio de Janeiro, para assegurar a permanência de sua casta frente a iminência da guerra contra os Aimorés na qual toda família poderia sucumbir. Decerto que se contaria um homem a menos na defesa da propriedade, mas nada poderia pôr em risco, como reza a cartilha da fidalguia portuguesa, a casta, a dinastia de Mariz.

O segundo capítulo da terceira parte, denominado 'Preparativos' acaba por recuperar, seguindo a estratégia de se reaver partes anteriormente interrompidas, itens decisivos do enredo. É nele que Álvaro se vê ainda mais apaixonado por Isabel, abrindo todo o caminho do heroísmo de Peri em relação à Cecília e, é nele, também, que um antigo conhecido de Loredano, quando este ainda era o Frei Ângelo, chega à propriedade de Mariz solicitando pouso. Loredano, à mercê de ser identificado, o que colocaria tudo a perder acelerará seu plano de revolta, bem como o rapto de Cecília.

Neste ponto, também, se recoloca com vigor a senda política da conversão cristã como fator decisivo para a integração de Peri. A donzela branca pedirá ao índio que ele se converta, pois tornando-se cristão poderia enfim ingressar no núcleo familiar da estória. Diante do pedido de conversão por Cecília o índio contesta:

> — Peri, selvagem, é o primeiro dos seus; só tem uma lei, uma religião, é sua senhora; Peri, cristão, será o último dos teus; será um escravo, e não poderá defender-te.
>
> — Um escravo!... Não ! Serás um amigo.
>
> Eu te juro! exclamou a menina com vivacidade,
>
> O índio sorrio:
>
> — Se Peri fosse cristão, e um homem quisesse te ofender, ele não poderia matá-lo, porque o teu Deus manda que um homem não mate outro. Peri selvagem não respeita ninguém; quem ofende sua senhora é seu inimigo, e morre! (ALENCAR, 1857c, p. 18-19).

A lógica de Peri é bastante simples e objetiva: não pode se converter à religião cristã porque isso lhe retiraria a 'liberdade' de matar em nome de sua única adoração que é Cecília. Aqui a natureza, mais uma vez, dá suporte à civilização e à cultura, mas é insistente a posição do narrador quanto à necessidade de o índio vir a ser cristão para poder ingressar no mundo civilizado.

A seguir, Peri irá pela mata em busca de apoio "de alguma tribo da grande raça guarani a que ele pertencia; seria um amigo e um aliado para D. Antônio de Mariz." (ALENCAR, 1857c, p. 54-55), na luta contra os Aimorés. E aqui, nota-se, há certa contradição em relação a parte anterior quando o índio responde a Mariz sobre sua origem, declarando-se Goitacás e não Guarani. De fato, os Goitacazes não pertencem ao tronco linguístico Guarani, mas sim ao macro-jê. Em todo caso, Peri sabe que a "grande raça" guarani tem um "ódio inveterado" contra "essa nação degenerada dos Aimorés" e isso "justifica a esperança de Peri" na busca por aliados, "mas infelizmente tendo percorrido todo o dia a floresta não encontrou o menor vestígio do que procurava." (ALENCAR, 1857c, p. 54-55).

De regresso à propriedade do fidalgo português, Peri percebe que Loredano e seus comparsas cercavam a casa do fidalgo para dar cabo do intento de raptar Cecília e iniciar a revolta dos aventureiros contra o patriarca. Tal como pouco antes prenunciado, o índio herói, munido da falta de cristandade, vai impedir um dos comparsas de Loredano pois, "Peri tinha o seu ouvido sútil e delicado que dispensava a vista; o som da respiração servia-lhe de alvo; escutou um momento, ergueu o braço, e a faca enterrando se na boca da vítima, cortou lhe a garganta." (ALENCAR, 1857c, p. 60). E assim, a violência reaparece nas linhas de *O Guarani*, quando, logo depois e, ainda em tempo, Peri flecha a mão de Loredano, que dentro do quarto de Cecília, quase ultimava o rapto.

A revolta tem início. Loredano tentará jogar a culpa da morte de um dos aventureiros em Peri e, de fato, o índio o havia matado, mas não pelos motivos que o italiano argumenta quando da pergunta de Mariz sobre o responsável pelo assassinato. Ao que Loredano responde tentando incriminar Peri: "— E não adivinhais? respondeu o italiano; Não adivinhais quem nesta casa pode desejar a morte dos brancos, e a destruição da nossa religião? Quem se não o herege, o réprobo, o selvagem traidor e infame?" (ALENCAR, 1857c, p. 66)

A esta altura todos os aventureiros, exceto Álvaro e Gomes, voltavam-se contra o patriarca, influenciados que estavam por Loredano. Dom Antônio irá pessoalmente de encontro a todos questionando quem teria sido o líder de tal motim. Neste momento, quando todos os agregados do núcleo antifamiliar colocavam-se contra o fidalgo e o cercavam com injúrias e ameaças, os Aimorés iniciam o ataque. Suspende-se um conflito porque outro maior começa. O núcleo antifamiliar deverá se unir ao familiar para enfrentar o núcleo nativo e assim "houve como que um armistício entre os rebeldes e o fidalgo; sem se reunirem, os aventureiros conheceram que deviam combater o inimigo comum, embora depois levassem ao cabo a sua revolta" (ALENCAR, 1857c, p. 86-87), pois

> Homens quase nus, de estatura gigantesca, de fisionomia feroz, cobertos de peles de animais e de penas amarelas e escarlates, armados de grossas clavas e arcos enormes, adiantavam-se soltando gritos medonhos.
> A inúbia retroava; e o som dos instrumentos de guerra misturado com os brados e alaridos formavam um concerto horrível, uma harmonia sinistra que revelava os instintos dessa horda selvagem reduzida à brutalidade das feras.
>
> — Os Aimorés!... repeliram os aventureiros empalidecendo (ALENCAR, 1857c, p. 85).

O ataque aimoré durará dois dias e, em maior número de combatentes, vai paulatinamente sucumbindo as forças dos aventureiros. Peri, num esforço individual descrito em mimético alto, heroico pois, havia estabelecido uma frente de batalha solitária, e o quarto de Cecília tornara-se o seu quartel general. Ele, sozinho, estava convicto de que conseguiria pôr fim a batalha.

> Cecília deixara o seu quartinho tão lindo e tão mimoso, e nele estabelecera Peri o seu quartel-general e o seu centro de operações; porque, é preciso dizer, o índio não partilhava o desanimo geral, e tinha uma confiança inabalável de que conseguiria salvar a todos (ALENCAR, 1857c, p. 87-89).

É assim que "durante estes dois dias ele linha feito coisas incríveis, verdadeiras loucuras de heroísmo e abnegação" (ALENCAR, 1857c, p. 90), impedindo que os Aimorés adentrassem a propriedade de Mariz. Adiante, "as loucuras do índio chegaram a um tal ponto que Cecília viu-se obrigada a proibir-lhe que saísse de junto dela, e a guardá-lo a vista com receio de que não se fizesse matar a todo o momento." (ALENCAR, 1857c, p. 91)

Cada um do núcleo familiar vai se colocar, a seu modo, para tentar deter os Aimorés. Eis que,

> D. Lauriana, sentada em um dos degraus do oratório, rezava: a boa senhora era uma das pessoas que mais coragem e mais calma mostrava no transe horrível em que se achava sua família; animada pela sua fé religiosa e pelo sangue nobre que girava nas suas veias, ela se tinha conservado digna de seu marido. Fazia tudo quanto era possível; pensava os feridos, encorajava as meninas, auxiliava os preparativos de defesa, e ainda em cima dirigia sua casa como se nada se passasse (ALENCAR, 1857c, p. 92-93).

A revolta dos aventureiros continuava apaziguada, pois "a necessidade da defesa contra o inimigo comum trouxe uma suspensão de hostilidades; acima da ambição estava o instinto da vida e da conservação. A luta de interesses e de ódios cedeu a primazia à grande luta de duas raças inimigas." (ALENCAR, 1857c, p. 108-109).

Mas como "[...]a perfeição dos sentidos era um dom que os selvagens possuíam no mais alto grau."(ALENCAR, 1857c, p. 105), Peri já havia arquitetado plano que daria fim a batalha. Restava saber "qual era o projeto que havia concebido, e que lhe dava uma certeza e uma convicção inabalável a respeito do seu resultado? Que meio ousado tinha ele para contar com a destruição dos inimigos, e a salvação de sua senhora?" (ALENCAR, 1857c, p. 105).

Ele iria se colocar em campo direto contra os Aimorés, até que esses o rendessem ou o matassem. "Peri olhou um momento aqueles homens de estatura gigantesca, de aspecto horrível, aqueles duzentos guerreiros de uma força prodigiosa, ferozes como tigres" (ALENCAR, 1857c, p. 125), mas não se deteve e, em mimético alto, "cobriu o peito e as costas com uma pele de cobra que ligou estreitamente ao corpo; vestiu por cima o seu saiote de algodão; experimentou os músculos dos braços e das pernas; e sentindo-se forte, ágil e flexível, saiu sem levar uma arma" (ALENCAR, 1857c, p. 127), pois "o seu instinto selvagem supria a indústria do homem civilizado; a primeira e a mais antiga das artes é incontestavelmente a arte da guerra, — a arte da defesa e da vingança, os dois mais fortes estímulos do coração humano." (ALENCAR, 1857c, p. 138). Vai se delineando assim em mimético alto o heroísmo de Peri.

Já a Dom Antônio de Mariz "não lhe restava então uma esperança; a de morrer rodeado dos entes que amava, cercado de sua família, como um fidalgo português devia morrer; com honra e coragem." (ALENCAR, 1857c, p. 130-131).

Neste ponto o narrador se detém na descrição dos Aimorés. Todo esforço narrativo está em separar o índio de mediação (Peri) do índio de constrição (Aimoré):

> Enquanto se ocupavam com esse trabalho, um prazer feroz animava todas essas fisionomias sinistras, nas quais a braveza, a ignorância e os instintos carniceiros tinham quase de todo apagado o cunho da raça humana.
>
> Seus cabelos arruivados caíam-lhes sobre a fronte e ocultavam inteiramente essa parte nobre do rosto, criada por Deus para a sede da inteligência, e para o trono de onde o pensamento deve reinar sobre a matéria.
>
> Os lábios decompostos, arregaçados por uma contração dos músculos faciais, tinham perdido a expressão suave e doce que lhes imprimem o sorriso e a palavra; de lábios de ho-

> mem se haviam transformado em mandíbulas de fera afeitas ao grito e ao bramido.
> Os dentes agudos como as presas do jaguar, já não tinham o esmalte que a natureza lhes dera; ao mesmo tempo armas e instrumentos da alimentação, o sangue os tingira dessa cor amarelenta que têm os dentes dos animais carniceiros.
> As grandes unhas negras e retorcidas que cresciam nos dedos, a pele áspera e calosa, faziam de suas mãos, antes garras temíveis, do que uma parte destinada a servir o homem e dar ao aspecto a nobreza do gesto.
> Grandes peles de animais cobriam o corpo agigantado desses filhos das brenhas, que a não ser o porte direito se julgaria alguma raça de quadrúmanos indígena do novo mundo.
> Alguns se ornavam de penas, e colares de ossos; outros completamente nus tinham o corpo untado de óleo por causa dos insetos.
> Entre todos distinguia-se um velho que parecia ser o chefe da tribo. Sua alta estatura, direita apesar da idade avançada, dominava a cabeça dos seus companheiros sentados ou grupados em torno do fogo (ALENCAR, 1857c, p. 139-141).

De outro lado, com postura muito diferente Peri aparece

> altivo, nobre, radiante dessa coragem invencível e desse heroísmo sublime de que já dera tantos exemplos, o índio se apresentava só em face de duzentos inimigos fortes e sequiosos de vingança.
> Caindo do alto de uma árvore sobre eles, tinha abatido dois; e volvendo o seu montante como um raio em torno de sua cabeça, abriu um círculo no meio dos selvagens.
> Então encostou-se a uma lasca de pedra que descansava sobre uma ondulação do terreno e preparou-se para esse combate monstruoso de um só homem contra duzentos (ALENCAR, 1857c, p. 144-145).

Todo restante da terceira parte do romance será voltado à narração dos feitos de Peri contra os Aimorés. Em uma empreitada individual, feito um herói ele enfrentará ao menos duas centenas de índios cujas qualidades bárbaras já foram imputadas pelo narrador. Peri, em altiplano mimético, lutará bravamente, mas será capturado pelos Aimorés e

> quando os selvagens se precipitavam sobre o inimigo [Peri], que já não se defendia e se confessava vencido, o velho cacique adiantou-se; e deixando cair a mão sobre o ombro de Peri, fez um movimento enérgico com o braço direito decepado [por Peri].
> Este movimento exprimia que Peri era seu prisioneiro, que lhe pertencia como o primeiro que tinha posto a mão sobre ele, como o seu vencedor; e que todos deviam respeitar o seu direito de propriedade, o seu direito da guerra.
> Os selvagens abaixaram as armas, e não deram um passo; esse povo bárbaro tinha seus costumes e suas leis; e uma delas era esse direito exclusivo do vencedor sobre o seu prisioneiro de guerra, essa conquista do fraco pelo forte.
> Tinham em tanta conta glória de trazerem um cativo do combate e de sacrificá-lo no meio das festas e cerimônias que costumavam celebrar, que nenhum selvagem matava o inimigo que se rendia; fazia-o prisioneiro (ALENCAR, 1857c, p. 149-150).

Uma vez capturado, Peri será tido como posse do cacique mais velho entre os Aimorés e este lhe condenará a pena de morte, mas

> ele, Peri, o guerreiro invencível, ele o selvagem livre, o senhor das florestas, o rei dessa terra virgem, o chefe da mais valente nação dos Guaranis, suplicar a vida ao inimigo! Era impossível (ALENCAR, 1857c, p. 151).

Martírio, conversão e fuga

Enquanto Peri permanece preso na aldeia aimoré a lente do narrador se volta mais uma vez à propriedade de Mariz. Uma vez arrefecida a batalha com a prisão de Peri, os aventureiros, sob a liderança de Loredano, voltam a se revoltar contra o velho fidalgo. O ex-frade italiano quer irromper na propriedade de Mariz derrubando uma parede cuja contraface sustenta um altar no interior da casa. Aqui o fator religioso cristão é decisivo, pois uma vez que os aventureiros mancomunados com Loredano têm consciência que derrubariam santos e crucifixos para adentrar a casa, negam-se a fazê-lo, pois a traição não poderia vir em par com a profanação; e é como se o narrador quisesse argumentar o quanto a fé católica, freou em parte a cobiça no mundo colonial... Mais uma vez é, pois, acesa a chama de uma senda religiosa no romance. O capítulo em que se dá o episódio é alvissareiramente intitulado 'O arrependimento'.

A seguir o narrador retorna ao núcleo nativo, levando a estória mais uma vez à aldeia Aimoré onde será descrito o ritual que precede o sacrifício de Peri, pois "ao cacique cabia a honra de ser o algoz da vítima, o matador do prisioneiro; seu braço devia consumar a grande obra da vingança, esse sentimento que constituía para aqueles povos fanáticos a verdadeira glória." (ALENCAR, 1857d, p. 20). Pronto a desferir o golpe que mataria o índio Goitacás, diz o cacique aimoré:

> — Sou teu matador! disse ele em guarani.
>
> Peri não se admirou ouvindo a sua bela língua adulterada pelos sons roucos e guturais que saíam dos lábios do selvagem.
>
> — Peri não te teme!
>
> — És Goitacás?
>
> — Sou teu inimigo!
>
> — Defende-te!

> O índio sorrio:
>
> — Tu não mereces (ALENCAR, 1857d, p. 21).

O destino das partes do corpo de Peri, bem como o caráter antropófago dos Aimorés será, também, ressaltado: "— Guerreiro Goitacás, tu és prisioneiro; tua cabeça pertence ao guerreiro Aimoré; teu corpo aos filhos de sua tribo; tuas entranhas servirão o banquete da vingança. Tu vais morrer" (ALENCAR, 1857d, p. 22), pois

> segundo as leis tradicionais desse povo bárbaro, toda a tribo devia tomar parte no festim; as mulheres moças tocavam apenas na carne do prisioneiro; mas os guerreiros a saboreavam como um manjar delicado, adubado pelo prazer da vingança; e as velhas com a gula feroz das harpias que se cevam no sangue de suas vítimas (ALENCAR, 1857d, p. 45).

Até aqui foram muitas as cenas em que a 'natureza' de Peri, salvará a 'civilização' de Cecília dos perigos do meio, mas, para impedir o sacrifício do índio herói pelo cacique aimoré, o narrador inverte essa lógica. Álvaro, atendendo a pedidos de Cecília e autorizado por D. Antônio, cumprirá a vez heroica de salvar Peri de seu fatídico destino. No final da cena em que Peri seria decapitado pelo seu antagonista ameríndio, Álvaro atira e acerta a mão do cacique impedindo o assassinato.

Com a fuga de Peri, possibilitada por Álvaro, o herói índio se recoloca mais uma vez na história, mas, neste ponto, ficamos sabendo que Peri, uma vez que conhecia o seu destino, pois sabia que capturado seria devorado pelos Aimorés num ritual típico da guerra, havia tomado veneno de modo que todos aqueles que comessem sua carne morreriam. Daí o seu martírio para salvar todo o núcleo familiar. Uma vez livre e sem forças, pois o veneno já cumpria seu efeito, Peri irá heroicamente buscar na mata o antídoto para o curare, o veneno que tomara. É relevante o excerto em que Peri revela a Cecília o que havia feito para derrotar os Aimorés:

> — Quando Ararê deitou o seu corpo sobre a terra para não tornar a ergue-lo, chamou Peri e disse:
> Filho de Ararê, teu pai vai morrer; lembra-te que tua carne é a minha carne; que teu sangue é meu sangue. Teu corpo não deve servir ao banquete do inimigo.
> Ararê disse, e tirou suas contas de frutos que deu a seu filho; estavam cheias de veneno; tinham nelas a morte.
> Quando Peri fosse prisioneiro, bastava quebrar um fruto, e ria do vencedor que não se animaria a tocar no seu corpo.
> Peri viu que a senhora sofria, e olhou as suas contas; teve uma ideia; o presente de Ararê podia salvar a todos.
> Se tu deixasses fazer o que queria, quando a noite viesse não acharia um inimigo vivo; os brancos e os índios não te ofenderiam mais (ALENCAR, 1857d, p. 41-42).

Arrefecida a guerra contra os Aimorés, D. Antônio de Mariz irá proceder com a política necessária para dar cabo da revolta dos aventureiros. Todo o episódio é bastante alusivo ao processo decisório no interior da propriedade privada e patriarcal. O fidalgo chama todos os homens que, reunidos num conselho, são lembrados de sua 'lei', bem como do pacto comunitário que até ali garantiu-lhes a vida em meio hostil.

Uma vez relevada a verdadeira identidade de Loredano os outros aventureiros irão saber da principal traição, posto que um religioso, uma figura ordenada nas leis de Cristo, não poderia jamais tramar contra outros seus irmãos de crença. Arrependidos, a conclusão a que chegam é que Loredano lhes havia enganado e era ele o único e verdadeiro culpado e, sobretudo, herege. Assim que

> proferida a sentença apresentaram-se diversas opiniões sobre o suplício que devia ser infligido ao culpado; cada um

> lembrava o gênero de morte o mais cruel; porém a opinião geral adoptou a fogueira como o castigo consagrado pela inquisição para punir os hereges (ALENCAR, 1857d, p. 56).

A senda política que se abre com a condenação de Loredano é, mais uma vez, a senda da violência. O vilão ex-frade italiano, numa inquisição privada, será condenado a fogueira e uma vez atado ao seu destino,

> de vez em quando um deles se erguia, e chegando-se ao frade exprobrava-lhe a sua perversidade, e cobria-o de impropérios e de injúrias. Loredano estorcia-se de raiva, mas não proferia uma palavra, porque seus algozes o tinham ameaçado de cortar-lhe a língua (ALENCAR, 1857d, p. 61).

Mas, com a guerra contra os Aimorés, "a penúria tinha sucedido à abundância de outrora; privados da caça, sua alimentação ordinária, estavam reduzidos a simples vegetais." (ALENCAR, 1857d, p. 59). O meio mais uma vez impunha sua vontade sobre os habitantes de *O Guarani* e

> morrer com as armas na mão, batendo-se contra o inimigo, era para eles uma coisa natural, uma ideia a que a sua vida de aventuras e de perigos os tinha afeito.
> O que realmente os entristecia, era não terem uma boa ceia, e um cangirão de vinho diante de si; era o seu estômago que se contraía por falta de alimento, e que tirava-lhes toda a disposição de rir e de folgar (ALENCAR, 1857d, p. 60).

Frente às penúrias da fome, dos meios de vida, Álvaro se disporá a enfrentar o ambiente ainda inseguro para captar as provisões necessárias à manutenção do núcleo familiar e dos aventureiros. Munido de poucos armamentos e com poucos aventureiros e batedores, Álvaro sai para caçar, mas acaba por ser caçado pelos Aimorés que não haviam desistido da investida contra os brancos. A busca pelos meios de vida acaba por colocar fim a vida do quase herói branco.

O corpo inanimado de Álvaro é carregado por Peri, o herói índio de volta à casa do velho fidalgo. Isabel, o par romântico de Álvaro, não suporta a dor de ter perdido o seu amado e comete suicídio. O romance brasileiro vai enfim encontrando o seu fim e pouco a pouco o núcleo familiar vai sendo decomposto em um drama mimético baixo no qual a guerra e a penúria dos meios de vida se entrelaça à desagregação do núcleo familiar e do sistema comunitário.

D. Antônio, por sua vez, sabia que os Aimorés eram implacáveis e que não desistiriam da guerra enquanto não vissem a propriedade e os brancos destruídos. Ele sabia que nem mesmo o assassinato de Álvaro poderia interromper a sanha vingativa dos bravios. E, assim, chegou-lhe a passar pelo "espírito a ideia de que se tivessem retirado com a perda de alguns dos seus principais guerreiros; mas ele conhecia de há muito o espírito vingativo e a tenacidade dessa raça para admitir semelhante suposição." (ALENCAR, 1857d, p. 62-63)

"Mas voltemos a sala em que se achavam reunidos os principais personagens dessa história, e onde se vão passar as cenas talvez mais importantes desse drama brasileiro" (ALENCAR, 1857d, p. 96), pois a esta altura já é sabido entre os membros da família de Mariz que pouco poderiam fazer contra mais uma investida aimoré. Diante deste destino iminente, declara D. Antônio: "— É chegado o momento, meus amigos. Temos uma hora de vida; preparai-vos para morrer como cristãos e portugueses. Abri as portas para que possamos ver o céu." (ALENCAR, 1857d, p. 97).

Cristãos e portugueses são, como se depreende da fala do patriarca, as duas qualidades centrais dos habitantes do núcleo familiar. Assim, o fim deste setor de personagens da história significaria a derrocada da civilização que há em *O Guarani*, em detrimento do núcleo nativo.

Peri, no entanto, não se conforma em deixar sua adorada Cecília morrer como portuguesa e cristã e propõe a Mariz que ele o deixe fugir com a moça, salvando-a dos Aimorés. D. Antônio se opõe à ideia. Peri não compreende porque o pai da moça não permite que ele assim o faça. Eis que a explicação retoma a senda cristã do romance, quando D. Antônio de Mariz

> atravessou o espaço que o separava de sua filha, e, tomando a mão de Peri, disse-lhe com uma voz profunda e solene:
>
> — Se tu fosses cristão, Peri!....
>
> O índio voltou-se extremamente admirado daquelas palavras.
>
> — Porque? perguntou ele.
>
> — Porque?... disse lentamente o fidalgo. Porque se tu fosses cristão, eu te confiaria a salvação de minha Cecília, e estou convencido de que a levarias ao Rio de Janeiro, à minha irmã.
>
> O rosto do selvagem iluminou-se; seu peito arquejou de felicidade; seus lábios trêmulos mal podiam articular o turbilhão de palavras que lhe vinham do íntimo da alma.
>
> — Peri quer ser cristão! exclamou ele.
>
> D. Antônio lançou-lhe um olhar húmido de reconhecimento.
>
> — A nossa religião permite, disse o fidalgo, que na hora extrema todo o homem possa dar o batismo. Nós estamos com o pé sobre o túmulo. Ajoelha, Peri!
>
> O índio caiu aos pés do velho cavalheiro, que impôs-lhe as mãos sobre a cabeça.
>
> — Sê cristão! Dou-te o meu nome.
>
> Peri beijou a cruz da espada que o fidalgo lhe apresentou, e ergueu-se altivo e sobranceiro, pronto a afrontar todos os perigos para salvar sua senhora.

> — Escuso exigir de ti a promessa de respeitares e defenderes minha filha. Conheço a tua alma nobre, conheço o teu heroísmo e a tua sublime dedicação por Cecília. Mas quero que me faças um outro juramento.
>
> Qual? Peri está pronto para tudo.
>
> Juras que, se tu não poderes salvar minha filha, ela não cairá nas mãos do inimigo?
>
> — Peri te jura que ele levará a senhora à tua irmã; e que se o senhor do céu não deixar que Peri cumpra a sua promessa, nenhum inimigo tocará em tua filha; ainda que para isso seja preciso queimar uma floresta inteira.
>
> — Bem; estou tranquilo. Ponho minha Cecília sob tua guarda; e morro tranquilo. Podes partir.
>
> — Manda fechar todas as portas.
>
> Os aventureiros obedeceram à ordem do fidalgo; todas as portas se fecharam; o índio empregava este meio para ganhar tempo.
> Os gritos e bramidos dos selvagens, que continuavam com algumas interrupções, foram-se aproximando da casa; conhecia-se que escalavam o rochedo nesse momento.
> Alguns minutos se passaram numa ansiedade cruel. D. Antônio de Mariz depositou um último beijo na fronte de sua filha; D. Lauriana apertou ao seio a cabeça adormecida da menina e envolveu-a numa manta de seda (ALENCAR, 1857d, p. 102-104).

O excerto supracitado extraído do último capítulo da quarta parte, intitulado 'O cristão' constitui momento alto em mimese baixa do livro sem o qual o destino do par Peri e Cecília estaria de todo comprometido. Trata-se da conversão de Peri e, consequentemente, da civilização do índio. Tal elemento já havia sido considerado alhures por D. Antônio, bem como por Cecília, como fundamental para a integração do índio ao núcleo familiar. Cumpria-se, pois, o fator decisivo que permite a intersecção do mundo civilizado, branco, colonizador e português com o núcleo nativo, vermelho, colonizado e indígena. O Guarani, ou Goitacás, é agora um cristão e não somente filho de Ararê. Dois mundos e duas cosmologias se fundem na conversão de Peri. Diga-se de passagem que tal acontecimento desenvolveu-se com a guerra e a violência.

Após a conversão do índio vai se abrir um epílogo dividido em cinco sessões. Na primeira, é narrada a saga noturna do índio que remara sem parar com a moça adormecida para levá-la para longe da guerra. De longe, Peri vira as chamas que colocavam fim ao núcleo familiar. Cecília era agora uma órfã luso-brasileira deitada sobre uma canoa, guiada por um índio cristão. Eles, os únicos navegantes de um rio, em meio a imensidão de uma floresta tropical.

A donzela desperta confusa e Peri a fará saber dos últimos acontecimentos e

> houve um instante de silêncio, depois do qual, Peri concluiu a sua narração, e referiu como D. Antônio de Mariz o tinha batizado, e lhe havia confiado a salvação de sua filha.
>
> —Tu és cristão, Peri?... exclamou a menina cujos olhos brilharam com uma alegria inefável.
>
> — Sim; teu pai disse : « Peri, tu es cristão; dou-te o meu nome! »
>
> — Obrigado, meu Deus, disse a menina juntando as mãos e erguendo os olhos ao céu (ALENCAR, 1857d, p. 121-122).

Agora que o lugar e os habitantes do núcleo familiar não mais existiam, Peri pode assumir um outro protagonismo cujo lastro desvencilha-se por completo da civilização. Por outro lado, a Cecília se recoloca o desafio de constituir novo lastro com o espaço, pois se antes era Peri que precisava adaptar-se à vida na propriedade civilizada, agora é Cecília que tem que se adaptar ao meio natural, ao desapego dos itens e objetos e ao sentido do velho mundo. O mundo reificado de *O Guarani* é desconstruído. Assim que

> como esses quadros dos grandes pintores que precisam de luz, de um fundo brilhante, e de uma moldura simples, para mostrarem a perfeição de seu colorido e a pureza de suas linhas; o selvagem precisava do deserto para revelar-se em todo o esplendor de sua beleza primitiva.
>
> No meio de homens civilizados, era um índio ignorante, nascido de uma raça bárbara, a quem a religião, a cor e a civilização repeliam, e marcavam o lugar de cativo. Embora para Cecília e D. Antônio fosse um amigo, era apenas um amigo escravo.
>
> Aqui porém, todas essas distinções desapareciam; o filho das matas, voltando ao seio de sua mãe recobrava a liberdade; era o rei do deserto, o senhor das florestas, dominando pelo direito da força e da inteligência (ALENCAR, 1857d, p. 130-131).

Mas a civilização não pode abandonar por completo o texto e é, mais uma vez pela senda religiosa que o narrador engendrará a recomposição necessária do mundo de Cecília com o mundo de Peri. Aliás, agora, Peri retoma o seu *lócus* específico de atuação, mas não mais como simplesmente um 'selvagem', e sim um cristão. Assim, por meio da liturgia católica é que se integrarão e se fundirão os dois lados de uma mesma moeda.

> Cecília ajoelhou-se.
>
> — Salve, rainha!...
>
> O índio contemplava-a com uma expressão de ventura inefável.
>
> — Tu és cristão, Peri! disse ela lançando-lhe um olhar suplicante. Seu amigo compreendeu-a, e ajoelhando, juntou as mãos como ela.

> — Tu repetirás todas as minhas palavras; e faze por não esquece-las. Sim?
>
> — Elas vem de teus lábios, senhora.
>
> — Senhora, não! irmã!
>
> Daí a pouco os murmúrios das águas confundiam-se com os acentos maviosos da voz de Cecília que recitava esse hino cristão repassado de tanta poesia e unção.
>
> A palavra de Peri repelia como um eco a frase sagrada (ALENCAR, 1857d, p. 133-134).

No entanto, um problema se impõe à integração: qual seria o novo lugar? O novo núcleo? O novo espaço a ser habitado por estes seres distintos integrados apenas pelo plano simbólico? O excerto a seguir é um diálogo entre os dois, elucidativo quanto às indagações:

> — Aos campos dos Goitacazes, á cabana de Peri, onde tu mandarás a tolos os guerreiros da tribo.
>
> — E depois, como vamos ao Rio de Janeiro?
>
> — Não te inquietes; os Goitacazes tem *igaras* grandes como aquela árvore que toca as nuvens; quando eles atiram o remo, elas voam sobre a água como a *atiati* de azas brancas. Antes que a lua, que vai nascer, tenha desaparecido, Peri te deixará cora a irmã de teu pai.
>
> — Deixará!... exclamou a menina, empalidecendo. Tu vais me abandonar?
>
> — Peri é um selvagem; disse o índio tristemente; não pode viver na taba dos brancos.
>
> — Porque? perguntou a menina com ansiedade. Não és tu cristão como Ceci?

— Sim; porque era preciso ser cristão para te salvar; mas Peri morrerá selvagem como Ararê.

— Oh! não, disse a menina, eu te ensinarei a conhecer Deus, Nossa Senhora, as suas virgens e os seus anjinhos. Tu rezarás comigo; tu não me deixarás nunca!

— Vê, senhora: a flor que Peri te deu já murchou porque saiu de sua planta; e a flor estava no teu seio. Peri na taba dos brancos, ainda mesmo junto de ti, será como esta flor; tu terás vergonha de olhar para ele.

— Peri!.. exclamou a menina ofendida.

— Tu és boa; mas todas as que tem a tua cor não tem o teu coração. Lá, o selvagem seria um escravo dos escravos; e quem nasceu o primeiro pode ser teu escravo; mas é senhor dos campos, e manda aos mais fortes.

Cecília, admirando o reflexo de nobre orgulho que brilhava na fronte do índio, sentiu que não podia combater a sua resolução ditada por um sentimento elevado.
Reconheceu que havia no fundo de suas palavras uma grande verdade, que o seu instinto adivinhava; ela tinha a prova nessa revolução que se operara no seu espírito, vendo Peri no meio do deserto, livre, grande, majestoso como um rei.
Qual não seria pois a consequência dessa outra transição, muito mais pronunciada? Numa cidade, no meio da civilização, o que seria um selvagem, senão um cativo, tratado por todos com desprezo? (...)

— Queres que Peri fique contigo? Ele ficará; todos serão seus inimigos; todos o tratarão mal; desejará defender-te e não poderá; quererá servir-te e não o deixarão; mas Peri ficará.

— Não respondeu Cecília; não exijo de ti esse último sacrifício. Deves viver onde nasceste, Peri (ALENCAR, 1857d, p. 141- 144).

Estas questões territoriais e de pertencimento constituirão o principal tópico de todo o epílogo do romance: como resolver tal problema? O fato é que Cecília era filha de português com uma mulher nascida na colônia e, assim, era mais "uma filha das florestas" "uma verdadeira americana" e não apenas mais uma portuguesa. (ALENCAR, 1857d, p. 145) Então, "qual era o laço que a prendia a esse mundo civilizado? Não era ela quase uma filha desses campos, criada com esse ar puro e livre, com essas águas cristalinas?" (ALENCAR, 1857d, p. 150). A verdade é que "ela pertencia, pois, mais ao deserto do que à cidade; era mais uma virgem brasileira do que uma menina cortesã; seus hábitos e seus gostos prendiam-se mais às pompas singelas da natureza, do que às festas e às galas da arte e da civilização." (ALENCAR, 1857d, p. 151).

Assim, ambientados a uma cena assemelhada ao Velho Testamento, pois que o meio da floresta é convertido em paraíso para este Adão-índio, cristão compulsório e esta Eva-lusobrasileira, vão viver para "sempre!..." "Viveremos juntos como ontem, como hoje, como amanhã. Tu cuidas?,.. Eu também sou filha desta terra; também me criei no seio desta natureza. Amo este belo país!..." (ALENCAR, 1857d, p. 152-153); e essa é primeira e única vez que a palavra 'país' será utilizada pelo narrador, isto é, por uma personagem, aqui, no caso, Cecília.

Eis que não só de tranquilidade edênica é feito o paraíso onde as duas almas cristãs poderão constituir um novo núcleo familiar feito de brancos americanos e índios compulsoriamente convertidos. A analogia bíblica se faz cumprir engendrando a senda religiosa como a mais poderosa do romance brasileiro quando o rio Paraíba, por onde navegavam, se revolverá em uma enorme enchente; um dilúvio.

Peri terá que lutar contra as águas o Paraíba que,

> "levantando-se qual novo Briareu no meio do deserto, estendia os seus cem braços titânicos, e apertava ao peito,

> estrangulando-a numa convulsão horrível, toda essa floresta secular que nascera com o mundo.
> Ou que um desses monstros enormes, dessas jiboias tremendas que vivem nas profundezas da água, mordendo a raiz de alguma rocha fazia girar a sua cauda, imensa, apertando nas suas mil voltas a mata que se estendia pelas margens (ALENCAR, 1857d, p. 160-161).

Agora, para salvar a moça das vagas da natureza Peri completa seu ciclo de heroísmo. Em suas mãos, na sua destreza descrita em mimético alto, é que estavam o futuro e a garantia de um final para *O Guarani*. Até aqui, "Peri havia lutado com o tigre, com os homens, com uma tribo de selvagens, com o veneno; e tinha vencido. Era chegada a ocasião de lutar com os elementos [da natureza]; com a mesma confiança calma e impassível, esperou, pronto a aceitar o combate."(ALENCAR, 1857d, p. 156).

E assim,

> Peri, alucinado, delirante, suspendeu-se aos cipós que se entrelaçavam pelos ramos das árvores já cobertas de água, e, com um esforço desesperado, cingindo o tronco da palmeira nos seus braços hirtos, abalou-o até ás raízes.
> Três vezes os seus músculos de aço, estorcendo-se, inclinaram haste robusta; e três vezes o seu corpo vergou, cedendo à retração violentada a árvore, que voltava ao lugar que a natureza lhe havia marcado.
> Luta terrível, espantosa, louca, desvairada; luta da vida contra a matéria; luta do homem contra a terra; luta da força contra a imobilidade.
> Houve um momento de repouso em que o homem, concentrando todo o seu poder, estorceu-se de novo contra a árvore; o ímpeto foi terrível; e pareceu que o corpo ia despedaçar-se nessa distensão horrível.

> Ambos, árvore e homem, embalançaram-se no seio das águas; a haste oscilou; as raízes desprenderam-se da terra já minada profundamente pela torrente.
> A cúpula da palmeira, embalançando-se graciosamente, resvalou pela flor da água como um ninho de garças ou uma dessas ilhas flutuantes formadas pelas vegetações aquáticas.
>
> Peri estava de novo sentado junto de sua senhora quase desanimada; e, tomando-a nos braços, disse-lhe com um acento de ventura suprema:
>
> — Tu viverás!...
>
> Cecília abriu os olhos, e vendo seu amigo junto dela, ouvindo ainda suas palavras, sentiu esse enlevo que deve ser o gozo da vida eterna.
>
> — Sim?... murmurou ela; viveremos?!... lá no céu, no seio de Deus, junto daqueles que amamos?!...
>
> O anjinho batia as azas para voar ao seu berço.
>
> (...)
>
> Um sorriso divino desfolhou-se na boquinha de Cecília; seus lábios abriram-se como as azas de um beijo prestes a voar.
> A palmeira, arrastada pela torrente impetuosa, correndo com uma rapidez vertiginosa, desapareceu no horizonte (ALENCAR, 1857d, p. 168).

Este o final aberto de *O Guarani*. De fato, as cinco sessões que compõem o epílogo do romance são as únicas em que o narrador não utiliza a suspensão onisciente como recurso narrativo. Deste modo, a primeira parte do livro se conecta à última e tudo o que se passou entre as duas é uma explicação dos sucessivos fatos que levam à decomposição dos núcleos familiar, antifamiliar e nativo da trama.

Há na narrativa uma construção e uma desconstrução constantes que levam o leitor a indiciar, pouco a pouco, os elementos que engendram os protagonismos e os antagonismos das personagens. Estes, por sua vez, não são capazes de superar a vaga da história, a economia política, a que estão submetidos. O mimético alto estará sempre perturbado pelo baixo.

Peri, no entanto, por ter o domínio da natureza é o único capaz de vencer o meio. Nas relações de força entre natureza e cultura, entre os diferentes núcleos de coexistência humana, entre a necessidade e a cobiça, o puro e o demoníaco, o herói produzido pelas circunstâncias é aquele que guarda a capacidade de enfrentamento dos problemas resultados das deficiências dos meios de vida em uma economia marcada pelo cristianismo e pela violência.

Assim, o sistema social interno de *O Guarani*, tal como o colonial brasileiro na realidade foi mimetizado com verossimilhança. Trata-se um sistema fechado e patriarcal no qual a gestão da política feitorial de Mariz proporciona os meios de vidas às gentes.

A posse dos itens materiais e a disputa por esses, marcada por cobiça e predação, posto que em *O Guarani* a morte é banal e a caça comum, demarcam os protagonismos e antagonismos da trama.

No jogo da assimilação entre diferentes culturas, onde Peri é personagem principal, as trocas são importantes. Uma é material a outra é abstrata. É material, por exemplo, quando o herói ganha de presente as pistolas de Ceci. Esse é o primeiro marcador da domesticação branca sobre o protagonismo indígena. O segundo é a conversão de Peri. Ao final, temos um índio armado material e espiritualmente pelo mundo dos brancos colonizadores. E um índio que abandonou o seu núcleo social para habitar, domesticado, um outro.

O índio, então, integra-se gradativamente ao mundo dos brancos por meio da violência e da religião. Há assim, duas dependências, uma infraestrutural – a posse da arma – outra superestrutural, o batismo cristão. Peri tornou-se cristão não sem antes aprender a utilizar as armas da civilização.

No jogo analéptico da narrativa é construído primeiro o núcleo e o meio de vida das personagens; segundo, a assimilação pela violência e pela religião; terceiro, a guerra e o heroísmo de Peri e; em último a conversão e a diáspora. Tudo pontuado aqui e acolá com elementos e ingredientes da cosmologia cristã.

Na terceira parte, quando Peri vence o meio, não sem antes estar convertido, está aberta a porta do mundo americano, do paraíso no qual ele poderá viver toda a pulsão reprimida por Ceci. Mas a natureza impõe sua realidade, é uma tempestade, o dilúvio, que interrompe essa via. O herói tinha agora que vencer a natureza.

A dianoia de *O Guarani*, isto é o seu sentido total, é lastreado na mitologia da bíblia cristã. A palmeira será a arca de Noé. Peri e Ceci seus tripulantes, espécies de Adão e Eva anacronicamente à deriva no paraíso. Adão é índio, Eva é branca. Esse o deslocamento do mito original retratado na escatologia de *O Guarani*. Daí, talvez, sua eficácia como estória na história do Brasil.

Uma nota sobre as notas

José de Alencar construiu 76 notas para termos e nomes de personagens criados em *O Guarani*.

As notas são atribuídas a termos de 4 diferentes tipos: i) nomes de personagens; ii) nomes de plantas e animais da fauna e flora tropicais; iii) referências a fatos históricos e; iv) termos linguísticos.

Sobre as do primeiro tipo a ideia do autor foi nomear as personagens com alcunhas de colonizadores que existiram no passado colonial e cuja importância mereceu registro em anais históricos. Note-se que o objetivo é, sobretudo, dizer que se trata de um personagem real mais do que explicar a fundo de quem de fato se tratou. A nota sobre o velho fidalgo é, a esse respeito, exemplar:

> D. Antônio de Mariz – Este personagem é histórico, assim como os fatos que se referem a seu passado, antes da época em que começa o romance.
> Nos *Anais do Rio de Janeiro*, tomo I, parágrafo 328, lê-se uma breve notícia sobre sua vida (ALENCAR, 1857a, p.171 - nota à página 11).

Assim como no excerto supracitado, será comum o autor apresentar alguma referência bibliográfica na qual se baseia a nota. Os títulos e autores mais utilizados no conjunto das notas, evidenciando as fontes de pesquisa de Alencar, são os *Anais do Rio de Janeiro* que reúnem registros de memorialistas da era colonial, tais quais Gabriel Soares, B. da Silva Lisboa e Ayres Casal; de Gabriel Soares também são utilizadas as obras *Roteiro do Brasil* e *História do Brasil.*

Para os termos referentes a itens da flora e da fauna o autor utiliza autores como Frei Velloso e Dr. Sigaud autor de *Du climat e des maladies du Bresil.*

A maior parte das notas, entretanto, é escrita sem referência a autores e/ou obras que confirmem a explicação do autor. Depreende-se daí que este não viu espaço para a explicação do termo na narrativa e assim achou por bem separá-las do miolo do livro.

Entre as notas referentes a termos linguísticos vale ressaltar aquela que o autor escreveu para a palavra que dá título ao livro:

> Guarani – O título que damos a esse romance significa o indígena brasileiro. Na ocasião da descoberta, o Brasil era povoado por nações pertencentes a uma raça, que conquistara o país havia muito tempo, e expulsara os dominadores. Os cronistas ordinariamente designavam essa raça pelo nome Tupi; mas esta denominação não era usada senão por algumas nações. Entendemos que a melhor designação que se lhe podia dar era a da língua geral que falavam, e que natu-

> ralmente lembrava o nome primitivo da grande nação, antes da sua divisão (ALENCAR, 1857a, p. 171 - nota à página 1).

Em relação a essa nota é importante ressaltar o caráter metonímico que o autor procura conferir ao termo, pois quer dizer que o termo designa o indígena brasileiro, como se tratasse em absoluto de todas as etnias indígenas que habitavam o território que mais tarde viria a ser o Brasil. Em realidade, como sabemos, o tronco guarani diz respeito aos primeiros habitantes de territórios do Sul e do Sudeste do Brasil e não a todas etnias do país. A metonímia não é sem lugar, posto que Alencar, como deixa entrever pela nota, queria que Peri, o guarani, fosse tipo a representar a totalidade dos indígenas que habitavam o território certamente que se não como realidade, ao menos como *Ethos* do índio brasileiro ideal.

Enfim, as notas não são mais que notas. A análise delas revela pouco; não mais que o autor queria de fato que sua estória fosse compreendida como um capítulo da história; tanto quanto fosse possível encontrar referências de uma em outra e vice-versa.

Um romance à francesa e a vapor

Na manhã de quinta-feira, 1 de janeiro de 1857, o jornal *Diário do Rio de Janeiro* informava aos leitores em seu editorial, que o ano de 1856 deixava ao novo "um oneroso legado a cumprir na política e na administração financeira, que, em vez de progredirem, parec[iam] ter retrogradado um ano" (*Diário do Rio de Janeiro*, 1. jan. 1857, n. 1, p. 1). Nas palavras do editor, insatisfeito com o passado e temeroso do futuro, a conciliação política promovida em 1853 e amadurecida pouco mais de um par de anos, encontrara lugar somente em discursos pomposos e promessas não cumpridas. A tolerância entre liberais e conservadores era apenas um jogo de cena.

O editorialista aludia às eleições realizadas no último ano; haviam sido as primeiras após o Decreto número 842 de 19 de setembro de 1855 que instituiu a chamada Lei dos Círculos que operou uma mudança na representação da câmara dos deputados, modificando o sistema de contagem da esfera provincial para a distrital.[1] Tal arranjo possibilitara algum aumento da representação na minoria formada pelos liberais, mas, na opinião de muitos parlamentares, havia deixado como principal resultado o enfraquecimento dos partidos políticos que teriam perdido autonomia na feitura das listas de suas candidaturas.

No mais, ainda nas palavras do editor do *Diário do Rio de Janeiro*, as eleições de 1856 resultaram pura e simplesmente em "anarquia e

1 Sobre as eleições no Império (1822-1889) e o impacto da Lei dos Círculos (1855) ver NICOLAU, 2012, p. 33-41.

aposta" e deixavam claro que nos planos do governo não havia espaço para "o voto livre".

O ano que ali findava, marcara, pois, para o *Diário do Rio de Janeiro*, a falência da conciliação e da representação políticas que, somadas às "sutilezas administrativas", faziam esconder os problemas das finanças do Estado e acabavam por formar a agenda do ano de 1857: uma agenda de reparações. Tudo culpa de um governo feito de "egoísmo impróprio" e "medidas retrógradas", incompatível com o "o espírito do progresso que domina[va] o século XIX".

De fato, o Ministério ou Gabinete da Conciliação promovido em 1853 pelos esforços de Honório Carneiro Leão (1801-1856) – Marquês do Paraná – acabaria no ano seguinte ao do editorial do *Diário*. Nos cinco anos de sua existência, os correligionários dos partidos liberal e conservador, os dois que disputavam a política institucional no segundo reinado, colaboraram na composição do Poder Executivo e a curta durabilidade do arranjo "revelou não só fragilidades de ambos os partidos como as potencialidades de intervenção da monarquia no jogo político." (SCHWARCZ; STARLING, 2015, p. 280).

De fato, os partidos, excetuando um outro elemento de matiz ideológica que pouco interferia no comportamento de seus correligionários, não eram muito diferentes quando na prática da política institucional. É famosa a frase de autoria incerta que dizia que "nada mais parecido com um saquarema do que um luzia no poder"[2] aludindo que os conservadores (apelidados saquaremas) poderiam ser tão parecidos com os liberais (apelidados de luzias) quando no exercício da vida parlamentar.

Se os partidos eram quase vazios de ideologia era porque a vida política se configurava como sinônimo de prestígio e obtenção de vantagens pessoais. Pouco ou nada ela tinha a ver, do ponto de vista prá-

2 A frase é comumente atribuída ao político pernambucano Holanda Cavalcanti (1797-1863).

tico, com os sentidos democráticos da representação moderna e "nas eleições, não se esperava que o candidato cumprisse bandeiras programáticas, mas as promessas feitas a seus partidos". (FAUSTO, 2003, p. 181). Em todo caso, pode-se argumentar que havia certa preferência dos políticos mais retrógrados pelo partido conservador.

Em que pese ainda algum elemento de diferenciação dos partidos políticos que formavam a restrita elite legislativa imperial vale a proposição de José Murilo de Carvalho (2007) que caracteriza o Partido Conservador como um grupo formado por uma coalizão de burocratas governamentais e proprietários rurais que entre, 1840 e 1850 receberam o apoio de comerciantes urbanos e latifundiários do Rio de Janeiro. Já o Partido Liberal, embora também tivesse proprietários rurais em suas fileiras, se capilarizava entre profissionais liberais. Daí por que aos saquaremas identificavam-se melhor àqueles de espírito mais retrógrado, mas o fato era que

> (...)as elites brancas entenderiam a corte como um clube, onde conviviam sócios sortudos; independentemente de facções políticas. Com efeito luzias e saquaremas(...) partilhavam da mesma origem social; formação educacional em Coimbra; carreira voltada para a medicina e em especial para o direito; titulação, e relações pessoais. Divididos por ideias que privilegiavam ora a centralização do Estado ora sua descentralização, fechavam, porém, em uníssono quando o negócio implicava manter a escravidão e a estrutura vigente (SCHWARCZ; STARLING, 2015, p. 280).

Não obstante, ainda segundo José Murilo de Carvalho (2007), a burocracia de Estado era a verdadeira "vocação de todos" os políticos do império; fossem luzias ou saquaremas. Assim, uma das principais características da elite política imperial, "à semelhança de outras elites de países de capitalismo retardatário ou frustrado, era seu estreito relacionamento com a burocracia estatal" (CARVALHO, 2007, p. 145).

Isto porque, acima do arranjo parlamentar vazio de ideologia que gerava a composição dos gabinetes que compunham o Poder Executivo estava o monarca, Dom Pedro II (1825-1891), herdeiro do trono dos Bragança, que ocupou a casa imperial brasileira entre 1840 e 1889.

Em uma realidade escravista, na qual a burguesia e o mercado de livre concorrência são tão fictícios quanto os romances folhetins publicados em jornais, o governo central, isto é, o Imperador e seu corpo burocrático, acabavam por ser os fiéis da balança no jogo político, nas relações sociais, nos assuntos econômicos e na cultura. O Estado era tudo.

Entrementes, pelo pouco que contamos até aqui, é possível ter uma ideia do tino do jornal e, naturalmente de seu editor: embora progressista e crítico do governo, não era destoante da caracterização geral da elite do período. O jornal já dissemos qual seja, o redator gerente desde fins de 1855 era José Martiniano de Alencar (1829-1877). Se havia algum ressentimento maior na crítica ao governo e ao processo eleitoral, esse talvez estaria inscrito no inconsciente do redator-gerente, que no ano anterior havia fracassado na sua estreia política tendo sido candidato pelo Partido Liberal, disputando um mandato de deputado da província do Ceará, sua terra natal, pelo distrito - círculo eleitoral - de Sobral.

Não obstante, o ano de 1856 não foi intenso apenas em desilusão política para aquele que viria a ser um dos mais consagrados romancistas do Brasil. No mesmo jornal havia estreado como escritor publicando, em formato de folhetim nos rodapés do *Diário*, a novela *Cinco Minutos*, bem como publicou, no mesmo veículo, uma série de cartas cujo objetivo era atacar o mais renomado e consagrado escritor no momento. Mais à frente, daremos espaço à descrição dos episódios, por ora basta registrar que o então correligionário do Partido Liberal ainda não tinha definido sua feição política - posto que pouco mais tarde se filiaria ao Partido Conservador - e que o mesmo não se pode dizer, talvez, de sua investidura literária.

Em todo caso, como se verá ao longo dos tópicos desse capítulo, a atividade jornalística, literária e política de José de Alencar e por conseguinte a composição de *O Guarani*, terão início em fins da década de 1850 na esteira de um turbilhão de acontecimentos que modificara boa parte da feição colonial herdada e assumida pelas elites imperiais no processo de independência. Estava em curso o espírito do progresso ao qual o editor aludira.

Entre os muitos acontecimentos marcantes de idos de 1850, a proibição do tráfico de escravizados é o mais decisivo, pois expõe o quão estruturante era a força do trabalho compulsório para a manutenção do paradigma econômico do país ao mesmo tempo em que acabava por liberar capitais para empreendimentos e investimentos em atividades típicas da modernidade que deram origem

> a uma intensa atividade de negócios e de especulação. Surgiram bancos, indústrias, empresas de navegação a vapor etc. Graças a um aumento na tarifa de produtos importados, decretado em meados da década anterior (1844), as rendas governamentais cresceram. Em 1852-1853, elas representavam o dobro do que tinham sido em 1842-1843. (...) Esboçavam-se assim, nas áreas mais dinâmicas do país, mudanças no sentido de uma modernização capitalista; ou seja, nasciam as primeiras tentativas para se criar um mercado de trabalho, da terra e dos recursos disponíveis (FAUSTO, 2003, p. 197).

Assim, com a Lei Eusébio de Queirós de 4 de setembro de 1850, o império brasileiro atendia às pressões inglesas pondo fim ao comércio marítimo de pessoas africanas escravizadas, bem como se libertava em parte – uma vez que o tráfico foi proibido, mas a escravidão seguiu institucionalizada até 1888 – da imagem de 'nação bárbara'. Aqui, vale lembrar que o Brasil, única monarquia do continente americano independente, foi a última nação ocidental a eliminar o tráfico de escravizados em 1850 demorando outros trinta e oito anos para abolir a escravidão.

De todo modo, se em 1849 havia entrado pelas vias do tráfico à volta de 50 mil cativos no Brasil, em 1850 a cifra caíra para 23 mil e descendeu geometricamente, no ano seguinte, quando foram contabilizados 3300 escravizados traficados para o país, levando o 'bárbaro comércio' – para nos utilizarmos de expressão vigente no tempo – à completa extinção nos anos seguintes.[3]

Na esteira da Lei Eusébio de Queirós foi estatuída, também, a Lei de Terras (1850) que embora não tenha, pelas suas peculiaridades de proteção ao exclusivo agrário do grande latifúndio, democratizado a venda e compra de terrenos significou alguma ordem jurídica numa seara entregue aos expedientes da ordem privada e da informalidade.

O mesmo se pode dizer do Código Comercial (Lei número 556, de 25 de junho de 1850), também estatuído naquele ano, que foi necessário justamente por que o incipiente e exclusivo negócio das pequenas coisas restrito à ordem privada na colônia e nos inícios da independência, ganhava espaço na economia nacional e passou a ser praticado de forma sistemática e dinâmica na via pública das principais cidades, tais como Rio de Janeiro, Recife, São Paulo, Salvador e Porto Alegre.

Ademais, com a liberação de capitais antes utilizados na compra e venda de pessoas escravizadas, passaram a surgir os primeiros investimentos de vulto em infraestrutura, bem como empresas acionárias. Foi na segunda metade do século XIX que os habitantes da corte viram nascer as primeiras estradas de ferro, enquanto podiam caminhar sob a luz dos primeiros pontos de iluminação pública a gás.

---

3 Os números se baseiam em FAUSTO, 2003, p. 195. Na mesma fonte há boa síntese do processo que leva a instituição da lei que restringiu o tráfico de escravizados africanos. Ainda, uma contextualização dos impasses e discussões abolicionistas no Brasil nos anos pós independência e anteriores à promulgação da Lei Eusébio de Queirós pode ser lida em BLACKBURN, 2002, p.405-444.

No período pós proibição do tráfico de escravizados as importações tiveram um aumento de 57% e o café passou a ocupar lugar de destaque na cesta de exportações. Desde 1845 o produto tornar-se-á um dos mais lucrativos excedentes agrários brasileiros ocupando, entre 1851 e 1860, quase 50% do valor dos oito produtos principais (café, açúcar, cacau, erva-mate, fumo, algodão, borracha, couro) sobre o valor da exportação (FAUSTO, 2003, p. 191).

Com essas transformações modernizantes e com o declínio da economia açucareira, bem como da mineradora, processadas desde os estertores do século XVIII, a região setentrional do país deixou de ser o centro produtivo da nação. No período o açúcar ocupava pouco mais de 20% do volume bruto das importações e as grandes unidades agrárias açucareiras do Norte e do Nordeste se recolherão à subsistência e terão, pois, de viver as agruras dos novos tempos. A região meridional até ali periférica na economia, aparece agora mais disposta, amoldando-se melhor aos novos tempos, plantando, colhendo e negociando café.

A mão de obra escravizada do Nordeste, esvaziada em parte de seu sentido econômico por conta da crise açucareira, será transitada no mercado interno com o Sul e o Sudeste. Escravizados nas províncias do Ceará, Bahia, Maranhão, Pernambuco vão agora ocupar lavouras do interior e cozinhas dos centros do Rio de Janeiro e São Paulo.[4]

Apenas para que se tenha uma ideia do quão significativa era a escravidão no ambiente urbano da corte, em 1850, vale citar que "do total de 206 mil habitantes que moravam na área (...) 79 mil (38%) eram cativos" (ALENCASTRO, 1997, p. 25).

Não obstante a realidade seja, portanto, escravista não é mais – pelo menos no que diz respeito à corte – totalmente tradicional. Em

4 Sobre esse aspecto e o processo econômico e social subsequente que leva à proibição do tráfico interprovincial de escravizados, bem como a política de imigração para o Norte ver MELLO, 1999, p.29-100.

parte pelo ímpeto "esclarecido" do Imperador[5], em parte porque o Brasil passava de fato por um processo de modernização da infraestrutura e do consumo. É possível dizer que o *Diário do Rio de Janeiro* era publicado em um contexto social ambíguo no qual as luzes da civilização se misturavam à barbárie da escravidão.

Na mesma página do *Diário do Rio de Janeiro* (n. 1, p. 1) de primeiro de janeiro de 1857 – data em que começa a ser publicado *O Guarani*, na coluna *Crônica Diária*, alguns informes dão o tom desse ambíguo cotidiano de idos da segunda metade do século XIX na corte Imperial.

Entre os *Avisos do Dia* de que partiria para Santos o vapor *Pirahy* e que o correio para São Paulo seria expedido no dia seguinte, as *Estatísticas Diárias* faziam saber aos leitores o sepultamento de 26 pessoas em cemitérios públicos, sendo 6 escravas e 20 livres, entre essas últimas, 16 homens e 4 mulheres; informava também sobre a publicação do segundo número do periódico *L'Equité*, destinado à população francesa da corte, que àquela altura contava com um grande número de assinantes que se quedariam satisfeitos ao encontrar "em seu próprio idioma a narração dos principais acontecimentos da capital e das províncias, bem como as notícias da Europa."

Abaixo do editorial o *Diário* ainda fazia saber com ares de gravidade "ao muito digno inspetor desse distrito da freguesia do Engenho Velho a existência de um 'suspeito clube', espécie de cortiço ocupado por pessoas de cor dadas a má vida onde se reúnem diversos indivíduos sem profissão séria".

Nesse contexto, entre diversos anúncios e classificados, a loja de Manuel Olegário Abranches, um comerciante da rua da Alfândega, utilizava-se da moderna publicidade impressa em jornal para promover os gêneros norte-americanos, franceses e ingleses que ele oferecia ao "respeitável público da capital e do Império". (Figura 1)

5 Sobre esse aspecto ver SCHWARCZ, 1998.

Figura 1 - Anúncio comercial da loja de Manuel Olegário Abranches (1857)

Fonte: *Diário do R. de Janeiro*, 1. jan. 1857, n. 1, p. 4. - Hemeroteca digital da Biblioteca Nacional.

A sociedade era essa que precisava saber coisas típicas do mundo urbano onde os negócios efluem: a que horas parte o transporte; quando saem as correspondências; um grande número de imigrantes brancos europeus, sobretudo franceses, já fixados, necessitam de veículos de comunicação em seu próprio idioma; comerciantes e casas fotográficas faziam propaganda; coisas dessas, comezinhas, sem as quais as cidades modernas não vivem.

Outrossim, como manda o figurino da estatística moderna, interessava saber também quantos tinham sido os sepultamentos e note-se que só interessava saber o sexo dos defuntos se estes tivessem sido pessoas livres. Escravizados, vivos ou mortos, eram simplesmente "pessoas escravas" nas estatísticas diárias.

Ainda, a recomendação ao inspetor do bairro do Engenho Velho reforça a contramão dos informes típicos da modernidade, pois o simulacro de serviço de utilidade pública do jornal deixa entrever que o suspeito clube, um cortiço, leia-se de pobres e de pessoas de cor, leia-se negros, sem profissão séria, leia-se sem ocupação ou coisa que a valha, representava um perigo iminente aos 'cidadãos de bem'. Ao que somos levados a pensar como sendo o perfil dos leitores do *Diário*: brancos como era boa parte dos alfabetizados, posto que a maioria dos negros, cativos ou não, era analfabeta.

Estima-se que apenas um décimo da população brasileira era alfabetizada em 1850. Desse percentual, quase todos brancos e abastados, uma vez que educação era sinônimo de posição social, de distinção – e vivendo na corte ou nas cidades mais importantes. Quem podia ler os jornais, tais como o *Diário do Rio*, era quase sempre branco ou branca e muito provavelmente ocupava lugar de alguma distinção na ordem social. Assim, em se tratando do referido jornal, não seria a esmo a preocupação dos editores senão em denunciar algo que estivesse supostamente atentando contra aqueles que os leem.

Esses poucos 'educados', diferentemente da geração anterior que adquirira a primeira formação no ambiente privado por meio de professores e mestres particulares e que depois, se homens, continuavam os estudos em Coimbra, muito provavelmente estudaram em escolas religiosas. Desde a expulsão dos jesuítas por Pombal a instalação de colégios leigos proliferou e manteve-se em proliferação com a independência política, mas a predominância na direção dos assuntos educacionais ainda era das ordens religiosas.

O ensino institucional religioso ou leigo, porém, não modificou a característica geral da educação no Brasil, sempre voltada à distinção social dos formados e muito pouco ou nada relacionada ao esclarecimento e à formação do espírito crítico, tampouco à formação de mentalidades dadas à concorrência e às virtudes antifamiliares, tal como na educação protestante.[6] Enfim,

---

6 Sobre a pedagogia moderna e as virtudes antifamiliares que, em tese, inspiram o sistema de mérito e de livre concorrência, diferentemente da educação católica que acaba por valorizar as relações de compadrio, privatistas e familiares ver HOLANDA, 1995, p. 139-152.

> a sociedade escravocrata do Império gerou um tipo de ensino, aliás, bem na conformidade de seus padrões. Um ensino em que ficava caracterizada a face desinteressada, meramente ornamental, divorciada da realidade ambiente(...) Ensino peculiar à sociedade rígida que aqui se formou, em que o saber não se constituía em meio, mas em fim, e deveria ser fornecido, não só com rigor, mas padronizado, estreito e medido (SODRÉ, 1982, p. 203).

Assim, a igreja católica e por conseguinte a atividade escolar, não perderam as características e o lugar que ocupavam no quadro anterior à independência. A Igreja era ainda uma espécie de instituição auxiliar do Estado. A ela continuavam delegadas muitas das atribuições burocráticas básicas quebradas apenas após 1870 e extintas em 1889 quando da proclamação da República. A Igreja administrava e tinha a posse dos cemitérios, proibia o casamento civil e o divórcio, fazia o registro dos recém-nascidos etc.

No segundo reinado a Igreja continuou, pois, sob a tutela da casa imperial e o catolicismo "foi declarado como religião de Estado, tendo assim um caráter oficial e quase exclusivista" (SOUZA, 2013, p. 129), posto que, pelo artigo quinto da constituição de 1824, apenas templos católicos seriam permitidos na via pública. Outras práticas religiosas não eram restringidas, pelo menos nos termos da lei, mas não podiam dispor de templos públicos.

O fato é que o ambiente de atípica modernidade a qual vimos nos referindo até aqui é, em termos religiosos, um ambiente católico no qual Estado e Igreja são entendidos por muitos como uma coisa só. Exatamente por isso é que o padroado brasileiro, diferentemente daquele formado na América espanhola, era muito pouco militante em assuntos políticos. (SKIDMORE, 1976, p. 19-20). Abafado que era pela égide da monarquia contentava-se, pois, com o lugar auxiliar que a constituição a ele garantia.

Em todo caso, pela força da religião oficial, o Brasil era um país católico como nenhum outro. E como em nenhum outro – exceto talvez pelo Vaticano – a religião católica estava entranhada ao cotidiano das ruas, da casa e à dinâmica da vida. É, pois, acertado dizer que quase todos os habitantes livres declaravam-se católicos e que aqueles que sabiam ler tinham passado pela formação primária e/ou secundária em alguma escola confessional.

A cidade do Rio de Janeiro era habitada, em idos de 1860, por cerca de 215 mil habitantes. Considerando as ponderações para o período pode-se afirmar que a população alfabetizada girava em torno de 20 a 23 mil pessoas. Não obstante, havia novos leitores formados no processo tímido de expansão e laicização da educação, bem como nas tradicionais escolas religiosas. O número de alfabetizados crescia timidamente entre as pessoas brancas, mas o hábito da leitura expandia-se e, por isso, na década de 1850, a corte brasileira viu a atividade editorial se liberalizar e se desenvolver.

Se na década de 1840 havia não mais que 12 livrarias na capital do Império, em 1860 eram 17. As tipografias tinham passado de 12 para 30, as litografias de 4 para 13 e as fundidoras de tipo de 1 para 3. A tarifa de importação do papel para impressão – seguindo a onda moderna e liberalizante pós proibição do tráfico de escravizados – tinham caído 15% em 1857 (HALLEWELL, 2012, p. 837-840).

Desse modo, no que diz respeito à atividade editorial, pode-se dizer, como deixam ver os números supracitados, que houve verdadeiro incremento dela na capital do Império. Essa "crescente valorização da cultura impressa" (EL FAR, 2006, p. 18) vinha ocorrendo desde à recepção da Real Biblioteca trazida para o Rio na bagagem de Dom João VI quando da mudança da família real de Portugal para o Brasil[7]. Dali em diante houve estímulo importante, também causado pela abertura dos portos, para que livreiros e tipógrafos estrangeiros vies-

7 Sobre esse aspecto ver SCHWARCZ, 2002.

sem tentar sua atividade nas cidades brasileiras. Exemplo empreendedor desse tipo foi o francês Pierre Plancher (1779-1844) que iniciou, no Rio de Janeiro, a edição de jornais, tais como o *Diário Mercantil* e o *Jornal do Comércio*, órgãos que se tornariam de grande circulação na cidade na década de 1850.

Aqui vale alguma palavra sobre a atividade jornalística na corte, pois estamos tratando de um livro cuja trajetória enquanto produto literário no 'mercado dos letrados' (CASANOVA, 2002) começa em um jornal, e os jornais da segunda metade do século XIX, no Brasil, vão fixar boa parte dos debates públicos sobre política e sociedade.

Na esteira do tímido desenvolvimento das letras no país independente a atividade jornalística ganhara fôlego com a instituição das faculdades de medicina no Rio e direito em São Paulo cujos estudantes farão valer suas ideias panfletárias em pequenos órgãos de imprensa de parca circulação. Também políticos de renome utilizarão o jornal como veículo de suas ideias acerca de economia, leis, costumes e etc. Apenas para que se tenha uma ideia, até os anos 1850 contam-se diversos escritos políticos sequenciais de personalidades do Estado que fizeram imprimir suas ideias em diários e semanários. Entre esses pode-se destacar, pela repercussão que tiveram, *Carta aos leitores* (1828) de Bernardo de Vasconcelos (1795-1850); *Facção Áulica* (1847) de Firmino Rodrigues Silva (1816-1879); *Libelo do Povo* (1849) por Sales Torres Homem (1812-1876); *Ação, reação, transação* (1855) de Justiniano Rosa da Rocha, entre outros. (MARTINS, 2013, p. 51).

Entre os jornais que imprimiam opúsculos políticos e informações diárias havia um na corte que se destacava entre todos por ser uma espécie de órgão oficial de imprensa do Império. O conservador *Jornal do Comércio* fora criado em 1826 pelo já citado Pierre Plancher. À época chamava-se *Espectador Brasileiro*, vindo a ganhar o nome que o consagrou em primeiro de outubro de 1827 e

> reuniu o melhor do jornalismo no país, como nomes [de grande expressão, entre eles Alencar, Nabuco e Francisco Otaviano], entre tantos outros que formaram sua credibilidade no tocante à informação comercial e política. Eximia-se, porém, de assuntos polêmicos, isentando-se de partidarismos, figurando como jornal apartidário, de perfil conservador (...) Acima de tudo, o *Jornal do Comércio* espelhava o estado da nação (MARTINS, 2013, p. 54).

Mais liberal e independente foi o *Correio Mercantil*, fundado por Muniz Barreto e depois administrado por seu genro Francisco Otaviano (1825-1889). Pela característica mais livre, o *Correio* vai adquirir boa circulação no Rio atraindo parte considerável dos intelectuais e do público letrado para suas páginas.

Foi nas páginas do *Correio* que Manuel Antônio de Almeida (1831-1861) fez surgir o romance folhetim de maior sucesso no Brasil, até *O Guarani* de Alencar. *Memórias de um sargento de milícias* será publicado capítulo a capítulo entre 27 de junho de 1852 e 31 de julho de 1853. José de Alencar leu o romance de Manuel – como registrou aqui e acolá em seus textos críticos e de memória – bem como assistiu ao sucesso desse livro no jornal.

Justamente no *Correio Mercantil* é que José de Alencar, atendendo ao convite do amigo Otaviano, iniciará sua carreira jornalística na coluna *Ao correr da pena*. Em outro momento desse texto trataremos do assunto, mas, por ora, vale antecipar que

> as crônicas de Alencar refletem [as mudanças de costume do período]: o interesse, por vezes apaixonado, pelo teatro (...) as festas populares, o carnaval, as sociedades por ações, que davam toque de escândalo aos negócios parcos e morigerados até ali vigentes (...) inauguração das corridas de cavalos, os partidos que se formavam após as récitas do teatro lírico, chegando ao choque entre seus componentes, o

> aparecimento das máquinas de costura. Alencar era contra elas: matariam a poesia do trabalho caseiro. O noticiário do exterior que dependia das chegada dos vapores [etc.] (SODRÉ, 1966, p. 219).

Em julho de 1855, José de Alencar deixa o *Correio Mercantil* de Francisco Otaviano para iniciar o seu trabalho como redator gerente do *Diário do Rio de Janeiro*, o terceiro jornal de importância e boa circulação depois do *Jornal do Comércio* e do *Correio Mercantil*. Nas páginas do *Diário*, Alencar – muito mais à vontade e independente do que no *Correio*, uma vez que era, agora, chefe do jornal – iniciará a conciliação da redação de opinião com a atividade literária sem descuidar, também, da atração de anunciantes para o jornal que juntamente com os outros dois concorrentes arrolavam a maior parte dos anúncios publicitários de lojas e serviços disponíveis na capital do império.

O fato é que o jornal, nas províncias e principalmente na corte, popularizava-se. Toda nova movimentação artística e comercial seria divulgada em anúncios preto e branco em papel branco ou sépia de impressos que podiam ser adquiridos

> apenas nos centros administrativos de maior expressão, cujo quadro burocrático, presumivelmente leitor, dependia daqueles impressos. Em todos esses circuitos, o jornal desempenhou papel relevante acrescido de outra função imprescindível: veículo de divulgação de anúncios de todo o teor, numa sociedade que ingressava na oferta e procura de serviços diversos (MARTINS, 2013, p. 54-55).

Ora, se até idos de 1850 o jornais se dedicavam mais ao cotidiano comercial e político e as revistas à cultura, como por exemplo, veremos a frente, a *Niterói*, lançada em Paris em 1836, o mesmo não acontece no segundo reinado, posto que o jornal será veículo da informação política e econômica cotidiana ao mesmo tempo em que será veículo de anúncios comerciais e culturais, bem como da produção literária.

A exemplo de Manuel Antônio de Almeida, muitos jornalistas são literatos e dramaturgos e vice-versa. O jornal é veículo de tudo que se possa escrever, bem como de anúncios de tudo que se possa vender. A segunda metade do século XIX, no Brasil, é, pois, em termos de imprensa, marco do jornal capitalista. José de Alencar começou a atuar na imprensa no momento em que o jornal brasileiro ganhou essa feição múltipla e moderna.

Entretanto, o romance de jornal pode e vai se desdobrar em livro enquanto mercadoria propriamente dita. E é nesse contexto que, em 1844, seria a vez de Baptiste Louis Garnier (1823-1893) desembarcar na cidade do Rio "para abrir a filial de uma das mais conhecidas livrarias de Paris" (EL FAR, 2006, p. 20). O livreiro francês seria por muitos anos um dos mais importantes comerciantes de romances no Brasil. Muitas das primeiras edições de José de Alencar serão produzidas pelo editor e livreiro parisiense. Repare-se aqui que o que acontecia na esteira da modernização tinha como referência, quase sempre, e não será diferente com as ideias, a França.

Como estamos tratando das condições de feitura e produção de um livro e como as edições sucessivas de *O Guarani*, ao longo do último quarto do século XIX serão produzidas pela livraria e editora de B. L. Garnier, valerá discorrer um pouco mais sobre os métodos comerciais desse editor e livreiro. Faremos isso, mais à frente, ao tratarmos do romance folhetim e seus desdobramentos; por ora, cabe dizer que os livros e jornais da corte tinham endereço certo e eram destinados não exatamente a uma nova classe, mas sim a um novo grupo nascido, também, nas modificações ocorridas desde a chegada da família real em 1808 e impulsionadas na década de 1850 pelo novo fluxo de capitais liberados na proibição do tráfico de escravizados e pelo vagalhão da modernidade.

Não podemos afirmar que esses leitores representavam uma nova classe letrada, senão um novo grupo, posto que pouco foi modificado na estratificação social do período quando comparado ao colonial uma vez que, como já afirmamos, pouco ou muito pouco foi alterado na composição e nos costumes do latifúndio e a nascente burguesia mais se acomodou às redes da nobreza no relacionamento com o poder imperial do que fez surgir, de fato, novo cotidiano de classe. A cultura nova será espécie de verniz em madeira velha. Isso, entretanto, não significa dizer que não tenha havido alguma mudança de atitude e de comportamento, posto que nesse novo grupo a leitura parece ter ganhado espaço importante nas atividades de entretenimento cotidiano.

O novo grupo letrado nas cidades brasileiras, e aqui o Rio é modelo, se resumia a jovens estudantes homens oriundos dos primeiros centros de formação jurídica no país: as faculdades de Olinda e São Paulo que, diga-se de passagem, eram os dois principais centros de formação em direito no país. José de Alencar estudou em ambos. O fato é que, no período, "a juventude acadêmica tomava um gosto excessivo pelo palavreado, pelo lado oratório dos temas, que era cultivado com ardor, em detrimento da palavra mais séria (...) e aproveitava a forma do jornalismo para viver sua dimensão discutidora" (SALDANHA, 2001, p. 179). José de Alencar parece se enquadrar, como veremos, perfeitamente nesse padrão atitudinal.

A outra faceta do novo grupo leitor era formada pelo público feminino que, mesmo não completamente desatado da reclusão da casa grande colonial e patriarcal, começava a dar os primeiros passos pela rua do Ouvidor, se interessando pelo comércio e pelo passeio público. No período as roupas não só se costuram em casa ou vêm da Europa em baús fechados, como era praxe no período anterior, pois passam a ser penduradas nas vitrines de lojas como as de Manuel Olegário, lojas essas avizinhadas, sempre, de uma ou outra livraria que, como a de Garnier e outros, não demoraram a perceber que a mudança no cotidiano das ruas, agora frequentadas por mulheres, poderia atrair novos, ou melhor, novas clientes para a leitura - atividade até ali relacionada à classe religiosa, política e masculina. Note-se que o grau um pouco maior de liberdade que as mulheres obtiveram em ambiente sobejamente patriarcal se deveu mais ao impulso do consumo capitalista do que propriamente por progresso de costumes posto que isso não ocorreu de modo tranquilo uma vez que desde fins do século XVIII

> a questão da educação feminina acrescenta peso econômico a sua já notória dimensão ética, ao gerar virtuais consumidoras de literatura. E ressoa ideologicamente, ao tornar-se matéria de discussão o tipo de leitura a ser destinado ao absorvido pelo ascendente público de saias. Condenam-se gêneros e preferências, por produzirem efeitos supostamente deletérios; e acusa-se de vicioso o gosto de ler, por desviar a mulher das tarefas domésticas (LAJOLO; ZILBERMAN, 1999, p. 238).

Entrementes, o romance de folhetim, depois reificado nos romances românticos em edições populares, encerrará o gosto médio do novo público leitor feminino que, não sem a crítica da parte masculina, patriarcal e hegemônica da sociedade, consubstanciará setor importante do público letrado consumidor de literatura. O mercado do jornal e do livro será, no Brasil, responsável por boa parte da entrada da mulher no mercado consumidor e vice-versa.

Assim, nas novas viagens de trem, nos bondes, nas mesas dos cafés e confeitarias, bem como pelo passeio público podia-se ver moças em vestidos densos cortejadas a toques de cartola pelos estudantes que transitavam pelo centro. Essas quase sempre portavam nas mãos ou sobre o colo um volume de romance traduzido pelas edições de Garnier.

No ócio do ambiente doméstico, posto que tudo estava sempre pronto pela mão negra escravizada, e nas longas tardes abafadiças do interior das casas, o livro, quase sempre recheado de histórias de amor e uma ou outra intriga, será o companheiro da vida solitária das donzelas que habitavam a corte tropical, escravista e patriarcal.

Aos jovens estudantes de direito caberia mais tarde cortejá-las por meio de um longo poema romântico decorado ou mesmo arriscando os seus, entre as valsas nos bailes e as saídas de teatros que, por excelência, foram as duas grandes modalidades de entretenimento na cidade do Rio até fins do século XIX.

Na capital, entre as décadas de 1840 e 1860

> se cria uma febre de bailes, concertos, reuniões e festas. A corte se opõe à província, arrogando-se o papel de informar os melhores hábitos de civilidade, tudo isso aliado à importação dos bens culturais reificados nos produtos ingleses e franceses. (...) Nos teatros completava-se a cena. Era lá que se ia para ver e ser visto (SCHWARCZ, 1998, p. 111).

O ambiente quase burguês, quase por que há por trás disso tudo a escravidão, estava pronto para que o livro saísse de seu lugar nos alfarrábios das casas de ensino religioso ou das mãos dos professores domésticos, para repousar sobre os colos rendados das 'moças de família' ou nas algibeiras dos 'fidalgos', quase burgueses, primeiros estudantes do rarefeito e privilegiado ensino superior, mormente os das escolas de direito onde se dava mais atenção ao estudo das artes e da literatura concomitantemente aos ensinamentos jurídicos.

Nas faculdades do império o tipo de pensamento predominante era senão aquele importado da Europa, sobretudo da França. Não seguia, em termos políticos e filosóficos, uma determinada corrente ou linhagem de pensamento. Toda ideia era aceita, praticada ou discutida, desde que fosse francesa. Esse "curioso mosaico de ideias importadas era chamado ecletismo, e, como o nome indica, pouco passava de uma síntese das ideias filosóficas e religiosas em voga na França." (SKIDMORE, 1976, p. 20).[8]

Destarte, por que era preciso fazer chegar a informação comercial, política, burocrática e cotidiana a todos (estudantes ecléticos, moças ledoras, novos comerciantes, membros do parlamento e da burocracia) os jornais se faziam imprimir como nunca e havia, pois, um mercado e uma cena editorial para os poucos, mas importantes, leitores da cidade.[9]

O folhetim, o romance no jornal, como veremos adiante, será um veículo pleno para atingir os leitores e leitoras de uma sociedade em transição que podia ocupar o farto tempo livre - uma vez que havia aqueles que compulsoriamente faziam todo o trabalho cotidiano - com estórias. Essas estórias feitas mais ao gosto do entretenimento, tal como o do baile e do teatro, leia-se da intriga e do drama, do que da reflexão, tinham que contrastar com a preocupação dos editoriais e com os reclames que denunciavam escravizados fugidos.

Foi nesse contexto social ambíguo e abaixo desses informes reveladores do cotidiano carioca de idos de 1857, no rodapé do *Diário do Rio*, abaixo do título de seção em caixa alta *Folhetim*, que o autor, também redator-gerente do jornal, publicou o prólogo e o primeiro capítulo d'*O Guarani (romance brasileiro).*

O autor deste romance, redator-gerente do *Diário do Rio*, era um jovem de 28 anos incompletos cujos últimos dois tinha dedicado

---

8 Sobre o ecletismo predominante na retórica intelectual da geração de intelectuais dos anos 1840 a 1860 ver mais em COSTA, 1967, p. 65-97.

9 Sobre esse aspecto registrou MIRA, 2001, p.15 que o editor francês Junio Constance de Villeneuve que comprou o *Jornal do Comércio* de seu conterrâneo Plancher, trouxe em 1834, "para o Brasil a primeira impressora mecânica do hemisfério sul e, mais tarde, a primeira rotativa a primeira linotipo, tornando-se o maior impressor do Rio de Janeiro na metade do século e aumentando a tiragem do *Jornal do Comércio*, nesse período, de 400 para 4 mil exemplares."

intensamente à imprensa e à literatura de cotidiano, tendo estreado como folhetinista no *Correio Mercantil*, em 1854, e assumido a gerência do *Diário do Rio de Janeiro* em 1855.

Naqueles anos, o editor e autor assistiu e comentou os acontecimentos que transformaram a feição da corte na década de 1850, bem como viu chegar o sorvete às badaladas confeitarias do centro da cidade, caminhou pela rua do Ouvidor onde a moda e a literatura francesa enchiam as vitrines de lojas e livrarias, assistiu às primeiras epidemias de febre amarela, bem como deve ter se precavido delas com as novas noções de higiene divulgadas nos almanaques, cuja leitura era dividida com romances de *Chateaubriand* e outros tantos escritores franceses.[10]

Antes, entretanto, de caminhar pela ambígua modernidade da corte e aprender francês nas bibliotecas das Faculdades de direito de Olinda e São Paulo, José de Alencar conheceu o Brasil tradicional e, por meio do pai, a política.

Nascido em Mecejana, Ceará, em 1 de maio de 1829 era filho do padre Martiniano, político liberal de renome que participou de todos os principais acontecimentos políticos entre a regência e o segundo reinado, tendo sido presidente da província do Ceará e Senador do Império.[11]

José de Alencar seguiu os passos do pai na política, desviando no curso de poucos anos, entre 1855 e 1861, o seu pensamento progressista e liberal que criticava o Imperador no jornal, para o aclive e a candidatura conservadora que o levou à legislatura na câ-

10 Em 1854, José de Alencar escreveu uma série de crônicas e artigos sobre o cotidiano carioca na coluna *Ao correr da pena* do *Correio Mercantil*. À frente, discorreremos um pouco sobre o interim. Por ora vale registrar que as crônicas de folhetim produzidas pelo autor naquele ano estão reunidas em totalidade com apreciação crítica em FARIA, 2004.

11 Os biógrafos de Alencar, em geral, tratam da carreira política do pai de José de Alencar e costuram alguma consideração sobre os condicionamentos que essa lhe causou. Os que aprofundam esse aspecto são VIANA FILHO, 2008; LIRA NETO, 2006; MENEZES, 1965.

mara dos deputados em 1861, e mais tarde a chefia do Ministério da Justiça no gabinete conservador do Visconde de Itaboraí (1802-1872). Candidatou-se, também, para o Senado. Foi eleito, mas preterido pelo Imperador quando da escolha em lista tríplice.

Ademais, o que se pode dizer, é que Alencar encontra a literatura e a política na mesma época. Perdeu duas vezes na última quando candidatou-se a deputado pela primeira vez e, depois, quando disputou uma vaga no senado; e consagrou-se nas letras como nenhum outro escritor de seu tempo. Nos rodapés do mesmo *Diário* em que criticava o império, criou uma estória índia para os poucos leitores brancos de uma sociedade que insistia em entrar na modernidade à francesa e a vapor, mas receosa das gentes pobres dos cortiços e contando escravizados sem maiores predicações.

É nesse contexto, entre 1 de janeiro e 20 de abril de 1857, ao longo de sessenta edições esparsas que José de Alencar criará um prólogo, quatro partes e um epílogo, fazendo surgir *O Guarani* com o subtítulo entre parênteses *romance brasileiro* que meses depois viraria um produto editorial de 692 páginas distribuídas em 4 tomos publicados pela *Empresa Nacional do Diário*, recebendo mais tarde, enquanto viveu o seu autor, três edições na editora e livraria de maior sucesso do Rio, a de B. L. Garnier.

Naqueles dias o folhetim fez mais sucesso que o livro, mas não tamanho a ponto de deixar antever que o nome de seu autor entraria de forma marcante, quase sempre como um capítulo decisivo, nos manuais de literatura brasileira.

Em todo caso, naquele contexto, se o jornal era esperado dia a dia pelos leitores e leitoras do jornal carioca, era porque a técnica narrativa do romancista aliava questões que apeteciam o novo grupo leitor, bem como ambientava-se bem entre os novos produtos importados e a rotina da escravidão.

Afrânio Peixoto registrou em depoimento um pouco do ambiente de expectativa criado em torno do romance, escrevendo que "quando, no Diário do Rio de Janeiro, publicava *O Guarani*, a curiosidade popular excitada fazia ir esperar à esquina o vendedor de jornais, que passava gritando, pois cada lar carioca ansiava por saber das aventuras de Peri e Ceci." (PEIXOTO, 1929 Apud VIANA FILHO, 2008, p. 97). No mesmo sentido registrou Afonso de Taunay (1908, p. 86) que

> em 1857, talvez 56, publicou o *Guarani* em folhetim no *Diário do Rio de Janeiro*, e ainda vivamente me recordo do entusiasmo que despertou, verdadeira novidade emocional, desconhecida nesta cidade tão entregue às exclusivas preocupações do comércio de da bolsa, entusiasmo particularmente acentuado nos círculos femininos da sociedade fina e no seio da mocidade, então muito mais sujeita o simples influxo da literatura, com exclusão das exaltações de caráter político. Relembrando sem grande exagero, o célebre verso: '*Tout Paris pour Chimène a les yeux de Rodrigue*', o Rio de Janeiro em peso, para assim dizer, lia o Guarani e seguia comovido e enleado os amores tão puros e discretos de Ceci e Peri e com estremecida simpatia acompanhava, no meio dos perigos e ardis dos bugres selvagens, a sorte vária e periclitante dos principais personagens do cativante romance.

Em trecho seguinte o memorialista ainda alude a repercussão do romance na cidade de São Paulo, entre os estudantes da Faculdade de Direito:

> Quando a São Paulo chegava o correio, com muitos dias de intervalo então, reuniam-se muitos e muitos estudantes numa república, em que houvesse qualquer assinante do Diário do Rio, para ouvirem, absortos e sacudidos, de vez em quando, por elétrico frêmito, a leitura feita em voz alta por alguns deles, que tivesse órgão mais forte. E o jornal era depois disputado com impaciência e pelas ruas se via agrupamentos em torno de fumegantes lampiões da iluminação

> pública de outrora - ainda ouvintes a cercarem ávidos qualquer improvisado leitor. Em escala, comparavelmente superior, já se sabe, pelas circunstâncias concorrentes, sucedeu o mesmo em Paris, ao aparecerem os primeiros fascículos de *Os Miseráveis*, que tamanha intensidade de fama deram ao nome de Victor Hugo (TAUNAY, 1908, p. 86-87).

Entrementes, a despeito da repercussão que *O Guarani* obteve quando da sua publicação em folhetim, o romance seguiu o mesmo caminho de *Memórias de um sargento de milícias* e não fez muito sucesso no formato livro. Isso só ocorreria no segundo momento de repercussão da obra, em 1870, quando foi adaptado para a ópera por Carlos Gomes o que animou a edição bem acabada de Garnier.

Em capítulo ulterior trataremos disso, por ora basta registrar que o livro, a mercadoria em que foi enquadrado *O Guarani* no primeiro momento foi uma "edição de mil exemplares, dois quais trezentos [eram] truncados, roídos pelas formigas na tipografia, restando, pois, setecentos vendidos a dois mil-réis o volume" (MENEZES, 1965, p. 135) E o próprio Alencar vai queixar-se nas lembranças de *Como e porque sou romancista* de 1873 que "durante todo esse tempo [entre 1857 e 1870] e ainda muito depois, não vi na imprensa qualquer elogio, crítica ou simples notícia do romance, a não ser uma folha do Rio Grande do Sul, como razão para transcrição dos folhetins." (ALENCAR, 1967, p. LXXXIV). *O Guarani* fez efêmero sucesso na imprensa enquanto romance-folhetim foi fracasso de crítica – como já dissemos ela era incipiente – e público, nos 10 anos que sucederam o seu aparecimento. Mas o que importava era o sucesso do folhetim sinônimo de público.

Entretanto, meses antes desse efêmero sucesso que correu o Rio e São Paulo pela publicação de *O Guarani* e da decepção do autor para com a inexistente recepção crítica do livro, precisamente de 22 a 30 de dezembro de 1856, Alencar fez vir a público em sete inserções nos rodapés do *Diário do Rio de Janeiro*, o seu primeiro romance.

Tratava-se de *Cinco Minutos*, um romance romântico típico, em que o protagonista, atrasado cinco minutos para tomar um ônibus com destino ao bairro de Andaraí, acaba por conhecer uma jovem pela qual se apaixonará. Evidentemente que há outros detalhes na história, mas estes não nos interessam aqui. Trata-se uma história prosaica com algum relato do cotidiano do Rio, uma viagem para a Europa, um amor regenerador, puro, tranquilo. Diferentemente de *O Guarani*, o primeiro romance de José de Alencar não tem nada de histórico e não guarda nenhuma intenção de inspiração nacional. Enfim, *Cinco Minutos* era um romance típico daqueles publicados em jornal no período.

Em todo caso, o que nos interessa nesse ponto é o fato de Alencar ter estreado na literatura experimentando o formato do folhetim, o mesmo que utilizará para fazer nascer *O Guarani*. Ainda, o roteiro de reprodução também será o mesmo, pois pouco depois de ter publicado os folhetins de *Cinco Minutos*, fará os rodapés virarem um volume miúdo de pouco mais de sessenta páginas impresso nas tipografias do jornal.

O próprio Alencar nos dá a pista de como nasceu a ideia de publicar em volume a coleção de capítulos levados ao público naquele dezembro de 1856 e, segundo o autor, foi o apelo dos leitores que motivou a "a ideia de oferecer aos assinantes da folha um mimo de festa" (ALENCAR, 1967, p. LXXVII) , uma vez que comemorava-se a chegada de um novo ano. O ano em que seria lançado *O Guarani*. A respeito da estratégia de divulgação de seu livro de estreia e com algum dado sobre a repercussão deste, registrou Alencar no seu conhecido relato de 1873, intitulado *Como e porque sou romancista*:

> Escrevi *Cinco Minutos* em meia dúzia de folhetins que iam saindo na folha dia por dia, e que foram depois tirados em avulso sem nome do autor. A prontidão com que em geral an-

> tigos e novos assinantes reclamavam seu exemplar, e a procura de algumas pessoas que insistiam por comprar a brochura, somente destinada a distribuição gratuita entre os subscritores do jornal, foi a única, muda mas real, animação que recebeu essa primeira prova (ALENCAR, 1967, p. LXXVII).

Essa "animação muda, mas real" foi o bastante para nutrir a perseverança literária de Alencar. Afinal "tinha leitores e espontâneos, não iludidos por falsos anúncios" o que em sua opinião soava muito mais que elogios à sua obra ainda mais, como ele achava "(...) nos países como o nosso de opinião indolente" (ALENCAR, 1967, p. LXXVII-LXXVIII).

Aqui, pelas memórias do autor, escritas quase vinte anos depois da edição de seu primeiro livro, dois pontos parecem indiciosos para se pensar as condições profissionais do escritor em país de alfabetização rarefeita: o primeiro diz respeito as estratégias de veiculação do livro, pois o folhetim parece consistir em caminho seguro para testar o gosto dos leitores que, se considerassem boa a história, manifestariam o desejo pela brochura, pelo livro em um volume único; o segundo ponto diz respeito, ao que na opinião de Alencar, parecia ser a opinião do leitor em um "país como o nosso", isto é – parece querer dizer o autor – um país atrasado, pouco apegado às letras, de leitores "indolentes", isto é, culturalmente apáticos e ociosos.

Enfim, era preciso ter estratégias para projetar um romance e, no caso de Alencar, diga-se de passagem, elas existiram desde sua primeira empreita, vide que se trata de uma estratégia não só literária – uma vez que se lança nas letras com uma história de gosto sabidamente médio – mas, também, comercial; se é que, mesmo em países de capitalismo tardio e "opinião indolente", uma coisa possa ser separada da outra.

Entretanto, um terceiro ponto do relato de Alencar parece, também, indicioso das estratégias de projeção do livro que aqui, como veremos, se mistura a manutenção de fundos de seu veículo, o jornal. Note-se no excerto supracitado que Alencar distingue os "antigos e novos assinantes" dos "subscritores" do *Diário* e só aos últimos foram destinados gratuitamente a impressão em brochura de *Cinco Minutos*. Essa prática comercial consiste em ter amealhados à uma publicação dezenas de mecenas que "provavelmente muito mais pelo prestígio ou pelas posses que propriamente pelo amor a leitura" (MEYER, 1973, p. 55) contribuem "pela promessa de aquisição de um ou mais exemplares do livro", tornando "exequível a edição. Praxe corrente no meio editorial europeu, e parece ter sido muito usada no Brasil, o que se pode compreender melhor ainda dada a pobreza do mercado do livro" (MEYER, 1973, p. 55).

Como essa primeira edição de *Cinco Minutos* é raríssima senão extinta,[12] não pudemos verificar se trazia impressa a lista de nomes dos subscritores, algo também comum em edições europeias e brasileiras feitas a partir de folhetins. De todo modo, além dos 16$000 arrecadados em cada uma das assinaturas anuais para os leitores das cidades do Rio de Janeiro e Niterói, – circunscrições de circulação do *Diário do Rio* – o jornal dirigido pelo autor de *Cinco Minutos* e d'*O Guarani* – reunia ao menos três ou quatro dezenas de anúncios comerciais dos mais variados, muitos deles de importantes lojas e empresas capitalistas da não tão capitalista cidade do Rio de Janeiro, como se pode de-

12 As primeiras edições dos livros de José de Alencar são deveras raras. O bibliófilo José Mindlin empenhou-se ao longo da carreira de colecionador na tarefa de reuni-las e conseguiu muitas delas, mas não a de *Cinco Minutos*. O livro também não figura no catálogo dos principais acervos públicos onde são encontradas obras raras, tais como o da Biblioteca Nacional (RJ) e da Biblioteca Mário de Andrade (SP). As primeiras edições dos livros de Alencar que Mindlin conseguiu adquirir, e entre elas está a de O *Guarani*, podem ser acessadas em formato digital na Biblioteca Brasiliana Guita e José Mindlin pelo endereço eletrônico <<http://www.bbm.usp.br>> Acesso em jul.2016.

notar pelas dezenas de avisos sobre escravizados fugidos que se entremeiam aos anúncios de contratos selados, preços de ações, remédios salvadores, enxovais, enlatados e itens de toucador.

A título de comparação que permita alguma ideia do custo da assinatura do jornal, vale registrar que o salário de um professor de segundo grau – de um letrado, portanto – em idos de 1857 era de aproximadamente 100$ e a gratificação para quem encontrasse um escravizado fugido – como se pode ver nos classificados do jornal – girava em torno de 40$000, 40% do que ganhava um professor.

Era, pois, evidente, dos anunciantes que provinha a parcela mais importante da renda que mantinha as atividades da *Tipografia do Diário*, localizada à rua do Rosário, número 84. Consequentemente desse mesmo pecúlio é que vivia Alencar quando do início de sua carreira literária que, em todos os sentidos, se mistura com a jornalística. Não obstante havia uma parcela de dividendos complementares, que não deviam ser desprezíveis, que vinham dos assinantes e subscritores; vide os leitores do *Diário do Rio*, potenciais leitores dos romances de Alencar. Enfim, estava pronta a condição para o jovem advogado, jornalista e escritor à época com 27 anos por à prova sua literatura.

Em todo caso, vale discorrer um pouco, neste ponto, sobre uma variável que consideramos importante para a caracterização das condições objetivas de publicação e difusão de obras literárias no Brasil da segunda metade do século XIX, pois até aqui vimos falando do contexto de liberalização de capitais, das mudanças no cotidiano e na cultura, do formato folhetim e da mídia jornalística sem conectá-los à forma específica de viabilizar a literatura nos primórdios do romance no país.

Ora, *O Guarani* está cronologicamente posicionado nas duas primeiras décadas de circulação do romance que se pode adjetivar como brasileiro. São aqui e ali considerados pela crítica, como precursores do romance nacional, os livros *Religião, amor e pátria* (1839) de João Manuel Pereira da Silva, publicado em folhetins no *Jornal do Comércio*; *Os assassinos misteriosos* (1839) de Justiniano José da Rocha ; *As duas órfãs* (1841) de Joaquim Norberto, publicado na revista *Minerva* ; *A moreninha* (1844) de Joaquim Manuel de Macedo e; *Memórias de um sargento de milícias* (1852-53) ambos publicados como folhetins. O primeiro no *Jornal do Comércio* e o segundo no *Correio Mercantil*. Os últimos merecem destaque, pois circulando capítulo a capítulo nos rodapés dos principais jornais da corte – onde, em um deles, o último, anos depois, Alencar iniciaria sua faceta jornalística, estreando como cronista cotidiano na coluna *Ao correr da pena* – fará às vezes de rechear de conteúdo nacional um espaço francês em forma e conteúdo.

O formato do folhetim interfere no modo de se fazer literatura como deixa ver o caso de Manuel Antônio de Almeida, que

> ao publicar em 1852-1853, *Memórias de um sargento de milícias* em folhetim, na imprensa carioca, é bem-sucedido, mas que, quando lança o texto em livro, em 1854-1855, experimenta notável fracasso, é representativo do empenho em tratar o leitor como ser frágil e despreparado [pois o autor] parece conduzir o leitor pela mão, como se o caminho a percorrer - vale dizer a leitura autônoma da obra - fosse difícil. Atesta-o a ocorrência, em seu romance de expressões como *vamos fazer o leitor tomar conhecimento* ou *o leitor vai ser que o pobre homem era condescendente*, que, chamando a atenção do destinatário para a continuidade do relato ou para a introdução nele de novos elementos, configuram um narrador que tutela seu leitor de modo paternalista, receoso de que a leitura, à menor dificuldade, seja posta de lado (LAJOLO, ZILBERMAN, 1999, p. 18-19).

O folhetim, esse formato que intervém no conteúdo da literatura, é uma invenção francesa "pelo jornal e para o jornal" (MEYER, 1973, p. 45) sem o qual, pelo menos no caso francês e, também, no brasileiro, não se pode conhecer a história da imprensa e, ao mesmo tempo, do romance. Isto é, o *roman-feuilleton* foi, na França e no Brasil, condicionador concomitante da imprensa e da literatura. Assim, o romance-folhetim e o jornal têm uma ligação estrita e umbilical.

A ideia de popularizar a literatura por meio do jornal está diretamente ligada, na França, à ascensão da burguesia e à democratização da imprensa pelos diários e hebdomadários produzidos em grande tiragem e baixo custo, algo incomum até os idos da década de 1830, quando Emile Giradin (1806-1881) fez nascer *La Presse*.

No jornal *La Presse*, Girardin fazia publicar nos rodapés pedaços diários de histórias românticas. Essa novela da época teve a forma inspirada nos *feuilleton* que circulavam desde o início do século nos rodapés dos jornais, onde eram publicados assuntos comezinhos e divertidos. Girardin substituiu esse conteúdo esparso por algo que faria os leitores comprarem a edição seguinte: a continuação de uma história.

Estava criado, assim, o "mágico chamariz continua num/no próximo número" (MEYER, 1973, p. 45), reminiscência das chamadas 'cenas do próximo capítulo' das atuais séries e novelas de TV; técnicas essas que "funcionam como se o narrador estivesse a dizer que *o cliente tem sempre razão*, apostando nos procedimentos de sedução que tal concepção encerra" (LAJOLO; ZILBERMAN, 1999, p. 19-20).

No Brasil, e mais especificamente o Rio de Janeiro, capital da corte, a imprensa não demora, apesar dos rançosos e conservadores anúncios e obituários reveladores da escravidão, a se apropriar do modelo francês liberal de vender jornal e difundir literatura. O jornal ou romance-folhetim ou ambos, sempre juntos, não serão nunca veiculados sem anúncios, algo comum na Inglaterra onde a publicidade em jornal foi inventada.

Ora, de algum modo o romance-folhetim, o jornal diário democrático, e a publicidade capitalista, misturaram-se na forma de veicular a informação. Esse o tom editorial da imprensa do centro europeu no século XIX; o mesmo tom que afinará o diapasão da imprensa e do meio editorial brasileiro, sobretudo carioca, entre a primeira e a segunda metade do século XIX. Assim, "O Brasil, como sempre o fizera, imitou a França, embora não antes de 1839" (HALLEWELL, 2012, p. 236) no modelo editorial dos *roman-feuilleton*.

No *La Presse* de Girardin, o primeiro romance a receber o tratamento editorial no formato folhetim de jornal foi *Lazarillo de Tormes*, em 1836, e o segundo, no mesmo ano, *La Ville Fille* de Honoré de Balzac, que produziu sob encomenda expressa do jornalista editor. Nascia a forma para um gênero. O romantismo dava passos largos e o folhetim seria o veículo, a mídia, do romance romântico. Pouco mais de meia década à frente o Brasil, lugar onde mais se difundiu o romance-folhetim depois da França, importaria o modelo do rio Sena para os jornais cariocas da orla atlântica. Nada demais: o Brasil até ali produzira muito nas lavouras, mas importou quase tudo para as cidades. Não seria diferente na mídia literária, no romance, queremos dizer, no jornal, ou melhor, nos dois.

Entretanto, é importante considerar que até a década de 1850 o romance folhetim no Brasil era constituído em grande parte por traduções, mas depois dessa década - que coincide justamente com o lançamento de *O Guarani* - o número de romance folhetins nativos foi bastante representativo - como vimos na lista dos primeiros romances tidos como brasileiros - a ponto de "transformar esse gênero num importante veículo para o talento literário nacional" (HALEWELL, 2012, p. 237).

O sucesso do gênero foi grande o suficiente, principalmente a partir dos anos 60 e 70 do século XIX, para possibilitar que muitos literatos pudessem viver exclusivamente de romances folhetins. Nesses anos,

> mesmo um escritor desconhecido poderia receber mais ou menos 70$000 por mês pela tradução de folhetins do francês; um nome consagrado que produzisse originais brasileiros poderia ganhar 200$000 por mês - ou seis vezes o salário de um professor de escola rural (HALEWELL, 2012, p. 237).

Outra faceta do folhetim a ser considerada é que ele, no mais das vezes, servia de trampolim para que escritores alcançassem as prateleiras das livrarias com os resultados de suas histórias de jornal reunidos em volumes com capa, lombada, mancha gráfica especial e revisão. Ao mesmo tempo, os livreiros como Garnier observavam o sucesso das estórias do folhetim, tendo assim um termômetro para selecionar o que depois poderia virar um livro de possível boa vendagem.

Publicar na *Garnier Paris* era o objetivo de muitos folhetinistas, pois isso representava, por assim dizer, uma chancela comercial, um selo de qualidade da obra; isso por que as impressões de Garnier eram de fato profissionais. A editora foi a primeira, entre as brasileiras, a contratar redatores revisores técnicos, bem como a investir amplamente em livros escolares e traduções. Mesmo o formato francês (17,5 x 11,00cm) amplamente utilizado pelas editoras brasileiras até meados do século XX havia sido introduzido por L.B. Garnier.

Em algum momento a expectativa de publicação do folhetim em livro começou a modular o tamanho do que era produzido para o jornal uma vez que livros muito pequenos – como *Cinco Minutos* – resultaria em um alto custo de impressão por conta do aproveitamento do papel. Romances-folhetim grandes, capazes de ocupar vários meses de rodapés – como *O Guarani* – seriam mais adequados ao projeto editorial futuro no formato francês de edição do volume. José de Alencar parece ter seguido a receita de passagem do folhetim ao livro de seu primeiro para o segundo romance, pois

> as exigências dos redatores e diretores de jornais com relação ao *roman-feuilleton* (número e tamanho dos "capítulos") também eram pertinentes. Embora alguns dos primeiros folhetins tenham sido muito curtos, resultando em meros folhetos de trinta ou quarenta páginas na forma de livro (*Cinco Minutos*, de Alencar, quando publicado em série, durou apenas uma semana e, para que fosse publicado em

> forma de livro foi preciso juntá-lo com a *Viuvinha* [aqui o autor citado se refere ao livro publicado por Garnier e não à primeira edição produzida pelo jornal a qual citamos no início desse tópico]), em pouco tempo tornou-se normal exigir um tamanho suficiente para estender a publicação a um ano. *Memórias de um Sargento de Milícias*, de Manuel Antônio de Almeida, o primeiro folhetim brasileiro de destaque, foi publicado no *Correio Mercantil* de 27 de junho de 1852 a 31 de julho de 1853, aparecendo como livro no ano seguinte, com algumas revisões feitas pelo autor, mas mediocremente impresso na tipografia de Maximiliano Gomes Ribeiro, no Rio, o que pode explicar o seu notável fracasso nesse formato (HALEWELL, 2012, p. 246).

Não bastava ser, portanto, um romance-folhetim de sucesso para que o sucesso ulterior em livro fosse garantido. A edição, a qualidade do trabalho de revisão e da tipografia, bem como do acabamento do volume era fundamental, pois

> o livro, suporte físico de um saber, mas também objeto industrializado submetido à compra e venda, vale dizer, mercadoria, é parte integrante, até essencial, dos mecanismos econômicos próprios ao capitalismo. Assume marcas da sociedade burguesa ao se transformar em propriedade privada; neste caso, contratos de edição e impressão, meios de distribuição e venda, regras de tradução e condensação constituem operações que visibilizam a dimensão econômica do processo inteiro que se abre com um original e desemboca num livro (LAJOLO; ZILBERMAN, 1999, p. 60).

O livro era, enfim, um produto. Podia nascer em folhetim, mas requeria cuidados em sua nova mídia, afinal tinha que ser atrativo uma vez que em raros casos uma edição alcançava mais de 300 compradores ao longo de um ano. *O Guarani* de Alencar, veremos à frente, embora consagrado no formato folhetim só encontrará o seu devido lugar em livro depois que repercutiu em outros gêneros, tal como a ópera e o teatro.

Por ora, vale dizer que as tiragens, tanto de livros quanto de jornais, raramente ultrapassavam os mil exemplares. Diante de mercado pequeno e rarefeito, como explicar o que era um livro de sucesso?

Ora, justamente aqueles que ultrapassam essa modesta marca de 300 exemplares ao ano é que podiam ser considerados, como dizemos no anglicismo dos dias de hoje, *best-sellers*. De fato, livros considerados de grande sucesso atingiam entre 600 e 800 exemplares vendidos.

Garnier, o principal editor do Rio e o que mais passou folhetins para livros, movido pelas condições de público ledor exíguo arranjou uma estratégia arrojada para fidelizar clientes. Assim como os jornais, passou a vender romances fixando o preço de capa, garantindo a reprodutibilidade e distribuição dos produtos sem prejuízos para a margem de lucro, compensando assim os custos dos menos vendidos com os ganhos dos mais comercializados.

Garnier percebeu que os leitores buscavam nos folhetins as histórias escritas pelos mesmos autores das leituras que mais haviam agradado e passou, também, a publicar séries e coleções de um mesmo autor no mesmo formato e "embora raramente arriscasse publicar o primeiro livro de um autor, ninguém editou, nesse período, mais livros brasileiros de ficção do que L.B. Garnier, e praticamente não houve um romancista brasileiro de importância que não acabasse tendo a maioria de suas obras publicadas por ele." (HALEWELL, 2012, p. 238).

José Martiniano de Alencar foi muito importante nesse processo de criação de coleções de Garnier. O editor, por sua vez, foi crucial para a criação da coleção e popularidade de Alencar, posto que em 1864 "já estava publicando as segundas edições de *O Demônio Familiar* (...) e *Asas de um Anjo* [peças famosas de Alencar à época]. Imprimiu também a segunda edição (1865) e as cinco subsequentes de *O Guarani*, e a terceira de *Iracema*" e "a partir de 1867, quase todos os livros de Alencar (...) trazem o sinete editorial da Garnier. (HALEWELL, 2012, p. 239). E era nos rodapés do *Correio Mercantil* e do *Diário do Rio de Janeiro* que Garnier buscava os seus 'autores de coleção'.

Assim, no Brasil, os dois jornais que fizeram valer a importação do modelo jornalístico editorial dos folhetins e que também influenciaram o catálogo da principal editora do país, tiveram por colaborador o jovem José de Alencar.

Entre as páginas do *Correio Mercantil* com a coluna *Ao correr da pena*, espécie de folhetim de variedades como na França antes de Girardin, e ,também, como colaborador, depois como editor chefe e folhetinista do *Diário do Rio de Janeiro*, onde colocará em prática seu projeto literário, Alencar moldou a sua profissão que mais tarde viria a ser combinada com a política.

Nenhuma biografia de Alencar deixa de considerar essa faceta jornalística do escritor.[13] O romântico conservador, após se formar em direito em São Paulo, exerceu a profissão de advogado durante pouco mais de três anos no escritório de Caetano Alberto Soares, jurista de algum renome à época; mas foi em julho de 1854 que Alencar ingressou na carreira de jornalista-escritor em uma coluna dominical no *Diário do Rio de Janeiro* que desde 1821 fazia seu lugar pioneiro de veículo informativo no país.

Não foi, pois, em qualquer jornal menor – como foi comum a muitos escritores do XIX – que Alencar iniciou sua trajetória nas letras. De certo alguma influência o nome do velho e respeito Senador, seu pai, deve ter contribuído nas relações que possibilitaram vínculos do tipo.[14]

---

13 É o caso, apenas para citar as principais, de MENEZES, 1965; VIANA FILHO, 2008 e; LIRA NETO, 2006.

14 Sobre esse aspecto ver LIRA NETO, 2006, p. 89.

Em todo caso, o *Diário do Rio de Janeiro*, a despeito do pioneirismo em nível nacional, veiculava seu conteúdo seguindo o padrão europeu do tempo, pois

> sem exceção, os periódicos seguiam todos a mesma fórmula, já aprovada pelo público leitor. Nos dias úteis, saíam os folhetins literários, ou seja, romances escritos em capítulos, em sua grande maioria traduções de autores franceses. Os fins de semana, principalmente aos domingos, eram reservados aos folhetins em forma de crônica, a exemplo daqueles que Alencar havia sido contratado para escrever no *Diário do Rio de Janei*ro (LIRA NETO, 2006, p. 90).

A vivência no *Diário do Rio de Janeiro* colocará Alencar, de forma decisiva, na imprensa. No mesmo ano, a convite do ex-colega da Faculdade de Direito, o renomado jornalista Francisco Otaviano (1825-1889), o futuro romancista quase assumirá a seção de crônicas *A Semana* no *Jornal do Comérc*io que, ao lado do *Diário do Rio de Janeiro* e do *Correio Mercantil*, formava o conjunto dos mais importantes veículos de imprensa na corte. Neste último, Alencar, depois de negociações com o *Jornal do Comércio*, assumirá outra coluna intitulada *Páginas Menores* a qual terá o nome substituído por *Ao Correr da Pena*, coluna onde "entre 3 de setembro de 1854 e 8 de julho de 1855", pouco mais de um ano antes da publicação de *O Guarani*, trinta e sete folhetins "projetaram o nome de Alencar no meio intelectual e social do Rio de Janeiro, então capital do império" (FARIA, 2004, p. XI)

Na coluna *Ao correr da Pena*, Alencar explorou diversas questões que mais tarde viriam aparecer em sua obra e sua ação política: explorou questões do cotidiano social da corte, falou de teatro, bailes, passeio público e etc.; itens constantes de seus romances urbanos posteriores, tal como em *Lucíola* (1862); falou sobre a questão da língua portuguesa no Brasil, das toponímias indígenas e abrasileiramentos da fala frente ao afrancesamento da língua comum na corte; discutiu questões de política; criticou conservadoramente o carnaval na sua faceta do entrudo, espécie de origem dos blocos atuais; e falou muito sobre literatura. O escritor irônico e perspicaz conquistou leitores. Pode-se dizer que no *Correio Mercantil*, Alencar amealhou, entre os poucos letrados da corte, o seu público.

Foi, também, em *Ao Correr da Pena*, que Alencar travou suas primeiras experiências no campo da polêmica literária e política, pois muitos dos assuntos dos quais tratava acabavam, também, por atrair replicantes que nos outros dois jornais concorrentes enfrentavam as opiniões do cearense; mesmo a temporada de Alencar como folhetinista do *Correio* terá fim por conta de uma discussão do folhetinista com o dono do jornal, Muniz Barreto, que teria censurado um de seus textos com o propósito de evitar novas polêmicas. Sobre esse episódio sabe-se pouco e não se conhece ao certo o que foi censurado, mas o fato é que Alencar voltará às páginas do *Diário do Rio de Janeiro* onde escreverá, a partir de junho de 1856 as críticas à *A Confederação dos Tamoios* - livro encomendado por D. Pedro II para ser a epopeia nacional. O episódio é tema do próximo tópico desse capítulo – bem como, a partir de janeiro de 1857, *O Guarani*.

O Guarani foi editado no folhetim à francesa e deveria sair rápido, como se emulasse a velocidade dos vapores, como o *Pirahy*, atravessando as novas rotas comerciais internas do país. Em pouco mais de 100 dias, entre 1 de janeiro e 20 de abril de 1857, ele ocupou sessenta vezes os rodapés do *Diário do Rio de Janeiro*. A tarefa de Alencar era literária, mas foi empreendida em ritmo comercial.

Sobre esse aspecto da produção do romance folhetim em ritmo comercial o próprio Alencar deixou relato interessante; mais uma vez recorremos ao seu *Como e porque sou romancista* onde escreveu acerca de *Cinco Minutos* que o "escrev[eu] em meia dúzia de folhetins que iam saindo na folha dia por dia" e que "fatigado do trabalho(...) urgido pelas ocupações do dia, em constantes tribulações, nem sempre podia eu passar aos olhos por toda folha" (ALENCAR, 1967, p. LXXVI) e, ainda, registra sobre a composição de *O Guarani* que

> [o] escrevi dia por dia para o folhetim do *Diário*, entre os meses de fevereiro e abril de 1857 [enganou-se o romancista, pois foi publicado entre janeiro e abril daquele ano], se bem me recordo. No meio das labutações do jornalismo, obera-do não somente com a redação da folha diária, mas com a administração da empresa, desempenhei-me na tarefa que me impusera, e cujo alcance eu não medira ao começar a publicação, apenas com os dois primeiros capítulos.
>
> Meu tempo dividia-se dessa forma. Acordava por assim dizer na mesa do trabalho, e escrevia o resto do capítulo começado no dia antecedente para enviá-lo à tipografia. Depois do almoço entrava por novo capítulo, que deixava em meio. Saía então para fazer algum exercício antes do jantar no *Hotel Europa*. À tarde, até nove ou dez horas da noite, passava no escritório da redação, onde escrevia o artigo editorial e o mais que era preciso.
>
> O resto do serão era repousar o espírito dessa árdua tarefa jornaleira, em alguma distração, como o teatro e as sociedades (ALENCAR, 1967, p. LXXVI).

Nesse ponto, entre o ritmo frenético de composição dos folhetins, se faz necessário voltar um pouco aos elementos de contexto aos quais demos ênfase no início dessa parte. Para isso regressamos às páginas do *Diário* quando da publicação das últimas linhas de *O Guarani*.

Naquele dia, 20 de abril de 1857, os informes do jornal registravam que o vapor *Pirahy* não completou mais uma de suas viagens a Santos e arribava no Rio por consequência do mau tempo. Eles também faziam saber por meio da seção de obituários, que 12 pessoas escravizadas tinham falecido e que entre os livres, 26 eram homens e 6 mulheres. 44 mortos no total. A edição seguinte traria os nomes dos

32 sepultados em cemitérios públicos; sobre os outros 12, escravizados, nenhuma notícia havia mais. (*Diário do Rio de Janeiro*, 20. abr. 1857, n. 106, p. 1)

Outrossim, o editorial do jornal - no dia em que foi publicado o último capítulo do primeiro romance indianista de Alencar - intitulado *Colonização para o norte* parece revelar preocupações muito diversas do programa romântico do livro, pois trata do "imenso desfalque produzido pelos seis anos que tem decorrido depois da completa extinção dessa criminosa mercancia"; o editorialista se referia à Lei Eusébio de Queiróz que proibira o tráfico de escravizados desde 1850.

Segundo o editorial, a proibição do tráfico, a despeito de ser uma "criminosa mercancia" havia posto sérios problemas a mão de obra nas fazendas do Rio, bem como de todo Brasil meridional que se via obrigado a comprar escravizados do Norte do país pagando preços altíssimos no novo mercado interno da escravidão. Assim, a produção do Sul encarecia e a do Norte ficava desfalcada com a saída da mão de obra para o Brasil meridional.

O editorialista, relembremos que é Alencar, sugere que a saída para a situação de falta de mão de obra a que estava submetido o norte do país deveria ser resolvida com a introdução do trabalho livre, pois a "exuberância e a riqueza naturais da região" por si só propiciavam um futuro grandioso às províncias setentrionais, desde que fossem colonizadas por trabalhadores livres que fizessem impulsionar a atividade agrícola.

Nesse quesito - não sabemos se por efetivo dos dados ou bairrismo ou um pouco dos dois - Alencar registrou que a província do Ceará era exemplar posto que sua

> proverbial fertilidade firma-se todos os dias no aumento progressivo de suas rendas, à nenhuma de suas irmãs do norte cede em condições favoráveis para a importação de colonos, e excede em muito pelas circunstâncias especiais que

> a favorecem nesse ponto. Se conseguir-se o melhoramento palpitante que ela exige, e que a livre do pesadelo das secas que periodicamente a tem devastado, tonar-se-á mais que qualquer outra apropriada para a emigração, porque Ceará possui uma diminutíssima escravatura. Em quatrocentos mil habitantes há trinta e dois mil escravos! (*Diário do Rio de Janeiro*, 20. abr. 1857, n. 106, p. 1).

Enfim, a preocupação no registro da opinião é muito diferente com a da literatura; talvez porque não fosse muito atrativo tratar do problema da escravidão e da introdução da mão de obra livre nas províncias do Norte ou talvez porque não fosse pensável, tal como veremos nos termos românticos indigenistas, falar do negro em termos da realidade ficcional. A escravidão era real demais. Como sugere o editorial, o seu fim pode significar também a derrocada da economia nacional e por consequência o fim do projeto romântico.

O editorialista, contudo, não parece abençoar a escravidão, e chega a comemorar que sua província natal tinha uma população escravizada que não chegava a 10% do total de habitantes. Em todo caso – e o próprio artigo deixa entrever – esse declínio não era um efetivo abolicionista senão resultado do mercado escravista interno que trasladou dezenas de milhares de escravizados do norte para o sul dado que o impulso produtivo da última sobrepujava a primeira no período (FAORO, 2001, p. 279-318). Assim, talvez, Alencar comemorasse aqui o que era, na verdade, retrato explícito das profundas desigualdades resultadas da escravidão.

A escravidão, real em tudo, dava suporte material a todas as condições e possibilidades do romantismo, do indianismo, de um artista como Alencar, de um livro como *O Guarani*, mas no plano ideal não podia dar sentido à nação. E, por isso, *O Guarani* é um romance indianista.

Enfim, na última página do *Diário do Rio de Janeiro* do dia 20 de abril de 1857, quando o primeiro romance indianista de Alencar chegava ao final da estória e iniciava a sua história de livro, um leitor do jornal fazia informar nos classificados que oferecia uma recompensa de 100U de gratificação por informações de um "escravo crioulo" que "fugiu a 15 de fevereiro próximo passado" chamado "Apolinário, oficial de carpinteiro, e pintor, terá 25 anos de idade, baixo, muito esperto, costuma mudar de nome; quem o levar a casa de detenção em Niterói, por onde costuma andar, ou a casa de correção, receberá a gratificação; na rua larga de S. Joaquim, n.100." (*Diário do Rio de Janeiro*, 20. abr. 1857, n. 106, p. 4)

A história do país, para além da estória de Peri e Ceci, deveria continuar sobre as mesmas bases em que se assentava desde os tempos idos de Antônio de Mariz, um dos personagens de *O Guarani* extraídos da realidade colonial.

No entanto, outras estórias sem escravidão deveriam continuar à francesa nos folhetins; saindo rápidas, a vapor pelo país, e tal como o *Pirahy* – ora ou outra arribando pelas consequências do tempo – tinham de seguir um único curso.

A literatura até ali é romântica e burguesa demais para a escravidão, mas Alencar vive dela ou delas – a literatura e a escravidão – posto que o jornal no qual trabalhava, e onde nasceu *O Guarani*, era também financiado pelos anúncios de recompensa por escravizados fugidos; e assim o *Diário do Rio* anunciava aos seus leitores naquele 20 de abril de 1857 o seu próximo romance:

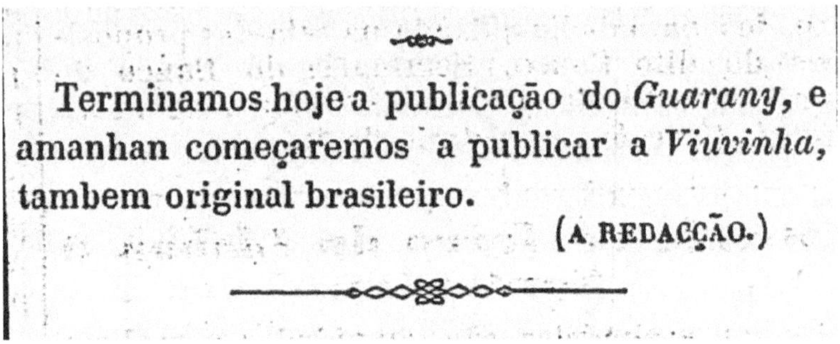

Terminamos hoje a publicação do *Guarany*, e amanhan começaremos a publicar a *Viuvinha*, tambem original brasileiro.

(A REDACÇÃO.)

Figura 2 - Anúncio da publicação de *A Viuvinha* (1857)

Fonte: *Diário do Rio de Janeiro*, 20. abr. 1857, n. 106, p. 1. Hemeroteca Digital da Biblioteca Nacional

Questões de pensamento e algo mais

Se em idos de 1850 a corte brasileira assistia a alguma modernização e a independência política era uma realidade para as novas gerações, faltava, entretanto, modernizar e tornar independente a literatura do país, bem como unificar simbolicamente o povo do Norte, do Centro e do Sul, pois "o problema principal para os brasileiros depois da independência é se pensarem como brasileiros e não mais como portugueses, portugueses-americanos ou mesmo pernambucanos, paulistas, rio-grandenses, etc." (RICUPERO, 2004, p. 153).

Assim, a tarefa que se impunha ao Estado nacional àquele momento era uma tarefa também literária, posto que o "patrimônio literário está ligado às instâncias nacionais" (CASANOVA, 2002, p. 53), pois a língua, base da literatura, é um problema de Estado na medida em que os recursos literários devem ser produzidos, sobretudo na fase em que se inventa e convenciona valores artísticos e, portanto, de linguagem, dentro dos limites nacionais.

Em muitos países do ocidente àquele momento, sobretudo na França, e não será diferente no Brasil, "língua e literatura foram ambas utilizadas como fundamentos da 'razão política', uma contribuindo para o enobrecimento da outra". (CASANOVA, 2002, p. 53).

O que está em jogo, pois, é a nação. Para ficarmos com a acepção de Benedict Anderson (2008) em *Comunidades Imaginadas*, os meados do século XIX no Brasil marcam o momento de definição do sentido e do "destino comum" dos brasileiros. Assim, compreendemos nação como uma "comunidade política imaginada – e imaginada como sendo intrinsicamente limitada e, ao mesmo tempo, soberana." (ANDERSON, 2008, p. 32).

Como dissemos alhures, no Brasil dos primeiros tempos de Alencar, na literatura, a ideia de povo, o seu sentido e caráter, era rarefeita. As palavras-chave que melhor poderiam indicar o que era o Brasil eram desconhecidas, impensáveis. O sentido da nação, sua origem e significado eram ideias sem lugar, ou melhor, lugar sem ideias. [15] Era preciso dar sentido à criação da nova nação, necessitava-se de mitos, faltava inventar tradições e, enfim, uma história que pudesse reunir e dar cabo destes elementos.[16]

Utilizamos aqui 'invenção da tradição' no sentido atribuído ao termo por Eric Hobsbawm (1997, p. 9) a partir do qual entende-se

> um conjunto de práticas, normalmente reguladas por regras tácita ou abertamente aceitas; tais práticas de natureza ritual ou simbólica, visam inculcar certos valores e normas de comportamento através da repetição, o que implica, automaticamente, uma continuidade em relação ao passado. Aliás

---

15 A formulação 'as ideias fora do lugar' é sobremaneira conhecida dos estudiosos de ciências sociais e crítica literária que tomam por objeto a realidade brasileira. A formulação é de SCHWARZ, 2000.

16 A mais recente e, provavelmente, uma das mais completas teses sobre o romantismo e a questão nacional no Brasil é *O romantismo e a ideia de nação no Brasil* de Bernardo Ricupero (2004).

> sempre que possível, tenta-se estabelecer continuidade com um passado histórico apropriado.

Ora, entre as vitrines da rua do Ouvidor, vapores, livros para estudantes e moças, anúncios capitalistas e escravizados fugidos havia que se pensar o passado para que o futuro da modernização ensaiada tivesse uma contrapartida cultural calcada em tradições brasileiras. Um país novo – não tão novo a ponto de abolir a escravidão – precisava de uma cara nova. O Estado deveria construir, também, a nação.

É nesse sentido que, sob os auspícios de D. Pedro II, será fundado, em 1838, o *Instituto Histórico e Geográfico Brasileiro*[17], onde uma nova elite nacional se ocupará em renovar o país nas letras. Nas dependências da instituição é que se reunirão intelectuais e escritores como Gonçalves Dias (1823-1864), Joaquim Manuel de Macedo (1820-1882), Joaquim Norberto Souza e Silva (1820-1891), Francisco Adolfo de Varnhagen (1816-1878), entre outros.

Essa elite buscando as origens do novo país acabará por encontrar no indígena a figura tipo para lastrear uma nova história do Brasil em que a colonização ganha novo significado. Nessa nova ideologia forjada em meio a escravizados e amas de leite, o Brasil começava primeiro nas grandezas de suas matas e rios, na diversidade e beleza de sua flora e fauna, e no habitante 'natural' desse meio. Assim, "o índio ou, ao menos, a ideia que se decide fazer dele" oferece à *intelligentsia* brasileira do período "múltiplas possibilidades" (RICUPERO, 2004, p. 153) para pensar o novo calcado no passado, pois

> em primeiro lugar, encontravam-se aqui antes dos portugueses, sendo possível, portanto, considerá-los os primeiros brasileiros. Haveria até um antecedente ilustre para formulações desse tipo, já que na França, os historiadores liberais da

17 Sobre o IHGB e a questão nacional ver GUIMARÃES, 1988.

> Restauração sugeriram que os verdadeiros franceses seriam os descendentes dos gauleses conquistados e não dos francos invasores. Além do mais, o habitante original da América resistiu como pôde à colonização lusitana, sendo possível recorrer, depois da independência, se não à lembrança viva desses combates já esquecidos, pelo menos ao relato deles (RICUPERO, 2004, p. 153).

Símbolo da liberdade e do convívio pleno com a natureza o índio será *a la bon sauvage* do estado de natureza de Rousseau[18], eleito como o tipo central da nova poesia nacional e se já tinha figurado no *Uruguai* (1769) de Basílio da Gama (1740-1795) e no *Caramuru* (1781) de Santa Rita Durão (1722-1784), será pleno nas *Poesias Americanas* (1846) de Gonçalves Dias (1823-1864), no *Hino da Cabocla* (1848) de Junqueira Freire (1832-1855), *Confederação dos Tamoios* (1856) de Domingos Gonçalves de Magalhães, *As americanas* (1856) de Joaquim Norberto de Sousa Silva, nos *Timbiras* (1857) de Gonçalves Dias e nessa trilha, quase numa inflação indianista, em *O Guarani* (1857) de José de Alencar.

Entre os membros de sua geração Alencar foi um dos poucos que não teve o Estado por mecenas, mas acompanhou a linha ideológica dele ao se inscrever no programa político patriótico da idealização romântica indianista da nação.

Essa ideia de nação também encontrou lugar em outros aparelhos estatais de produção cultural, tal como a Academia Imperial de Belas Artes onde artistas como Manuel Araújo Porto Alegre (1806-1879), Simplício Rodrigues de Sá (1785-1839) e Félix-Émile Taunay (1795-1881), Victor Meireles de Lima (1832-1903), José Maria Medeiros

18 Sobre o conceito de 'bom selvagem' a partir da obra de Rousseau e a sua relação com uma certa interpretação das sociedades indígenas ver LEOPOLDI, 2002.

(1849-1925) entre outros, também se encarregaram de registrar em óleos a grandeza das matas e o semblante do 'bom selvagem'.

D. Pedro II, por meio das instituições oficiais de cultura e se utilizando do mecenato acabou por gerar "um conformismo palaciano, tolhendo as iniciativas artísticas mais rebeldes" (SCHWARCZ; SATARLING, 2015, p. 285), promovendo assim um verdadeiro fascínio do cotidiano intelectual pela cultura indígena. Um fascínio, diga-se de passagem, superficial que começava e acabava na literatura mesmo que com alguma pesquisa em fontes históricas, numa pura idealização do indígena. Pelo exotismo do tema os estudos a seu respeito eram quase sempre ornamentais; nada se sabia sobre as muitas etnias indígenas que habitavam o País, mas "dicionários de línguas indígenas vendiam como pão fresco, e o próprio imperador, animado pela voga que assolou a corte, passou a estudar o tupi e o guarani." (SCHWARCZ; SATARLING, 2015, p. 285-86).

Em todo caso vale dizer que a centralidade da figura do índio na formação do Brasil remonta à era colonial e para isso basta lembrar, por exemplo, da catequese jesuíta cujo índio era o alvo principal. O resgate do indígena, por parte de nossos românticos, acontece por meio do resgate das etapas iniciais que poderiam dar sentido ao Brasil. Se na Europa havia, para o resgate de seus românticos, o cavalheiro do medievo inscrito concomitantemente na realidade histórica e nas linhas dos romances de cavalaria, no Brasil havia, num superlativo de pouco sinônimo, o índio e a mata virgem e frondosa do Brasil antes da colonização.

O indianismo no Brasil é uma faceta do romantismo que encontra uma inscrição germinal da sociedade brasileira na figura do nativo. Desse nativismo indígena o que mais importa ao romantismo é o conjunto de mitos, lendas, ritos que podem ser aspirados no sentido de recriar a formação nacional com Tupis, Tamandarés, Curupiras e Tupãs. Lendas e entidades prontas na história de povos que apesar de terem 'cultura própria' serão tomados como 'elementos do nacional' pelos românticos indianistas.

O que mais importa, entretanto, são os elementos subjetivos recriados a partir da cultura indígena que os românticos farão funcionar na configuração do nacional. Trata-se de valores humanos notadamente edificantes que os indianistas viam como 'naturais' nos índios; valores esses que deveriam ser aspirados na ideia de nação que buscavam consubstanciar no projeto político-literário: o amor a liberdade; o orgulho; a lealdade; o amor filial e a amizade pura.

O fato é que para fazer funcionar esses elementos o romântico indianista deveria pesquisar. A idealização do índio, tal como ocorre em Alencar, e tal como são as idealizações no romantismo, não podem ser criadas do nada. A ficção depende da história. Assim, de algum modo, o indianismo significava em primeiro lugar a pesquisa de fontes que possibilitavam recontar as lendas, os mitos, os deuses, bem como a descrição de hábitos e ritos.

Sobre esse aspecto Lilia Schwarcz e Heloísa Starling (2015, p. 289) registraram que

> viajantes, cronistas, historiadores, nomes como Gabriel Soares de Sousa, Rocha Pita, Manoel da Nóbrega, saem dos compêndios e entram nas notas explicativas que acompanham os textos [dos românticos] (...) História e mito caminham lado a lado, enquanto a imaginação cede espaço ao didatismo: o índio nobre teria existido num passado remoto, e era ele, assim mitificado, que inspirava os dramas românticos produzidos na corte (...) Como um bom selvagem tropical, o indígena romântico permitiu à jovem nação fazer as pazes com um passado honroso, anúncio de um futuro promissor.

Ainda sobre esse ponto vale lembrar que a pesquisa linguística constituía parte fundamental da tarefa indianista, na medida em que era preciso fazer o personagem índio falar nos seus próprios termos.

Entre os indianistas brasileiros, Alencar alcança lugar de destaque. Numa 'evolução' grosso modo dessa linhagem literária pode-se dispor em ordem de aparecimento os alhures citados: *O Uruguai* (1764); *Caramuru (1781); Poesias Americanas* (1846) e, mais próximos de Alencar, *Timbiras* (1857) de Gonçalves Dias; *Confederação dos Tamoios* (1856) de Gonçalves de Magalhães; *O Guarani* (1857), *Iracema* (1865) e *Ubirajara* (1875) de Alencar. Bem poucos virão depois dessa lista, mas o que importa para nosso objeto é notar que entre todos, Alencar introduz a prosa – todos os outros são poemas – e mantém ao longo de sua trajetória literária o tema vivo, pois é o único a se dedicar ao índio em três estórias, das quais *O Guarani* e *Iracema* se destacam pela permanência e pela penetração.[19]

À idealização do índio pelos românticos não desaparecem elementos menos nobres dos seres-humanos como a indolência e a vingança, bem como não escaparam elementos mais objetivos que os índios legariam à composição do caráter nacional, tais como a cultura da terra, a alimentação, as toponímias e os conhecimentos medicinais.

Assim, nas composições literárias indianistas há sempre o índio bom, dado a domesticação e há sempre o índio mau, irascível e selvagem. No *Guarani*, por exemplo, a figura heroica de Peri estará em constante contraste com os personagens Aimorés, descritos como bravios e ameaçadores.

Esse aspecto do indianismo encontra contrapartida na prefiguração evolucionista (CUNHA, 2012, p. 59) que caracterizaria as pseudociências médico sociais do século XIX, mormente a partir de 1870. Foi justamente nas primeiras cinco décadas do século em que viveu Alencar que se colocou pela primeira vez a questão da humanidade dos índios. Nesse contexto, "o cientificismo do século XIX está preocupado em demarcar claramente os antropoides dos humanos, e a

---

19 A tese de maior fôlego sobre o assunto é a de FERREIRA, 1949.

linha de demarcação é sujeita a controvérsias." (CUNHA, 2012, p. 58). Na prática pseudocientífica e também na literária os índios são comumente classificados em dois tipos: os bravios ou bravos e os domésticos ou mansos.

Evidentemente essa distinção de tipos de índios está relacionada com a questão da terra que vai sempre acompanhar o debate sobre a política destinada às etnias nativas (CUNHA, 2012). Não foi à toa, pois, que as etnias tidas como bravias serão aquelas que ao longo da história impuseram mais resistência à tarefa da colonização e do devassamento do território.

Não é estranho, portanto, que Alencar tenha escolhido o guarani como tronco a nomear seu título, pois esse, tal como o Tupi, estavam "virtualmente extintos ou supostamente assimilados" e vão figurar "por excelência na imagem que o Brasil faz de si mesmo" (CUNHA, 2012, p. 62). Por outro lado, há uma categoria de índios 'não assimilados' contra os quais o Estado e o colono privado ainda tinham de lutar no conflito de terras nas primeiras décadas do século XIX. A eles é reputada uma tal 'animalidade' feroz e bestial: os botocudos, tapuias são o tronco que melhor caracterizam esse tipo na realidade para o pensamento à época. "Coincidência ou não, os botocudos são Tapuia, contraponto e inimigos dos Tupi na história do início da colônia e sobretudo na literatura indianista" (CUNHA, 2012, p. 62). Não por caso, pois, no Guarani de Alencar, Peri é Goitacás, Guarani e os índios maus e indomáveis são Aimorés, Tapuias.

Em todo caso, o que ainda se dizia de forma pseudocientífica sobre os índios, nas primeiras décadas do século XIX, era compatível com a ideia de perfectibilidade humana do século XVII por meio da qual se propõe que homem pode domesticar-se a ponto de ultrapassar a sua própria natureza.

Essa visão encontrará lugar e interpretação no evolucionismo francês que assim como o modelo literário será fartamente introduzido no Brasil. Nela a espécie humana é vista como um capítulo da história natural e daí que naturalistas como Georges-Louis Leclerc Buffon (1707-1788) vão defender a tese de que os índios americanos sofrem uma infeliz determinação do meio e, atrasados na evolução, estariam destinados à extinção.

Intelectuais ligados ao IHGB partilharam dessas ideias, como, por exemplo Varnhagen e o naturalista Von Martius (1794-1868) que, com as bênçãos de D. Pedro II, fazia observações etnográficas no Brasil. Desse modo, foi se configurando ao longo das primeiras décadas do século XIX uma ideia que atribui "à natureza e à fatalidade de suas leis o que é produto de política e práticas humanas" (CUNHA, 2012, p. 60). E,

> (...) a partir do terceiro quartel do século XIX, novas teorias afirmam não mais que os índios são a velhice prematura da humanidade, mas antes a sua infância: um evolucionismo sumário consagra os índios e outros tantos povos não ocidentais como "primitivos", testemunhos de uma era pela qual já teríamos passado: fósseis, de certa forma, milagrosamente preservados nas matas e que, mantidos em puerilidade prolongada, teriam no entanto por destino acederem a esse télos que é sociedade ocidental (CUNHA, 2012, p. 60).

Em meio a essas ideias é que serão operadas também as absurdas ideias pseudocientíficas que justificarão a ideia de que era preciso branquear o Brasil para melhorá-lo. Muito embora a geração romântica que animou o romantismo em grande parte apostava na ideia da miscigenação com índio no sentido de produzir o brasileiro nato e diferenciá-lo por fim de todos os outros povos, há aqueles, como o já citado Varnhagen, que viam a mistura de raças como um problema uma vez que, nessa absurda visão, isso poderia significar degeneração.

O desenho inicial do etnocentrismo, do darwinismo social, da frenologia e do evolucionismo, que seriam verdadeiros paradigmas em discussão pela geração de intelectuais em ação a partir da década de 1870, já estavam postos, certamente que um pouco mais tímidos, nas décadas de 1850 e 1860.

Esse contexto de "naturalização das diferenças pela emergência de um certo conceito de raça" (SCHWARCZ, 1993, p.64) vai ganhando corpo ao longo do século XIX na esteira de desenvolvimento do capitalismo e de uma rotina intelectual voltada às questões de ciência. Não demorará, pois, que a ideia inicial de miscigenação seja debatida na chave etnocêntrica que tende a ver o mundo como dividido em "raças" coexistindo em diferentes etapas de "evolução".

Assim, o que vai se estabelecer nas décadas seguintes, e principalmente a partir de 1870, é a ideia - que não é aceita por todos e será, pois, muito debatida - de que parte dos males do Brasil adviriam da mistura de povos atrasados na composição social (SCHWARCZ, 1993).

Em todo caso o que vai sobrar do indianismo para a recepção e interpretação ulterior é a figura do índio como nativo por excelência. O silêncio literário sobre o negro está inscrito, por outro lado e ao mesmo tempo, no caldo de pensamento que inflacionado vinte anos resultará nas teorias raciais pseudocientíficas de fins do século XIX e inícios do XX.

Muito provavelmente, para os indianistas, os negros eram senão cativos e ocupavam o lugar histórico natural da força de trabalho que deveria sustentar uma nação, iniciando o seu curso no novo mundo. Etnocêntrica e conservadora, a visão indianista romântica não discute, nem se dá a interpelação sobre o negro, apenas naturaliza o seu papel na história como força de trabalho. A nação é problema. A escravidão um pouco - como demonstrará o debate da proibição do tráfico de escravizados-, o negro, bem, não era assunto de literatura, apesar de compor grande parte da demografia real, para a ficção. Será, no entanto, assunto de política, ciência ou melhor de pseudociência, ao mesmo tempo em que o índio passou a ser visto de forma positiva.

O que vale ressaltar, entretanto, para além dessa rápida caracterização do indianismo e da ideia de índio no primeiro quarto do XIX, é que não se trata apenas de uma visão de mundo passiva, já que essas ideias são, por outro lado, doutrinas, programas de ação que resultaram em verdadeira força centrífuga da ideologia corrente àquele momento encontrando seu ponto de fusão com o Estado na perspectiva de criar a nação. Assim, se do ponto de vista jurídico haverá um vazio legal da questão indígena (CUNHA, 2012), paradoxalmente, na literatura romântica o nativo será protagonista.

Ainda no que diz respeito às ideologias correntes, as formas de pensar em circulação à época de *O Guarani*, devemos realizar um esforço de caracterização do romantismo e como ele se realizou no país.

O romantismo e o indianismo estão – como reiteradamente afirmado pela crítica – intimamente relacionados ao fazer literário da segunda metade do século XIX no Brasil, e assumem possibilidades diferenciadas no segundo romance de José de Alencar ao permearem o campo da prosa.

O esforço de caracterização do romantismo que faremos aqui não tem a intenção de superar, senão mesmo revisar com algum elemento de relação específica com nosso objeto, as versões de explanação didática sobre essa ideologia. Isto quer dizer que não o vemos como uma escola literária, mas sim como um programa de ação que, pelo que dissemos do engajamento intelectual e da relação do papel do Estado no processo, ganha uma dimensão política que nenhum outro movimento espiritual havia antes estabelecido no Brasil. O projeto romântico é um projeto nacional e de Estado.

Não obstante se possa identificar os inícios do romantismo com o segundo reinado e como ninguém dorme árcade e acorda romântico, há sempre boa dose de arbitrariedade na fundamentação dos marcos temporais que marcam os estudos das escolas literárias

(RONCARI, 2002, p. 287-290) e, por isso mesmo, nosso esforço vai no sentido de perscrutar as possibilidades de pensamento dentro do figurino romântico à brasileira do que gerar, propriamente, definições que ultrapassem a caracterização geral do romantismo e do indianismo.

A acepção mais comumente utilizada do romantismo é aquela que identifica o surgimento de um amplo movimento intelectual cuja origem remonta aos fins do século XVIII na Europa. Esse movimento intelectual, ocorrido mais como *vague* pós-revoluções burguesas, do que como afirmação consciente de um grupo específico, condicionará a produção intelectual do ocidente e terá efeitos decisivos, ao longo de todo o século XIX, nas artes plásticas, na literatura, na música, na filosofia e na política.

Pela amplitude das suas formas realizadas nunca baseadas em único manifesto ou programa de ação, bem como pela imensa repercussão lastreada na modernidade burguesa e na industrialização, o romantismo não pode ser definido sem que se recupere suas nuances ocasionadas pelo efetivo de suas múltiplas realizações.

De todo modo há características, por assim dizer, gerais que podem ser listadas para uma definição, deveras parcial, do conceito: o artista condicionado pela ideologia romântica prefere o efetivo do sentimento, frente às ordenações racionais. A fabulação, a imaginação e a fantasia prevalecem, no artista romântico, sobre o espírito crítico. A subjetividade não se deixa subjugar pelo mundo objetivo e pela força do que é moderno. O romantismo retoma as origens, alude e evoca as tradições. É, pois, mais *folk* do que *kultur* e por isso prefere o particular ao geral e nesse sentido é crítico às formas homogeneizantes da sociedade burguesa, urbana, industrial, que se estabeleceram no ocidente com o avanço das forças produtivas pelo modo capitalista de produção.

Por meio dessa valorização de aspectos regionais e particulares dos povos é que o romantismo acaba por se relacionar diretamente com a questão nacional. O romantismo ao mesmo tempo em que é reação ao *modus vivendi* e *operandi* da sociedade burguesa é fundamental no processo de identificação dos elementos que fazem surgir o Estado moderno, pois vai buscar na cultura específica, nas tradições o substrato para fazer valer a ideia do que vem a ser o nacional.

Daí que os povos originais que antecedem a civilização burguesa tornam-se personagens centrais no romantismo, pois perdem os aspectos de transfiguração da barbárie e são reinterpretados em um sentido exemplar para que se possa retomar a formação do povo, a matriz na reação ao modo de vida racional e burguês.

Nesse contexto ideológico o Novo Mundo passa a receber atenção diferenciada uma vez que é meio de natureza em parte intocada, onde habitam milhares de indígenas. Esses não mais serão vistos como meros silvícolas, mas sim como bons selvagens à moda de Rousseau. Assim, pois, é que a figura do indígena passa a ser central na formulação do tipo romântico, sobretudo em países pós-coloniais como os EUA e o Brasil.

Muito embora o romantismo conteste e critique a civilização burguesa o seu modo de reprodução está intimamente ligado à formação da opinião pública, ao desenvolvimento da imprensa e do mercado do livro, bem como aos efetivos de realidade inegáveis no curso histórico. Ambiguamente, ao mesmo tempo em que o romântico se lança à fantasia ele precisa lastreá-la no passado e isso lhe impõe limites, pois precisa buscar as verossimilhanças que garantam o seu efetivo de realidade que permita a ponte específica para sua ideia de futuro. O devir parece ser algo imanente à produção romântica, mas este precisa estar ancorado no passado.

Assim, o romantismo é uma atitude artística que é também política na medida em que tende a ser sempre programático e logo

> no romantismo, a História se faz então "realidade" integrando historiograficamente o estudo do desenvolvimento dos povos, de sua cultura erudita e de seu saber popular (folclo-

> re), de sua personalidade coletiva ou espírito nacional, de suas instituições jurídicas e políticas, de seus *mores* e práticas típicas, de seus modos de produção e existência material e espiritual, cada vez mais nas linhas de um tempo cada vez menos mítico ou idealizado (GUINSBURG, 2013. p. 13).

Nesse sentido, o 'tempo' dos românticos embora possa ser idílico será sempre histórico, e por isso a atitude romântica vem sempre carregada da "preocupação com a sua organização social e institucional e a disposição para participar de suas soluções" (RONCARI, 2002, p. 295).

O romântico reage ao novo, mas junto com essa reação traz a crítica ao papel do indivíduo na história, pois esse submetido ao cotidiano alienado do mundo do trabalho capitalista, à rotina da fábrica e do fazer comercial, não pode aspirar à liberdade que o ser humano necessita para a plenitude de sua existência, tal qual um índio vivendo livre em território aberto – daí a aspiração do herói romântico americano.

Ambiguamente o romantismo é reativo aos efeitos da transformação dos costumes ocorridos na esteira das revoluções burguesas, mas é também crítico da submissão do indivíduo à lógica do capitalismo. O romantismo é, assim, uma espécie de contra iluminismo não regressista. Reage ao novo e só volta ao passado para elucubrar e lastrear as saídas para o futuro. Essas saídas passam pelo indivíduo, em primeiro lugar, pelo coletivo em segundo e finalmente pela questão nacional. O Romantismo é, pois, por um lado reativo, mas é também afirmativo, sobretudo no que diz respeito aos aspectos de exaltação dos valores e sentidos particulares de um povo em um determinado tempo e localidade

Entrementes, tudo aquilo a que o romantismo europeu é reativo (valores burgueses, lógica do trabalho, ética capitalista) não estava, como vimos na primeira parte desse capítulo, posto na realidade brasileira do período em que viveu Alencar no auge do romantismo no país. O Brasil escravista e economicamente dependente não tinha o trabalho livre como base do sistema político, econômico e social.

No Brasil, o romantismo se integra a feição geral do movimento Europeu, sobretudo o francês, mas pela impossibilidade do meio ele se apresenta mais na sua forma afirmativa de valores nacionais do que reativa aos valores burgueses (RONCARI, 2002, p. 301).

De qualquer modo o romantismo brasileiro teve que enfrentar o problema "de saber como as formas europeias se comportam numa situação nova, diferente da original" (RICUPERO, 2004, p. 80) e isso implicou amoldar a estética romântica a um conteúdo social muito diverso "numa situação em que o trabalho assalariado não é predominante" (RICUPERO, 2004, p. 81).

Desse modo o romantismo brasileiro é criticamente mais tênue que o francês e acaba por deixar uma margem de apoio aos fundamentos do capitalismo no país na medida em que deve se moldar reativamente não ao que há, mas sim ao que não há em termos econômicos e sociais.

Em todo caso, o que é patente entre os historiadores da literatura brasileira é que o romantismo combinou-se no período pós-árcade nas letras à independência política do país, promovendo algo original em uma produção literária até ali copista da Europa e dissonante da realidade local.

A pedra angular do romantismo brasileiro foi o patriotismo, ora embebido nas descrições da exuberância das matas e rios, ora embebido na descrição heroica do homem indígena, mas, em todo caso promovendo "uma literatura equivalente às europeias, que exprimisse de maneira adequada a sua realidade própria ou como então se dizia, uma 'literatura nacional'" (CANDIDO, 2006, p. 327).

Sem pormenorizar uma história do movimento romântico no Brasil, pois o nosso intuito é tão e simplesmente perceber as possibilidades ideológicas em que Alencar estava inserido para a composição d'*O Guarani*, cabe reiterar o último ponto que colocamos e que sugerem novamente uma aproximação íntima entre fazer literário e ação política ou até mesmo, não seria demais afirmar, que no romantismo brasileiro estas duas atitudes – a literária e a política – são, no fundo, partes de uma mesma coisa. Nas palavras de Antonio Candido (2006, p. 328) no romantismo brasileiro

> a literatura foi considerada parcela dum esforço construtivo mais amplo denotando o intuito de contribuir para a grandeza da nação. Manteve-se durante todo o Romantismo este senso de dever patriótico, que levava os escritores não apenas a cantar a sua terra, mas a considerar as suas obras como contribuição ao progresso. Construir uma "literatura nacional" é afã, quase divisa, proclamada nos documentos do tempo até se tornar enfadonha.

Ora, nos muitos marcos arbitrários para traçar a história do romantismo no Brasil não é incomum tomar a revista *Niterói* fundada por Magalhães – o autor da *Confederação dos Tamoios*, criticado por Alencar – como ponto inicial. Na revista do Magalhães o programa romântico não era outro senão esse que até aqui descrevemos. Alencar não destoará do programa romântico, exceto, como veremos à frente, pelas críticas que fez à epopeia de Magalhães, pelo modo de fazê-lo.

Alencar não está, pois, em desacordo com os objetivos de todo e qualquer romântico de sua época: eleva a pátria, ufana o aspectos nacionais através da descrição dos meios e das gentes típicas, mas parece arrojar um pouco o método, o *como fazer*. Diferente de muitos de seus colegas literatos não buscará negar os elementos lusos para colocar em relevo o que é brasileiro, por outro lado assumirá uma postura que admite a fusão dos elementos indígenas e lusitanos; colonizados e colonizadores não encerram, em Alencar, as suas relações apenas em antagonismos.

José de Alencar, depois da consolidação romântica na poesia de Gonçalves Dias que reputou ao índio o lugar de excelência na literatura brasileira (CANDIDO, 2006, p. 403) encherá o índio não só de sentido simbólico, mas de personalidade. Gonçalves Dias, por outro lado,

> procura nos comunicar uma visão geral do índio, por meio de cenas ou feitos ligados à vida de um índio qualquer, cuja identidade é puramente convencional e apenas funciona como padrão. Já Alencar, romancista, procura transformá-lo em personagem, particularizando-o e, por isso mesmo, tornando-o mais próximo à sensibilidade do leitor (CANDIDO, 2006, p. 404).

Do romantismo Alencar leva condicionamentos que lhe abrem possibilidades de transitar entre os temas de sua geração, mas não sem imprimir-lhe duas novas facetas: a de retirar o índio individual da poesia e levá-lo para o coletivo, para a prosa, aproximando o tipo da realidade, – aqui, diga-se de passagem, não importa se realidade de fato ou realidade ficcional, pois elas são parte de um mesmo problema posto que há uma inscrição política do programa nacional – bem como propõe que esse tipo índio não apareça apenas isolado ou na alteridade com o branco luso europeu. A perspectiva de Alencar é de relação do índio com o branco e vice-versa. Admite, como vimos pela análise interna, que há um efetivo de civilização pelo qual o índio deve passar e o cristianismo talvez seja o grande elemento dessa aculturação, mas não nega, veremos isso também, que muitos dos elementos indígenas podem e devem ser incorporados pelos brancos para que seja consumada a obra nacional.

O nacionalismo é, portanto, a força centrípeta que puxa as artes para o centro da idealização romântica e indianista. Alencar não fugiu ao padrão dessa possibilidade de criar uma estória para a história do Brasil.

Não obstante, foi além, e tornar-se-ia a energia constante do sistema empurrando para muito além de seu tempo e espaço a ideia corrente do indígena e da miscigenação. *O Guarani*, antes de *Iracema* e *Ubirajara*, é a força matricial desse empreendimento político e literário. Assim, tal como afirmou Bernardo Ricupero (2004, p. 176):

> Num contexto como o brasileiro, quase de aceitação resignada da escravidão, já que se acreditava que deveriam vir da África os braços dos quais dependia a lavoura, muito do sucesso literário de Alencar parece advir da sua identificação com as ideias dominantes de seu meio. É o que contribui para que o público que começava a se formar desde Macedo encontre finalmente no escritor cearense seu autor.

Em todo caso, resta saber ainda como nasceu *O Guarani* no jogo políticos e literário entre românticos da segunda metade do século XIX; este o assunto do próximo tópico.

Um livro nasce da crítica

Não obstante que *O Guarani* tenha se tornado o produto de literatura que melhor encerrou as questões nacionais em suas páginas, o imperador Dom Pedro II tinha outra ideia para a fundação do país nas letras.

Três anos antes da publicação do romance de Alencar, em fins de 1854, o cônsul brasileiro fundador da revista *Niterói* e participante do núcleo intelectual do IHGB, Domingos Gonçalves de Magalhães (1811-1882), renomado autor de *Suspiros Poéticos e Saudades* (1836), agraciado por Dom Pedro II, retornava de seu posto oficial na Itália, para brindar sobre as honras do Império o seu mais novo poema: *A Confederação dos Tamoios* (1856) tinha o objetivo de ser a epopeia da civilização brasileira. Assim queria o imperador e sobre esse fato registrou Wilson Martins (1993, p. 29) que "na sessão do Instituto

Histórico a 13 de junho de 1856, o Imperador ofereceu à respeitável instituição um rico exemplar primorosamente encadernado da bela do poema do Sr. Dr. D.J.G. de Magalhães, *A Confederação dos Tamoios*." (MARTINS, 1993, p. 29). Assim, diga-se de passagem, a edição foi financiada pelo império.

Foi José de Alencar quem animou a crítica negativa à epopeia de Magalhães. Em 1856, no *Diário do Rio de Janeiro*, o futuro próximo autor de *O Guarani*, utilizando-se do pseudônimo Ig. (o pseudônimo queria tripudiar com a protagonista do poema de Magalhães chamada Iguaçu), escreveu um conjunto de cartas com severas críticas sobre a forma e conteúdo de *A Confederação dos Tamoios*.[20] A polêmica atrairá intelectuais de renome, bem como o próprio imperador D. Pedro II, às páginas dos jornais. Dada a importância do episódio, uma vez que precede e anuncia a proposta de *O Guarani*, iremos tratar com mais vagar do caso.

Na terceira página da mesma da edição do *Diário do Rio de Janeiro* de 1 de janeiro de 1857, onde foram publicados o prólogo e o primeiro capítulo de *O Guarani*, um anúncio chamava atenção para um livro que reunia o conjunto de oito cartas publicadas naquele jornal entre 10 de junho e 15 de agosto de 1856, seis meses antes da publicação do romance.

O livro assinado por um desconhecido de pseudônimo Ig. – que preferia não se identificar, pois julgava mais importante o teor das críticas do que a identificação de seu autor, um ilustre desconhecido até ali – arrolava um conjunto de textos cujo objetivo era, nada mais, nada menos, que o de derribar críticas negativas ao que seria, nos planos do Imperador Dom Pedro II, a epopeia oficial a demarcar a trama, o espaço e o tempo ficcionais e poéticos da formação nacional. Tratava-se, pois, não somente de críticas a um poema, mas, sim, de críticas

20 A obra mais completa sobre a polêmica é de CASTELLO, 1953.

negativas a um poema encomendado pelo Estado: *A Confederação dos Tamoios* de Domingos Gonçalves de Magalhães; já o autor das cartas sobre a epopeia, o tal Ig., era, na verdade, o redator-gerente do *Diário*, José de Alencar.

Muito embora, assim como no anúncio, o nome de Alencar não figure na capa do livro, ele assina o texto de abertura, intitulado *Uma palavra*, revelando assim a verdadeira identidade do jovem de 27 anos que desafiava a tentativa do Império de versar oficialmente as letras nacionais.

A polêmica que as cartas do jovem Alencar causaram na corte não encontra precedentes na história da crítica literária brasileira. A bem dizer, não havia naquele momento uma crítica especializada (com exceção de que havia uma crítica militante voltada ao teatro) fato esse que talvez explique a quase completa ausência – salvo alguns poucos comentários nas gazetas e jornais de aqui e acolá – de críticas a *O Guarani*, nos seus primeiros anos de circulação.

Em todo caso, Alencar animou, por meio de seus comentários ao bajulado Magalhães, uma discussão de ampla repercussão que envolveu personalidades da alta estirpe intelectual do segundo reinado, muitos deles vinculados ao IHGB, entre outras instituições oficiais de cultura, tal como Manuel de Araújo Porto Alegre (1806-1879), Frei Francisco de Monte-Alverne (1784-1858) e o próprio imperador Dom Pedro II. Outros contendores, assinando com pseudônimos tal como Ômega, Inimigo das Capoeiras e Boquiaberto, também entraram na polêmica ao longo daqueles meses de 1856.

Domingos Gonçalves de Magalhães (1811-1882), o, mais tarde, Visconde do Araguaia, era, até a publicação do aguardado poema de dez cantos e 5500 versos, um escritor consagrado em seu tempo. Além de suas reconhecidas contribuições como diplomata, o médico possuidor de títulos nobiliárquicos concedidos pelo imperador, havia fundado em Paris no ano de 1836, juntamente com Porto Alegre e Francisco de Sales Torres Homem (1812-1876) a *Niterói: revista brasi-*

liense que, apesar de sua parca existência de dois números, foi o órgão precursor de divulgação do romantismo brasileiro.

No mesmo ano da publicação da revista, Magalhães trouxe ao papel a obra que o consagraria na liderança da vanguarda romântica. O poema *Suspiros Poéticos e Saudades* certamente foi decisivo para o Imperador quanto ao nome que escolheria na confiança de criação da epopeia nacional. Durante oito anos, entre missões diplomáticas e bafejos imperiais, Magalhães trabalhou, entregando, em 1855, os originais da epopeia a D. Pedro II.

O livro de Magalhães, mesmo com as pompas da impressão oficial, não causou furor ou muito comentário até que Alencar trouxesse a público as primeiras cartas. Hoje é certo afirmar que o lugar onde se assentou *A Confederação dos Tamoios* nas letras brasileiras é senão aquele criado pela crítica de Alencar que, como veremos, fará de suas cartas espécie de preâmbulo, de ante sala, receita da forma, de *O Guarani* que, diga-se de passagem, e o que já se sabe, tornar-se-ia romance indispensável na caracterização do romantismo brasileiro ou melhor do romance brasileiro nativo e independente.

Ora, na crítica de Alencar à Magalhães está a receita d'*O Guarani*. Aqui, pois, selecionamos nas cartas o que pensamos dizer respeito diretamente ao nosso problema.

Na primeira missiva argumenta Alencar, para além de ferinas críticas à forma épica que o poeta não teria alcançado, bem como apontamentos de problemas de metrificação, que o verdadeiro poema épico não pode "derivar de um fato acidental e sem importância a luta de duas raças, a extinção de um povo e a conquista de um País, é impróprio da grandeza do assunto" (ALENCAR, 1856, p. 10).

O assunto ao qual se refere Alencar é a imaginação da gênese nacional a que toda e qualquer epopeia está voltada. Nesse quesito Magalhães teria forçado a tinta na centralidade dos indígenas ao gerar um protagonismo político nativo que centrifuga o processo de formação. Note-se que a 'confederação', isto é, a instituição, a lei, a união, leia-se a obra da 'civilização' é dos 'Tamoios' isto é, índios, nativos e na redução dos elementos o poeta, segundo o futuro autor de *O Guarani*, se furtava do que era o mais "belo da pintura; esboço histórico dessas raças extintas, a origem desses povos desconhecidos, as tradições primitivas dos indígenas, dariam por si só matéria a um grande poema" e completa que "em todas as epopeias o autor não se descuida desse ornamento; todos dão uma origem divina, ou ao menos heroica, ao povo que pretendem cantar; assim fizeram Homero, Virgílio e Camões"(ALENCAR, 1856, p. 8).

No poema de Magalhães a confederação dos Tamoios com outras nações indígenas, isto é, a obra de civilização dos selvagens se dará para sobrepujar os invasores portugueses. O sentimento é, pois, antilusitano, de vingança, mas segundo Alencar esse sentimento vinha movido, nos versos de Magalhães, apenas pelo instinto da guerra. Ora, o instinto, a natureza guerreira dos índios fazia, na *Confederação dos Tamoios*, obnubilar a cultura. Primeiro a cultura das tradições indígenas e, segundo, a tarefa colonizadora e aventureira dos lusos, mesmo porque a pintura da vida dos índios por si só, segundo Alencar, "não tem a menor beleza; uma página de um viajante qualquer a respeito da vida nômade dos Árabes do deserto é mais cheia dessa poesia da liberdade selvagem do que a parte do poema" destinada a descrição simples da vida dos índios.

O jornalista, redator-gerente do *Diário*, futuro autor de *O Guarani* parece preferir o discurso de alteridade, de encontro daquele que viaja e vê o novo do que o discurso que projeta e inventa uma descrição sem deslocar-se de seus pressupostos e assinala numa recomendação expressa ao autor da *Confederação dos Tamoios*: "se algum dia fosse poeta, e quisesse cantar a minha terra e as suas belezas, se quisesse compor um poema nacional, pediria a Deus que me fizesse esquecer por um momento as minhas ideias de homem civilizado" (ALENCAR, 1856, p. 6).

Ademais, embora concordasse Alencar com "o pensamento do poema, tirado dos primeiros tempos coloniais do Brasil (...) que, realçado pela grandeza de uma raça infeliz, e pelas cenas da natureza esplendida de nossa terra, dava tema para uma divina epopeia, se fosse escrito por Dante" (ALENCAR, 1856, p. 5), era difícil precisar exatamente o que faltava no livro, mas o certo é que, na opinião do jornalista, talvez porque os dotes literários de Magalhães estivem distantes do autor da *Divina Comédia*, a descrição da natureza se distanciava muito do que a empreita exigia, pois a "descrição do Brasil" lhe causava mais entusiasmo que o "Brasil da descrição."(ALENCAR, 1856, p. 8), pois os "turbilhões de fumaça e de vapor" que impulsionavam a "civilização" e o "*wagon* do progresso" em "breve obscurece[riam] a limpidez da atmosfera diáfana e pura". Daí muito provavelmente é que a natureza será o grande palco, quase personagem, de *O Guarani;* e daí talvez porque o seu romance não tenha escolhido outro tempo senão o da colônia e um seu personagem tipo de grandeza da, nas palavras do autor, "raça infeliz".

No meio da segunda carta, escrita em 11 de junho de 1856, Alencar cita, entre outros, dois versos da *Confederação dos Tamoios* sobre os quais destilará crítica. O excerto é um tanto quanto longo, mas indispensável para assinalar a discordância de Alencar para com a ideia de Magalhães em fixar o protagonismo indígena não na relação com o branco português, mas tão somente contra ela:

> *P'ra acabar co'os ataques reiterados*
> *Dos Lusos, confederam-se os Tamoios*
> Eis o começo do segundo canto.
> Eis a causa d'essa grande confederação que merece uma epopeia! Eis o motivo dessa guerra de morte, d'essa vingança estrondosa! Eis o princípio de um drama terrível que acaba pela destruição de um povo!

> Não é pelo ódio instintivo da cor, não é pelo opróbio e a vergonha de homens livres reduzidos à escravidão, não é pelo seu belo país, dominados por filhos de terras estranhas; não é para se vingar as cinzas de seus pais, não é por nenhum desses incentivos nobres, que os Tamoios se confederam; é unicamente para acabar com os ataques reiterados dos Lusos.
>
> (...)
>
> Ninguém ignora que os ataques reiterados dos lusos tivessem por fim escravizar os índios, expulsá-los de suas terras, e que resistindo a eles os Tamoios defendiam sua pátria, sua liberdade, e sua religião; mas é preciso exprimir os grandes sentimentos com a sua linguagem própria: as palavras são como as vestes do pensamento, que ora o trajam de galas e de sedas, ora de lã e de estamenha (ALENCAR, 1856, p. 15-6).

A crítica de Alencar vai no sentido de apontar o que na sua opinião era a grande deficiência d' *A Confederação dos Tamoios*: desprezar para efeito de elaboração dos versos os elementos sentimentais e culturais do nativo. Soma-se a isso a ideia de que era preciso aprofundar os elementos relacionais entre lusos e nativos e não simplesmente fazer os últimos antagonizarem em relação aos primeiros.

A perspectiva de Alencar é, portanto, por um lado, de elevação da cultura própria dos índios, sem as vestes do pensamento ocidental, espécie de defesa de um distanciamento necessário para a reprodução da forma de sentir e pensar do nativo e, por outro lado, a saída da história não simplesmente na guerra, mas na relação apurada entre o branco português e o indígena. Alencar parece apontar a ideia que será patente em *O Guarani*, qual seja o Brasil como fruto da inter-relação da raça europeia com a indígena. Rejeita, pois, a representação indígena de Magalhães, embebida das formas de pensar do ocidente e também o antilusitanismo que o autor da epopeia cria ao exagerar o antagonismo dos nativos com os portugueses.

A críticas de Alencar vão, a cada carta, tornando-se mais específicas. Na terceira missiva de 28 de junho de 1856 vai elencar o que considerava mais uma falha no poema; Magalhães não teria dado contorno satisfatório na criação da heroína, da musa do texto, pois em se tratando de uma "Eva indiana" em um "poema nacional" deveria o poeta ter dado a ela contornos descritivos dignos de Milton, Ossian, Chateaubriand, criando uma Vênus capaz de representar as "tradições de sua pátria". Entretanto, argumenta o crítico:

> (...) a heroína do poema do Sr. Magalhães, é uma mulher como qualquer outra; as virgens índias do seu livro podem sair dele e figurar em um romance árabe, chinês, ou europeu; se deixassem as penas do tucano que mal se cobrem, podiam vestir-se à moda em casa de Mme. Barat e Gudin, e ir dançar a valsa no Cassino e no clube com algum deputado (ALENCAR, 1856, p. 30-31).

A crítica provocadora revela algo interessante sobre a opinião de seu emissor, qual seja que o problema de Magalhães foi ter projetado uma heroína cujas características podiam ser facilmente aproximadas do tipo ocidental de mulher. Um equívoco de composição indesculpável, segundo Alencar, para um poema que pretendia-se brasileiro. Faltava natureza ao tipo feminino índio de Magalhães e sobrava cultura que não a indígena.

Desse ponto em diante a crítica de Alencar vai sempre na direção de atacar a obra de Gonçalves de Magalhães colocando-a abaixo da grandeza da tarefa de criar um poema de fundação nacional. Tarefa essa que deveria igualar-se às formas brilhantes de Racine e Victor Hugo as quais *A Confederação dos Tamoios* não chegara nem perto uma vez que do primeiro ao último verso tudo parecia, ao jovem crítico redator do Diário do Rio de Janeiro, envolto de uma "tibieza de pensamento", de uma "palidez de imagens" onde incorriam incessantemente "o mesmo desalinho e incorreção de formas"(ALENCAR, 1856, p. 41).

Na sexta carta, quando já eram fartas as passagens que criticavam o aspecto formal do poema, registra Alencar com ares definitivos: "escuso acumular mais citações; aí ficam alguns modelos do que é a simplicidade grega: por eles pode ver que, se alguma gloria deve ter o autor da *Confederação dos Tamoios*, não é de certo a de ter imitado esses mestres da poesia (ALENCAR, 1856, p. 72-73).

Para Alencar, "as letras deviam ter o mesmo destino que a política e os escritores deveriam, pois, deixar um legado fértil à posteridade por meio de uma vontade criadora capaz de se apoderar de todas as forças da sociedade"(ALENCAR, 1856, p. 59) e Magalhães teria passado longe disso ao incorrer, tanto na incorreção da forma, quanto no conteúdo frio e distante da verossimilhança necessária a um poema de investidura política e nacional. Para isso era preciso "invocar os gênios pátrios" e dar a máxima atenção possível "às tradições dos índios" colocando seus deuses e crenças no mesmo patamar dos deuses de outras mitologias, tal como um Júpiter numa obra de Homero. E, assim, não admitia

> essa desculpa de que a religião indígena não tinha tradições nem culto externo; além de não se isto exato, como atestam muitos cronistas, a obrigação do poeta era criar, e para isso tinha elementos de sobra.
>
> (...)
>
> Não exigia que o sr. Magalhães fizesse uma dessas epopeias que tornam-se o livro popular de uma nação; mas tinha direito esperar que recolhesse o seu livro as lendas que já vão ficando esquecidas, e que lhes desse algum toque de poesia (ALENCAR, 1856, p. 81-82).

A crítica do autor d'*O Guarani* vai, então, na direção de apontar para uma suposta falta de pesquisa por parte de Magalhães na composição da *Confederação dos Tamoios*. O poeta não havia, pois, segundo Alencar, feito o básico que era recorrer aos escritos dos cronistas, viajantes e dos primeiros historiadores para colher as fontes necessárias à criação das verossimilhanças históricas indispensáveis para uma epopeia, para a história de um povo, de uma nação. Ainda, por outro lado, se o tinha feito, muito pouco havia aproveitado na composição do poema. As fontes citadas por Alencar ao lavrar essa parte da crítica à Magalhães, são boas pistas sobre aquelas utilizadas na composição d'*O Guarani*.

> Houve um tempo em que me ocupei, com prazer e até com entusiasmo, das coisas velhas de meu país; em que lia com mais satisfação do que um romance, as crônicas de Simão de Vasconcelos, de Rocha Pita, de Pizarro, de Brito Freire, as viagens de Mawe; e joeirava aqui e ali dentre as sensaborias do narrador, uma notícia, uma particularidade interessante.
>
> (...)
>
> Entretanto o Sr. Magalhães, um poeta que durante sete anos, dedicou-se exclusivamente ao seu poema; que deve ter estudado todos os cronistas e todas as tradições; que ha de ter feito escavações profundas nessa Pompeia indígena que desapareceu sob as lavas da civilização, não achou uma só relíquia, uma só antiguidade preciosa? (ALENCAR, 1856, p. 85).

O trecho supracitado foi extraído da sétima carta. A penúltima. A essa altura, 12 de agosto de 1856, todos os ilustres intelectuais do Império, alhures citados, já estavam envolvidos na polêmica. Do cômputo das cartas pode-se dizer que o jovem crítico do *Diário do Rio* diminuiu o lugar esperado da epopeia, fez comparações com outros textos encontrando indícios de plágio, pois alguns versos de Magalhães guardavam semelhança com outros de Basílio da Gama em *O Uruguai*, escrachou versos que considerava simples ou sem sentido, derribou críticas à forma, indicou o que faltava em termos estéticos e históricos; enfim, falou em tom professoral ao protegido poeta do Império.

Não nos ateremos a análise dos textos escritos pelos contendentes de Alencar, pois há publicações que as reúnem e as contextualizam de forma interessante.[21] Nosso objetivo aqui é tão só chamar atenção para os elementos críticos de Alencar que possam contribuir na compreensão do sentido de *O Guarani*, uma vez que muitas das suas críticas são pistas que ele mesmo seguirá na composição do romance.

Em todo caso vale lembrar que Dom Pedro II participou do debate escrevendo sob o pseudônimo Outro amigo do poeta (Outro, por que Porto Alegre assinara, pouco antes, suas rebatidas como O amigo do poeta. O poeta no caso era Magalhães), seis cartas, publicadas no *Jornal do Comércio* entre 6 e 24 de agosto de 1856.

Nessas missivas o Imperador tentou rebater Ig. com argumentos lastreados em análises detidas do texto, até citações do historiador Francisco de Varnhagen, precursor da historiografia brasileira, autor dos vários volumes de H*istória Geral do Brasil*, e mais tarde primeiro-secretário do emblemático Instituto Histórico e Geográfico Brasileiro, que mais tarde fora convocado por Dom Pedro para emitir o seu parecer sobre a epopeia de Magalhães.

Varnhagen respondeu ao chamado do Imperador, mas não a contento deste, pois apontou uma série de incorreções históricas que confirmavam as críticas de Ig. Não bastasse o pedido ao historiador, D. Pedro II recorreu, também, ao renomado romancista português Alexandre Herculano que, à exemplo do historiador teuto-brasileiro, desapontou o monarca e ajudou a reforçar a crítica de Alencar dizendo que havia incongruências na composição da trama e que o gênero epopeia estava um tanto quanto ultrapassado. Gonçalves Dias, outro

21 Sobre esse aspecto ver CASTELLO, 1953.

nome de peso convocado pelo Imperador, não destoaria dos demais e reforçaria outro argumento de Alencar ao criticar a forma e a versificação de Magalhães.

Como fica explícito pelo conteúdo das críticas à *Confederação dos Tamoios*, bem como pelo tino da análise de conjuntura do editorial do *Diário do Rio de Janeiro*, o seu redator não era um aventureiro despreparado. Pelo contrário, em matéria de literatura Alencar demonstra versatilidade e conhecimento dos clássicos e de seus contemporâneos, principalmente os franceses, Victor Hugo e Lamartine.

Enfim, as críticas de Ig., o Alencar, no futuro breve, o escritor d'*O Guarani*, encontrava guarida em importantes intelectuais que, convocados pelo Imperador do maior país da América-Latina, preferiram a sinceridade crítica do que o agrado ao monarca. Se existem vencedores e perdedores na nascente crítica literária brasileira, o troféu parece pertencer ao criador do debate. De todo modo, ao fim da polêmica, na última de suas cartas, registrou Alencar:

> O papel do crítico tem sempre um laivo de odiosidade; mas espero que quem conhecer, e souber que não fui levado por despeito e sim pelo desejo do que a imprensa assinalasse mais do que com uma simples notícia, o aparecimento de uma obra nacional; julgará de minha opinião sem envolver nela os sentimentos do homem (ALENCAR, 1856, p. 95).

Não se pode precisar se, naqueles idos de 1856-1857, *O Guarani* fez mais sucesso que a polêmica sobre a *Confederação dos Tamoios*. O fato é que naqueles anos uma coisa deu na outra. As *Cartas à Confederação dos Tamoios* são quase como uma causa do efeito *O Guarani*. Hoje, pode-se dizer com boa chance de acerto que alguns poucos conhecem a polêmica, muitos o romance de Alencar, quase ninguém o poema de Magalhães.

De algum modo, a fórmula a ser seguida para a gestação da 'verdadeira' epopeia nacional parece ter sido desenhada por José de Alencar quando das cartas sobre o poema de Magalhães. Essa fórmula, pensada ao sabor da crítica, seria utilizada na concepção de *O Guarani* que embora não tenha nascido crítico, nasceu da crítica.

Sobre como **O Guarani** *é um livro*

Todos os requisitos – forma, público, tema/ conteúdo – de que a ficção *O Guarani* precisava para se tornar realidade foram, pois, descobertas por Alencar entre os anos de 1854 e 1857. Repassamo-las a fim de perscrutar de forma mais sistemática quais as condições objetivas para a feitura do livro e o desenrolar de suas possibilidades enquanto ficção na realidade brasileira de idos da segunda metade do século XIX:

a) a formação do autor não é, como não deve ser em nenhuma análise histórica-sociológica da obra de arte, elemento desprezível para a sistematização das condições objetivas do romance. Ora, foi primeiro no ambiente familiar cercado pelas discussões políticas e polêmicas nas quais se envolvera o pai de Alencar, que o futuro romancista conheceu o debate, a polêmica e a política. Talvez daí o seu encanto pelas discussões que causou nos jornais que escreveu.

Ainda no mesmo tópico, vale ressaltar a sua formação na Faculdade de Direito. Tendo passado por Olinda e São Paulo, depois de ter realizado os estudos secundários no Rio de Janeiro, Alencar, com pouco mais de 20 anos de idade, já conhecia quatro importantes cidades brasileiras, incluindo sua terra natal. Na vida universitária aprendeu Francês e leu o que havia disponível do romance europeu: Balzac; Walter Scott; Dumas e etc. Outras leituras vieram pelos folhetins, forma que imitaria. Ainda, os recursos de sistematização e classificação para o estudo de história e língua necessários à composição de seus romances, como fica explícito pelas notas de rodapé que produziu em *O Guarani* deve ter algum apoio nas formas de estudo e investigação que aprendeu ao longo dos cursos da Faculdade de Direito em São Paulo e em Olinda que, como se sabe, consistiam em dois centros importantes da primeira inteligência brasileira pós independência; não obstante que nesses centros havia preparação para o desenvolvimento da argumentação e do debate como parte importante da educação dos futuros juristas e advogados. À guisa de especulação, muito embora lá tenham se formado muitos quadros conservadores, foi da Faculdade de Direito de São Paulo e também de Recife, vizinha de Olinda, que saíram muitos dos primeiros romancistas do Brasil independente.

b) Após curtíssima carreira como advogado, Alencar, entre 1854 e 1856, iniciará a carreira de escritor como folhetinista, não de romance, mas de cotidiano, na imprensa carioca. Trabalhará em dois dos três principais jornais da corte: *Diário do Rio de Janeiro* e *Correio Mercantil*. Essa vivência será geradora das possibilidades que farão o escritor experimentar formas e conteúdos, bem como formar capital e público para sua estreia e consagração nas letras nacionais. Esse tópico nos leva aos seguintes.

c) A ambiência coercitiva que a forma literária francesa, tal qual a veiculada por Girardin em *La Press*, exerceu sobre o *feuilleton* carioca, remanesce da supraestrutura cultural anterior; palaciana, importada de Paris e pré-moldada na cartilha pseudoliberal carioca, qual seja aquela das formas francófilas absortas que temperavam corações, mentes, salões, as poucas salas de aula para a elite em letramento e os passeios noturnos, denominados cotidianamente de *promenade*, ao invés da simples expressão, 'dar uma volta'. Do Sena ao Atlântico eram muitos quilômetros, mas não fossem os escravizados pelos expedientes da cidade que crescia ao largo da Guanabara diríamos, pois, que estavam os intelectuais brasileiros numa Paris tropical.

Assim, o ano de 1856 é decisivo para a compreensão das condições de *O Guarani*. Primeiro porque foi nele que Alencar fez nascer em forma de folhetim o seu romance de estreia *Cinco Minutos*. Por meio de *Cinco Minutos*, o romancista de *O Guarani* experimentou, na vanguarda, o formato de publicação em capítulos distribuídos em diferentes dias nos rodapés do jornal. Não que a fórmula já não fosse conhecida pela imprensa do Rio. Como vimos o modelo que unia variedades no rodapé com notícias cotidianas e anúncios comerciais era amplamente utilizado na imprensa pós-independência desde 1839. Em todo caso, uma coisa é conhecer e ler o modelo, outra é fazê-lo, pô-lo em prática.

Ao escrever e testar *Cinco Minutos*, Alencar fazia uso de figuras sintáticas indispensáveis para a composição de um romance folhetim; indispensáveis, pois, para a composição de *O Guarani*. A analepse, geradora dos cortes anacrônicos, que faz a história de *O Guarani* ir e vir, surpreendendo e, ao mesmo tempo, detendo o leitor, foram experimentadas por Alencar em seu primeiro romance. Conjuntamente, dando o efeito do 'contínua no próximo capítulo', às vezes com o recurso das cenas do próximo capítulo, gerando suspense e apreensão que leve a comprar o jornal do dia seguinte, o autor aprende a usar a prolepse que também terá efeitos em *O Guarani*.

Escrever romance no jornal é escrever uma história que leve o leitor a não deixar de comprar o jornal no dia seguinte. O folhetim, burguês em tudo, deve levar o leitor a seguir capítulo a capítulo até o fim da trama. Não se deve deixar de considerar deveras que entre um capítulo e outro muitos são os anúncios comerciais e as notícias, muitas vezes pouco imparciais, bem como a opinião do jornal, que o leitor terá de levar junto com a história. A história contada no folhetim, em termos capitalistas, não está separada, por mais longínqua que a estória seja, do contexto em que o jornal é publicado e que está, pois, obrigado a reproduzir em termos políticos e comerciais. A experiência do folhetim é, então, não só literária e comercial, como poderia se argumentar acerca de qualquer literatura praticada no ambiente burguês, mas, literária-comercial.

Assim, Alencar, ao publicar *Cinco Minutos*, talvez tenha experimentado na vanguarda brasileira a primeira forma tipicamente burguesa de produção e reprodutibilidade do romance. Deve-se notar que a forma folhetim condiciona de forma decisiva a história do livro, do romance, na medida em que precisa atrair leitores e tem data certa pra sair. Hoje, os folhetins de TV, as telenovelas, não se escusam em fazer uso de pesquisas de opinião entre seus expectadores para que o novelista decida um ou outro destino de personagem ou situação...

Desse modo, o termo expectador é crucial. A dinâmica do folhetim cria a expectativa mais do que no romance publicado integralmente. Com o livro todo em mãos o leitor pode postergar a leitura ou adiantá-la; tem liberdade total na leitura da obra. Ainda, sua crítica nada influenciará o rumo da história, pois será feita sempre a *posteriori*. Já no folhetim, o leitor deverá buscar o veículo nos dias em que as continuações são publicadas para saciar a curiosidade acionada no capítulo anterior. Imaginemos o desapontamento de um leitor curioso ao comprar o jornal e perceber que o capítulo esperado ficou para a edição seguinte... A lógica do folhetim é a lógica do comércio. Não é, pois, demais pensar que o autor bem poderia, ainda mais quando assinando apenas por iniciais e pseudônimos – como era o caso de Alencar – especular e vir a saber com um ou outro leitor o que estavam achando da história e assim mudá-la, ao gosto do público, um pedaço aqui ou uma característica de personagem acolá. Tudo isso Alencar pode ter experienciado e experimentado, ou de fato viveu, por meio da publicação de *Cinco Minutos*. Mesmo sendo o conteúdo muito diverso, *O Guarani*, tem muito da forma de seu primeiro romance; não só porque são ambos românticos, mas, sobretudo, porque são folhetins.

d) a publicação de *Cinco Minutos* em livro para que fosse presenteado nas festas de réveillon aos leitores do jornal indicia e reforça ainda mais nosso argumento da relação comércio do jornal e produção literária. No Brasil será praxe tornar romances folhetins de sucesso em livro, quase como se primeiro se experimentasse a recepção do original antes de publicá-lo integralmente. José de Alencar é, também, um dos primeiros escritores brasileiros a agir desse modo. A prática será usual por editoras de porte da corte, tais como a Garnier Paris.

De algum modo, escrever um romance previa pensar nas estratégias para promovê-lo. Dado o número pequeno de leitores e os poucos órgãos de imprensa de massa, não era difícil atingir a todos ou quase todos, mas isso, ao mesmo tempo em que pode parecer um facilitador da difusão, impõem a difícil variável do gosto médio do público. Revolucionar a linguagem era algo muito arriscado. Alencar parece ter preparado o terreno para *O Guarani* por meio das cartas críticas à *Confederação dos Tamoios*. Isso nos leva ao tópico seguinte.

e) As cartas críticas à *Confederação dos Tamoios* de Domingos Gonçalves de Magalhães segue por um lado o mesmo destino de reprodução do folhetim. Primeiro serão publicadas espaçadamente no *Diário do Rio de Janeiro*, depois virão a público reunidas em um único livro no qual foi revelado o verdadeiro autor. Em várias das cartas, Ig., o pseudônimo de Alencar, vai anunciar como aquela sendo a última. Negando o que afirmava na anterior, voltava à tona argumentando contra um seu contendente em outro jornal. Seguiu, pois, as críticas à sua crítica como base para o roteiro dos oito textos sequenciais sem se distrair do objetivo último que era criar uma polêmica em torno de uma obra encomendada pelo Império para ser a epopeia nacional. As cartas não são, pois, apenas opúsculos de crítica literária. Ao publicá-las Alencar desafiou politicamente a ideia de nação do império. Com as críticas ao poema de Magalhães, Alencar criou as condições políticas para o aparecimento de *O Guarani*. Seu romance virá à tona não apenas para dar cabo a uma ideia, mas sim a uma disputa pelo conceito de nação que a literatura deveria cumprir.

O episódio serve para reiterar o que já dissemos: *O Guarani* nasce na política, qual seja aquela que se relaciona com literatura e com a ideia de nação e, por que não dizer, com uma certa versão da história do Brasil a ser contada. A essência de *O Guarani* é política. Estamos diante daqueles casos em que a obra de arte assume um lugar na disputa política que não deixa de ser estética. Há política no *Guarani*? Sim, há aquela em jogo entre os personagens e os episódios do livro remontados a partir do mote colonial que o livro elege como tempo.

Assim, o romance nasce na esteira de um debate politizador da arte. Nessa situação de politização da arte

> a obra tende a adquirir um sentido pragmático, a partir da fusão de interesses individuais e institucionais, tanto que nessa produção se manifesta a ambiguidade nascida da livre vontade do artista e do entendimento de que a arte é um meio de transformação (gradativa ou revolucionária) da sociedade. Artista e obra incluem-se no fluxo da propagação difusa de algum projeto político, sem deixar-se apanhar completamente pela rede de poder centralizado e impositivo de alguma instituição (CHAIA, 2007, p. 24).

Ora, não estamos argumentando que o projeto político-literário de Alencar era consciente ao escrever as críticas a epopeia oficial do Império. Não há indícios de que *O Guarani* tivesse sido pensado antes dos ataques que desferiu a obra de Magalhães, mas é razoável pensar, como fica implícito pela leitura dos textos críticos, que ao forjar os argumentos contra *A Confederação dos Tamoios*, José de Alencar forjou, também, muitos dos elementos estéticos e narrativos que comporiam, meses depois, *O Guarani*.

Ainda, o crítico, ao escrever uma outra história nos moldes que julgava e dizia ser os corretos, deu um passo à frente naquilo que sempre cobram dos críticos, quase que como respondendo à provocação de senso comum que os seus contendentes pareciam de algum modo afirmar: — se está criticando, então faça melhor! Tentar fazer melhor significava, nesse caso, tentar fazer mais do que o poder institucional, o Estado, o império brasileiro, considerava bom e oficial. Nada mais político, talvez, do que desafiar a ideia de nação do poder constituído. É isso que Alencar tentou – e observando a história da literatura brasileira, parece que conseguiu – escrevendo as *Cartas sobre A Confederação dos Tamoios* e, logo depois, *O Guarani*.

O tempo escolhido por Alencar para a composição de seu segundo romance folhetim é muito próximo daquele escolhido por Magalhães para a composição de seu poema. O protagonismo índio, também. A fusão que dá sentido à colonização e, consequentemente ao Brasil, será distinta, assim como será diferente a forma, pois Alencar não arriscará a epopeia, mas sim a prosa. Por outro lado, seguirá o conhecido e experimentado formato do folhetim que depois viraria livro impresso.

f) *O Guarani* está imerso no processo de modernização da corte e tornar-se-á um produto literário de alguma repercussão inicial. Assim, o livro está intimamente relacionado à formação do público leitor, bem como está relacionado ao processo e ao esforço intelectual de fins da primeira metade do século XIX no que diz respeito à ideia de nação que, no país, foi levada a cabo pela geração romântica em parte marcada por uma produção literária indianista.

Alencar, no entanto, se diferencia do grupo de escritores românticos indianistas de sua geração por meio de duas atitudes: a primeira se caracteriza em uma atuação mais independente, posto que o autor não participava do círculo institucional e intelectual apoiado diretamente pelo Estado e por D. Pedro II. José de Alencar participou do projeto de nação, mas não pelo projeto do Estado. Usou a *vague* de sua época para fazer funcionar a engrenagem de seu projeto artístico, literário e político. Publicando *O Guarani* em um jornal, em contato direto com a opinião pública, animada com o debate literário do momento, pôde 'correr por fora' o que possibilitou uma marca que o posicionou à frente de seus correligionários literatos, tendo transformado alguns em inimigos públicos.

Em segundo lugar está a atitude que justamente possibilitou maior fluidez a sua obra e lhe garantiu maior destaque entre outros escritores: levou o tema do índio para a prosa, fazendo uso, por assim dizer, de uma estratégia discursiva de nacionalização da língua. Levou os étimos indígenas para dentro do romance, fantasiou fazendo largo uso do guarani. Afinal o que dá título ao seu projeto é o nome de um tronco linguístico indígena. Alencar, enfim, usou o figurino romântico e indianista, mas inovou na forma procurando uma saída estética mais compatível com o relativo progresso da corte.

O Guarani é, portanto, um livro realizado na esteira da primeira modernização brasileira, quando se realizaram esforços conjuntos entre intelectuais e Estado no sentido de criar a nação. No processo de sua realização o autor desenvolveu uma tarefa coordenada de se fazer conhecer em diversos gêneros: o literário, o jornalístico, o cronista, o dramatúrgico, o político, o polemista. Talvez por isso Alencar seja considerado uma espécie de patrono das letras brasileiras; foi, de fato, um dos primeiros escritores profissionais do Brasil e conseguiu isso empreendendo muito na década de 1850, aproveitando-se do turbilhão econômico, político e social resultado da proibição do tráfico de escravizados. Daí como um livro que hoje chamaríamos *best-seller*, nasceu num jornal local na principal cidade do Brasil àquele momento e se viabilizou nacionalmente em um país de poucos leitores, de capitalismo dependente e realidade escravista.

Versões de um romance

A mimese de Alencar busca representar no seu irreal estético o ideal artístico (SILVA, 2007, p. 24) onde história e ficção se fundem em uma direção da representação dos inícios do Brasil que inclui a convivência pacífica entre duas raças. Este o pilar da narrativa que constituirá a base de outras estórias e livros, bem como em outras formas e gêneros tais quais ópera, teatro, história em quadrinhos, cinema e etc.

Aqui o que chamamos 'versões' deve ser compreendido como a imitação da estória ou parte dela servindo como elemento central, inspiração ou argumento. Coligindo as diversas versões pensamos ser possível colecionar as partes, sendas, num sentido integrador, buscando alguma compreensão sobre *como,* sociologicamente falando, a estória de um romance transbordou a faceta da reprodutibilidade da obra de arte[1] cristalizando-se como mito no imaginário brasileiro.

Assim, nosso objetivo nesse capítulo é reunir as diversas versões de *O Guarani* e submetê-las a alguma análise com vistas a perscrutar alguma possibilidade de compreensão da consagração do romance tanto comercial quanto culturalmente falando, se é que, em se tratando de uma obra reproduzida na ambiência capitalista, mesmo em se tratando de país subdesenvolvido, estas coisas não sejam, no fundo, partes de um mesmo problema.

1 Muito embora não seja exatamente nosso ponto, inegavelmente somos levados a pensar no texto deveras conhecido de Walter Benjamin que trata da obra de arte na Era da sua reprodutibilidade técnica. (BENJAMIN, 1992, p. 93 - 113).

A pesquisa que lastreia empiricamente essa parte resultou em uma coleção de mais de uma centena de itens relativos a *O Guarani*. São reedições, traduções, adaptações fílmicas, ópera, histórias infantis, infantojuvenis, quadrinhos, letras de música e itens inusitados.

O desafio que se colocou à seleção e sistematização do material pode ser resolvido por meio de dois procedimentos:

a) uma vez acumulado o material passamos a considerações sobre sua repercussão, isto é, averiguamos o quanto uma dada imitação repercutiu em seu tempo, se animou público, crítica e o quanto ela permaneceu enquanto item cultural. Pode-se verificar isso tomando em conta, por exemplo, o número de edições da publicação, a recepção crítica, o número de apresentações de uma peça ou ópera adaptadas de *O Guarani* e etc. Não obstante, há alguns itens que entraram na seleção que aparecem mais pelo inusitado que são do que propriamente pelo sucesso de sua repercussão e há, também, aqueles que listamos uma vez que possuem registro, mas que não conseguimos acesso, ora porque são raríssimos, ora porque desapareceram por completo pela ação do tempo, como é o caso de algumas películas listadas;

b) muitas foram as tentativas, ensaio e erro, na tarefa de sistematização do material. Começamos agrupando o material por tipo, isto é, filmes com filmes, quadrinhos com quadrinhos, livros infantis com livros infantis e etc, mas aos poucos tornou-se claro que isso implicava dar mais ênfase a forma das versões de *O Guarani* do que ao conteúdo - nada recomendável, ponderamos, para uma iniciativa que visava estabelecer os vínculos narrativos e não só os formais das versões. Abandonada esta estratégia tentamos sistematizar e agrupar os conteúdos por similitude aplicando uma regra que objetivava reconhecer a ênfase de cada imitador e, assim, agrupá-las por ordem de ênfase narrativa conferida em cada um. A estratégia parecia boa, mas a dificuldade do material, posto que não temos o conteúdo completo de tudo, impôs limites instransponíveis à tarefa. A solução encontrada foi, pois, dispor os conteúdos pela data em que foram produzidos, em ordem ascendente. Isto acabou propiciando uma certa historiografia das imitações de *O Guarani*. Um inventário cronológico por meio do qual se pode montar uma espécie de índice de acúmulo do mito. Assim, um modo que a princípio parecia elementar se mostrou, achamos, o melhor considerando inclusive os objetivos da empreita.

Não obstante, a partir do inventário cronológico das versões foi possível classificá-las em quatro diferentes tipos. Elas podem ser (I) simples *reproduções* da estória resolvidas no campo da reprodutibilidade técnica. É o caso, por exemplo, das reedições integrais da obra que muitas vezes virão acompanhadas de uma ou outra ilustração, nota ou comentário que acabam por ser incorporadas a estória, renovando o mito.

Do segundo tipo, e aqui não há ordem de importância, são as (II) *adaptações* que independentemente da forma (se quadrinhos, ópera, cinema e etc.) dispõem alterações, adições ou supressões na estória para melhor adequá-la à forma ou mesmo para alcançar novas formulações narrativas, se é que uma coisa e outra podem ser discernidas.

O terceiro (III) tipo são as *relações* que são aquelas obras produzidas não diretamente da original, mas a partir da ideia contida nele. Trata-se, pois, das criações inspiradas em *O Guarani* ou que o tomam como mote ou argumento.

O quarto (IV) e último tipo diz respeito as *traduções*, que no caso foram poucas, que convertem o texto para outros idiomas. Aqui, embora tenhamos inventariado os quatro tipos, nos dedicamos mais aos três primeiros posto que nosso objetivo é a compreensão dos desdobramentos do mito no ambiente nacional.

De um modo geral, ao analisar as versões do romance de Alencar procuramos salientar um ou outro aspecto do contexto em que foram produzidas para melhor situar o aparecimento desse ou daquele item, bem como fazer conhecer um pouco a forma e o meio de reprodução em que foram realizadas e a crítica ou polêmica que animaram, pois pensamos ser isso algo fundamental para a compreensão do processo de mitificação da estória.

O que segue é o resultado dessa tarefa. Tentamos a coleta exaustiva, mas sabemos que há lacunas e elas se dão sobretudo em relação as montagens de óperas e peças de teatro baseadas ou inspiradas na obra. Tratamos das primeiras desse tipo realizadas na década de setenta do século XIX e tentamos inventariar todas as outras realizadas ao longo do século XX e inícios do XXI, mas a dificuldade dos registros, posto que carecemos (salvo engano), no Brasil, de anais de ópera e dramaturgia, impossibilitou, por ora, uma reunião confiável dos dados. Apenas que, diga-se de passagem, contam-se centenas de adaptações para esses gêneros ao longo dos últimos cem anos e dezenas ainda em nossos dias o que só vem a confirmar que *O Guarani* é uma das estórias brasileiras mais contadas e recontadas em todos os tempos e que reunir todas as peças do quebra-cabeças do mito é algo, talvez, infindável.

Dessa forma, a partir do conjunto das fontes que encontramos tentamos alguma análise, espécie de teoria fundamentada para compreensão da reprodutibilidade e permanência de uma obra de arte ou mais do que isso: de uma fala, um mito tropical criado por um escritor brasileiro em um país latino-americano e subdesenvolvido.

Primeiras versões

A primeira versão d'*O Guarani* da qual se tem notícia foi aquela criada por Antônio Carlos Gomes na forma de ópera e talvez seja, entre todas, a de maior repercussão. *Il Guarany* estreou em Milão no dia 19 de março de 1870 com libreto, isto é, com adaptação textual para ópera, de Antônio Scalvini[2] (1835-1881) e teve grande repercussão crítica, bem como foi sucesso de bilheteria.

2 Scalvini adaptou diversas comédias para o teatro, bem como diversas fábulas do escritor italiano Carlo Gozzi. É autor do musical *La Principessa*

Em 2 de dezembro do mesmo ano a ópera de Carlos Gomes foi encenada, pela primeira vez no Brasil, no *Teatro Lírico Fluminense* e, pelo que se pode depreender por meio da crítica coetânea de jornal, foi recebida com entusiasmo pelo público. Em folhetim escrito por Luís Guimarães Jr. no *Diário do Rio de Janeiro*, dois dias depois da estreia, está registrado o sucesso da encenação, pois "a comoção e o delírio tomaram conta da plateia; o maestro foi chamado à cena oito ou dez vezes; os expectadores invadiram o palco e carregaram-no nos braços" (GUIMARÃES, 1870 Apud FARIA, 1982, p. 59).

Ainda na ocasião, o imperador D. Pedro II, contendente de Alencar no episódio da polêmica sobre *A Confederação dos Tamoios*, teria convidado o compositor para o seu camarote e saudado a sua criação. Na verdade o imperador saudava ali em uma parte o criador da trilha sonora e indiretamente, em outra parte, o criador da estória em que a trilha se baseava. Ninguém parece escapar de *O Guarani* e por conseguinte de José de Alencar.

Uma nota publicada no *Jornal do Comércio* no dia da estreia da ópera nos da ideia do ambiente crítico gerado entorno do espetáculo:

> Sobe hoje à cena a bela ópera de Carlos Gomes, o Guarani. Já anteontem, no último ensaio geral, ela recebeu a consagração de um auditório entusiasmado que enchia o teatro. Andando nas mãos de todos o libreto recentemente publicado em italiano e português, dispensamo-nos de expor o seu entrecho, mesmo porque a respeito dessa criação ninguém de certo se contentaria com a ligeira ideia que poderíamos dar num resumo (*Jornal do Comércio*, 2. dez. 1870, p. 3).

Ainda, no mesmo episódio, ao final da primeira sessão da ópera, "as aclamações populares, em menor escala, estenderam-se ao autor

---

Invisibile (1865).

do romance; depois do espetáculo uma multidão dirigiu-se à casa de Alencar" (FARIA, 1982, p. 60).

Vale notar que as aclamações ao autor, criador da criatura recriada, estendiam-se em escala menor que aquela do teatro e note-se, também, e mais uma vez, que assim como no caso do louvor de Dom Pedro II, as aclamações em relação ao primeiro autor da estória ficam, por assim dizer, em segunda mão. *O Guarani* parece ser maior que Alencar.

O público reunido diante da casa de Alencar ergueu "vivas ao chefe da literatura nacional contemporânea, ao romancista do poema notável donde saiu a majestosa ópera que o público deslumbrado saudara de uma plateia louca de entusiasmo" (Diário do Rio de Janeiro, 4. dez. 1870, p. 1).[3] Note-se que o cronista faz questão de frisar o romancista como o autor de onde saíra a "majestosa ópera" e embora toda a descrição seja mais de elogios à ópera do que ao livro, fica clara a posição nada menor onde coloca Alencar: "chefe da literatura nacional".

O que se viu naqueles dias do último mês de 1870 foi uma verdadeira campanha sobre a obra de José de Alencar. A livraria B. L. Garnier não tardou a veicular uma série de anúncios dos livros do autor até ali publicados e *O Guarani* servia de cabeçalho aos anúncios, chamando os leitores para a aquisição do mesmo, bem como de seus outros títulos. Mesmo antes da encenação da Ópera de Carlos Gomes, no Brasil, as lojas dedicadas às adaptações musicais para piano – instrumento sobremaneira incorporado ao cotidiano das casas grandes da corte – já disponibilizavam partituras de *Il Guarani* para venda. Havia mesmo uma campanha sistemática do original e da primeira versão de *O Guarani*.

Pela profusão de anúncios que se pode encontrar nas páginas do *Jornal do Comércio* entre 1870 e 1875 no Rio de Janeiro, somos levados

3 O trecho também é citado na análise de FARIA, 1982 que é a mais completa sobre o episódio da adaptação teatral de *O Guarani* para o teatro em 1874.

a crer que, de fato, *O Guarani* havia alcançado lugar de destaque na reprodução editorial da corte e que seu autor encontrava, pouco mais de uma década após a publicação do romance nos rodapés do *Diário do Rio de Janeiro*, a consagração artística.

Não obstante, a repercussão de *Il Guarany* de Carlos Gomes parece ter condicionado muito o sucesso, bem como a reprodução do romance de José de Alencar, pois foi grande a quantidade de anúncios e adaptações musicais que se fizeram na esteira da ópera.

No que diz respeito às edições de *O Guarani* até ali, após o lançamento em quatro volumes pela Empresa Nacional do Diário em 1857, Alencar veria ainda o romance vir novamente à tona em outras três edições; todas elas financiadas e impressas pela livraria e editora B. L. Garnier que, como vimos em outro capítulo, era a principal em atividade na corte. São de 1864; 1865 e 1872 as reimpressões, meras reproduções do livro. Esta última passaria por revisões e 'pequenas emendas' – como disse o autor em prefácio de 1872 – que em nada alteram a narrativa.[4] O mais interessante, no entanto, é que justamente no ano de 1870, quando o romance parece ganhar novo fôlego comercial, é que Alencar, oportunamente, vende para o editor Garnier a propriedade perpétua dos romances *O Guarani*; *Cinco Minutos* e; *Viuvinha*. Pelas três obras de José de Alencar, B. L. Garnier pagou um conto de réis e se comprometeu a repassar ao autor cinco exemplares de cada livro a cada nova edição, bem como assinou compromisso com carência de um ano de não traduzir o original para a preparação de uma edição em francês. Garnier, muito provavelmente fez um excelente negócio, pois faturará com o livro em edições sucessivas até os anos de 1930.

Um ano após a encenação de *Il Guarany* no Teatro Scala em Milão, Carlos Gomes, assim como o autor d'*O Guarani*, estava consagrado. Ganhava os palcos europeus com uma ópera de roteiro ge-

4 O cotejo das edições foi realizado por Darcy Damasceno em edição crítica publicada pelo MEC e pelo Instituto Nacional do Livro em 1958.

nuinamente, aos olhos da época, brasileiro e tropical. Assim, de algum modo, deve ter contribuído para que surgissem as primeiras edições estrangerias do romance.

A primeira tradução, coerente com o ambiente de lançamento da ópera, é italiana, realizada em Milão, no ano de 1871 pela Companhia Editorial Serafino Muggiani com o auspicioso título *Il frate avventuriere e la vergine: romanzo storico de José de Alencar*. Infelizmente não conseguimos dispor de um exemplar, raro diga-se de passagem, para análise, mas pelo título *O frade aventureiro e a virgem* podemos depreender que os editores escolheram obnubilar a figura do índio, central na trama, e repassar o protagonismo, pelo menos no título, à Loredano. Muito provavelmente venderiam mais estórias sobre frades e virgens do que sobre índios e brancos em uma terra não tropical.

Ainda na década de 1870, há registros de duas outras edições estrangeiras publicadas na Alemanha, respectivamente, pela editora Janke em 1873, e pela editora B. Bartett, em 1876; a primeira tradução em Berlim e a segunda em Falkenberg, ambas com o título *Der Guarany: brasilianischer roman*. Com essas, contando a primeira edição em folhetim, somam-se, enquanto seu autor ainda era vivo, oito edições de *O Guarani*. Cinco reproduções brasileiras e duas traduções estrangeiras. De 1857 a 1876, ano em que falece Alencar, são dezenove anos nos quais o autor viu florescer o resultado de sua obra em reproduções, adaptação e traduções. Considerados os padrões da época, de rarefeito público ledor e baixa quantidades de reedições, bem como da quase completa ausência de traduções estrangeiras de obras brasileiras, podemos considerar que Alencar não conseguiu pouco.[5] Não foi à

5 Aqui e acolá há notícias de que, entre 1866 e 1873, tenham sido realizadas outras quatro edições de *O Guarani*. As fontes não são confiáveis o bastante e não encontramos registros e/ou tombos em bibliotecas de uma possível edição italiana de 1866; duas francesas sendo uma de 1868 e outra de 1871. Há, ainda, rumores de que um jornal de baixa circulação no Rio Grande do Sul teria editado o romance em folhetins no ano de 1873.

toa, pois, que conseguiu a quantia expressiva pela venda dos originais de *O Guarani*, por tudo isso, parece ter sido fundamental na carreira literária de Alencar e, porque não dizer, de sua consagração.

Em todo caso, se *Il Guarany* de Carlos Gomes contribui para a repercussão e o sucesso comercial da obra, a opinião de José de Alencar sobre a ópera, primeira versão do tipo adaptação d'*O Guarani*, no entanto, não foi muito positiva. Em *Reminiscências* relata Taunay o que teria dito o 'chefe da literatura nacional' sobre a adaptação do maestro: "O Gomes fez do meu Guarani uma embrulhada sem nome, cheia de disparates, obrigando a pobrezinha Ceci a cantar duetos com o cacique dos Aimorés, que lhe oferece o trono da sua tribo, e fazendo Peri jactar-se de ser o leão das nossas matas." (TAUNAY, 1980, p.87-88 apud FARIA, 1982, p. 60).

De fato, a ópera de Gomes e Scalvani faz mudanças importantes no roteiro do livro. O que Alencar chamou de "embrulhada sem nome" diz respeito a duas supressões importantes feitas pelos adaptadores, pois o vilão, Loredano, que teve o nome modificado para Gonzales, não será punido com a morte por Mariz; ele, por outro lado travará luta com Peri. Essa terminará frente a ameaça Aimoré e Gonzales acaba por se juntar novamente aos aventureiros para combater os índios invasores ao lado de Mariz. Antes, no entanto, Cecília foi raptada pelos Aimorés que queriam fazê-la rainha da aldeia. Essa, claro, é salva por Peri. Ao final, Mariz sacrifica a própria casa e família fazendo explodir o paiol da propriedade, não sem antes batizar Peri que, uma vez cristão, toma Cecília nos braços e some com ela pela mata.

A ópera suprimiu, pois, o desenlace do antagonismo de Loredano, ou melhor, Gonzales, bem como suprimiu a catarse da guerra pelos Aimorés legando-a à Mariz. Finalmente, talvez por razões técnicas que dificultassem a encenação, é suprimido o dilúvio, mas mantém-se o final aberto posto que o casal romântico mestiço desaparece pela mata atlântica tropical.

O que para Alencar soava como uma "embrulhada sem nome", acabaria por fazer de sua abertura uma das *ouverture* musicais mais reproduzidas no rádio brasileiro, pois ainda hoje, e desde 1935, ela é utilizada na abertura do programa nacional *A voz do Brasil*, no qual são transmitidas informações sobre os feitos do governo federal, bem como os discursos oficiais dos presidentes da República.[6]

Assim, para o que imaginamos como sucesso do adaptador Carlos Gomes e o desespero do criador José de Alencar, a ópera baseada em *O Guarani* foi muito além do libreto e da cena lírica, passando para o imaginário político brasileiro como trilha do poder oficial. Indiretamente e por conta da adaptação de uma de suas obras, Alencar enfim conseguiu o que não logrou Domingos Gonçalves de Magalhães com *A Confederação dos Tamoios*: ser pano de fundo artístico do poder oficial e, porque não dizer, da nação.

Em todo caso, *Il Guarany* de Carlos Gomes tem lugar privilegiado entre as versões do tipo adaptação de *O Guarani* e não é descabido pensar que a ópera muito contribui para popularizar ainda mais o romance no qual foi baseada, contribuindo de forma significativa para a repercussão do mito.

A Questão Guarani

É provável que a segunda versão do tipo adaptação da estória de Ceci e Peri tenha sido pensada com o intuito de catalisar a mesma atenção do público que a ópera de Carlos Gomes atraiu em 1870, pois quatro anos depois viria a público a primeira adaptação do romance para a dramaturgia. Aqui vai ficando evidente que a década de 1870 parece ter sido decisiva para a consagração do romance; do mito.

6 Análise detida de *A Voz do Brasil* e seus significados está em COELHO, 1996. Ainda, à guisa de curiosidade, vale dizer que a *ouverture* de Carlos Gomes utilizada na *Voz do Brasil*, vez ou outra passa por remixagens. Nos últimos anos (2016-17) tem sido transmitida uma versão em Axé da abertura de *O Guarani*.

Em 1873, por iniciativa de Jacinto Heller, empresário que comandava a programação do Teatro Fênix Dramática, veio ao papel o roteiro da peça que uniria elementos do romance e da ópera em sua dramatização. Para a composição do texto e dos encaixes musicais Heller contratou Visconti Coaraci e Pereira da Silva, dois jornalistas de cultura carioca.

A recriação do material não demorou muito, pois iniciada em meados de 1873, estaria pronta para apreciação de José de Alencar – que deveria autorizar a adaptação – em dezembro do mesmo ano. As negociações com o romancista começam em março de 1874 e este não impõe ressalvas à adaptação, mas questiona o número de apresentações que se faria representar publicamente. Dias depois, um dos autores, Visconti Coaraci, informa a José de Alencar que Heller faria 100 apresentações da peça.

Como se pode depreender pelo número de apresentações a empreitada de Jacinto Heller era de monta, pois a programação de uma centena de apresentações requereria, deduzimos, um investimento nada modesto. É, pois, viável pensar que o sucesso da ópera há alguns anos gerava expectativa positiva quanto à bilheteria que a peça poderia atrair, ainda mais com a chancela do romancista.

Outro indício de que a empreitada de Heller atraía grande expectativa comercial é a veiculação de anúncios do espetáculo no *Jornal do Comércio*. De abril a maio de 1874 estes vão aparecer em grande número nas páginas do diário carioca. José de Alencar ao ver os anúncios vai alegar publicamente nas páginas do mesmo jornal, que não havia concedido licença para tal. Iniciava aí uma polêmica registrada em trocas de cartas públicas entre Alencar, os autores e o empresário, dono da *Companhia Fênix Dramática*, bem como Cardoso de Meneses, presidente do *Conservatório Dramático*, que era o órgão responsável pelo registro de direitos e que Alencar havia atacado em uma de suas missivas a Heller acusando o empresário e o conservatório, de coadunarem na apropriação indevida de seus direitos autorais.

Além desses contendentes, assinantes do jornal, bem como os editores também arriscaram, em textos, opinião sobre o assunto.

Assim, entre 18 de abril e 8 de outubro de 1874 o *Jornal do Comércio* fará publicar duas dezenas e meia de textos cheios de trocas de farpas e discussões jurídicas no que ficou conhecida como a 'Questão Guarani'.

De fato, Alencar fez muito caso de algo que parecia fácil resolver. Quase toda discussão girou em torno do número de apresentações acordadas entre ele e o empresário da *Companhia Fênix*. Os termos que colocaram fim ao litígio público provam o caráter mesquinho da polêmica, mas, enfim, a peça foi encenada com grande ocorrência de público e crítica. Após os anos iniciais de silêncio da crítica sobre *O Guarani*, Alencar viu, finalmente, a sua obra ser fartamente popularizada por meio da ópera e da dramaturgia, gêneros muito mais convenientes que a literatura em um país repleto de analfabetos.

O fato é que José de Alencar sabia chamar a atenção para os seus feitos. *O Guarani* nasceu da crítica à *Confederação dos Tamoios* e à ideia oficial de nacionalidade do Império; de forma velada Alencar criticou, também, a adaptação de Carlos Gomes e; de forma pública fez repercutir em toda a corte as suas questões, que julgava serem autorais, com os dramaturgos que primeiro levaram *O Guarani* ao teatro.

Desse modo, a peça que estreou em 9 de maio de 1874 tinha em torno de si polêmicas que animavam ainda mais o comparecimento do público. Todos queriam ver e saber sobre o drama que durante vários dias fez valer réplicas e tréplicas nos jornais cariocas. Para que se tenha ideia da repercussão da polêmica, vale registrar que mesmo jornais menores e de baixa circulação destinaram espaço não só à crônica satírica dos personagens envolvidos na contenda, como fizeram publicar charges hilariantes sobre o episódio. Os leitores de *A vida fluminense*; *Mefistófeles* e *Mosquito* puderam, também, acompanhar a polêmica mesmo depois que ela havia terminado formalmente, pois nos dias seguintes à estreia da peça, os editores desses pequenos jornais não se furtaram a animar a crônica cotidiana de teatro com alusões e ilustrações sobre a 'Questão Guarani'.

Os textos e charges sobre a 'Questão Guarani' vão, em todo caso, além da crônica cotidiana e deixam indícios preciosos para a caracterização do sucesso que a obra original e suas adaptações haviam angariado à época. De fato, na composição dramática de Heller foram utilizados fartos recursos financeiros na produção do espetáculo. Todos falavam de *O Guarani* que estava em cartaz no *Teatro Lírico Fluminense*; comentava-se sobre a beleza da montagem, a riqueza do figurino, a grandeza da parte musical e todos sabiam – e a polêmica em torno dos direitos autorais fazia memorar e certificar – que era o autor do original que produzia tamanha catarse: José de Alencar. Este, parecendo chateado com o sucesso que a peça havia obtido muito além da repercussão do romance quando de seu lançamento em fins da década de 1850, vai registrar em um dos textos publicados durante a polêmica que "para certa gente o principal do teatro é o tambor, a corneta, os panos pintados, os fogos de Bengala, etc., e entre os acessórios, último de todos, depois da caixa do ponto vem o drama, que fala à inteligência" (ALENCAR, *Jornal do Comércio*, 21 de abril de 1874, p.2 apud FARIA, 1982, p.83).

A crítica de jornal sobre a peça, nos de grande e baixa circulação, foi muito positiva e quase sempre os aspectos da montagem criticados por Alencar, eram ressaltados e elogiados. Falava-se muito da beleza da produção e do farto quórum em todas as apresentações e muito se falava do autor do romance que dava bases ao drama. Essas alusões a Alencar vinham sempre carregadas de alguma crítica quanto a postura do romancista na 'Questão Guarani'. O que ocorria, era que,

> efetivamente, os tempos eram outros: o teatro se afirmava como espetáculo, distanciando-se da literatura e incorporando uma linguagem específica, que tinha no texto dramático apenas um de seus vários componentes. Alencar e gran-

> de parte dos literatos da época não conseguiam aceitar essa transformação; mas de que valiam os protestos dos homens de letras, se a bilheteria falava mais alto? O sucesso do drama *O Guarani* foi, então, extraordinário; e os elogios mais rasgados da imprensa ficaram para a montagem, sobretudo para as cenas grandiosas (FARIA, 1982, p. 83).

Os termos prováveis do acordo firmado entre José de Alencar e Jacinto Heller para a estreia da adaptação dramática de *O Guarani* em 9 de maio de 1874 foi trazido a público pelo último em 25 de abril de 1874 nas páginas do *Jornal do Comércio*. Para encenação do, nas palavras de Heller, "drama imitado" ficou acordado com o escritor do original que:

> I - Não se imprimir o drama.
> II - Em todos os anúncios que se fizesse declarar que o drama era extraído do seu romance com o mesmo título.
> III - Dar-se-lhe um camarote em todas as apresentações.
> IV - Não poder o drama ter mais do que uma série de representações.
> V - Marcar o empresário o número de representações suficiente para não ser prejudicado nas despesas que fizesse (*Jornal do Comércio*, 25. abr. 1874, p. 2).

Alencar escreveu no dia seguinte, no mesmo jornal, contestando o que havia dito Heller, pois o grande sucesso fez com que o dono da *Companhia Fênix Dramática* ultrapassasse o limite de 25 apresentações, um dos termos do acordo.

O fato é que devido a grande demanda de público outras seis apresentações foram realizadas e a última, em 11 de agosto, "seria a trigésima segunda se Alencar não a embargasse na Justiça, alegando ter havido infração da segunda cláusula do contrato que assinara juntamente com Jacinto Heller e os autores do drama"(FARIA, 1982, p. 84).

Jacinto Heller sentiu-se ultrajado e publicou o contrato da adaptação em 12 de agosto no *Jornal do Comércio*. A segunda cláusula registrava o número de 50 representações divididas em duas séries. Provavelmente Alencar julgou que estava sendo ferido no que se referia a um número maior de apresentações por série. De fato, a cláusula é passível de interpretação, mas a repercussão do episódio vai sempre e em todos os casos ventilar a mesquinhez do romancista que impedira a última apresentação do drama.

Sobre o episódio do embargo da última apresentação da peça por José de Alencar, o jornal *O Mosquito* publicou em 15 de agosto de 1874, quatro dias depois do ocorrido, uma charge de meia página elucidativa da repercussão negativa que teve a proibição da apresentação de encerramento. Na ilustração (Figura 3) de artista desconhecido, vê-se primeiro o público, homens de casacas e mulheres de vestido, surpreso e aborrecido com o aviso sobre a porta fechada do teatro que registrava, na legenda, que "o espetáculo não pode ter lugar por ter sido embargado a requerimento do Sr. Cons. Alencar" e; em tom ainda mais provocador e jocoso diz o ilustrador que só por atenção ao romancista é que não fazia publicar o que teria dito o público contra ele.

Um pouco mais abaixo o autor da charge acaba por declarar indiretamente seu ponto de vista negativo à censura de Alencar e com humor, defendendo os autores do drama e o empresário da peça, desenha uma cena hilariante em que os dramaturgos e Heller carregam uma imensa injeção para aplicar nas hemorroidas do romancista, pois seriam essas as causas das "rabugices" do escritor. Na imagem o único "lenitivo", remédio eficaz para o rabugento Alencar era uma enorme seringa que lhe curaria – de certo não sem muita dor – as hemorroidas.

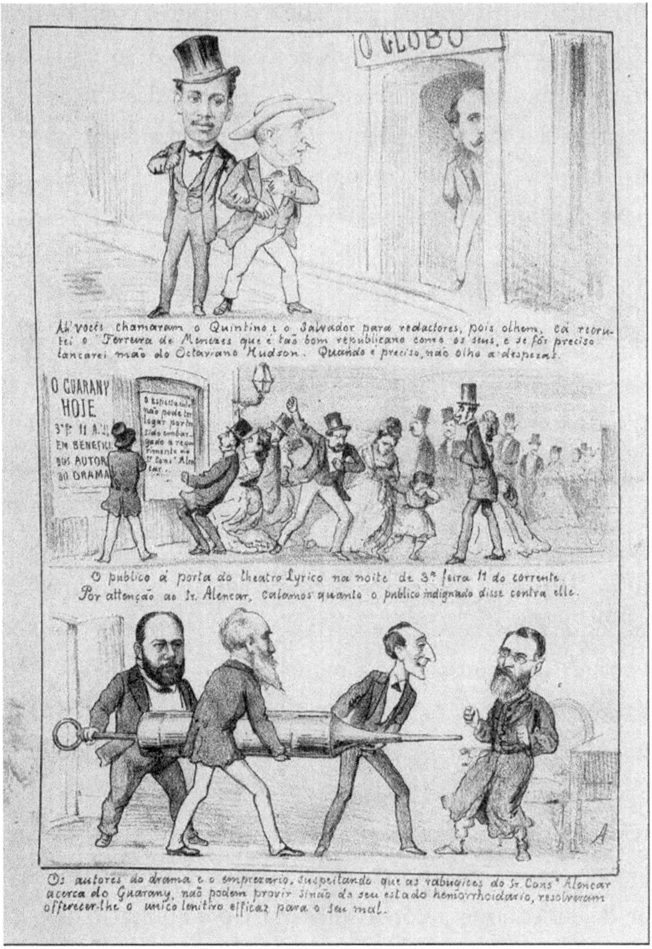

Figura 3 - Charge sobre o embargo do drama *O Guarani* (1874)
Fonte: *Mosquito*, 15 de agosto de 1874, p.3, Hemeroteca digital da Biblioteca Nacional

Além de cômica e bem ilustrada a charge publicada no *Mosquito* é excelente indício do tamanho da repercussão da 'Questão Guarani', bem como é representativa da opinião mais geral em torno da polêmica, qual seja concluir que José de Alencar exagerava demais nela.

No mesmo sentido da crítica de *O mosquito*, o jornal *Vida Fluminense* publica em 15 de agosto de 1874 uma charge que também alude ao episódio do embargo da adaptação dramática de *O Guarani* na qual mais uma vez sobra juízo negativo sobre a atitude de Alencar.

Na ilustração (Figura 4) um José de Alencar sério aparece no alto de um par de pernas de pau que lhe permite alçar um índio - o guarani - para cima e para fora do alcance do público. Segundo o chargista, também desconhecido, na legenda da imagem, tal atitude seria deveras danosa "com grave jactura da sua dignidade e do seu desinteresse".

Em outra folha da corte, *Mefistófeles*, o episódio servirá de mote para a charge da capa em agosto de 1874 (Figura 5) na qual é figurado um José de Alencar "tacanho" e "raquítico" como diz a legenda. Na ilustração, a opinião pública travestida de uma espécie de arlequim aparece pronta para julgar o romancista com um martelo em mãos. Alencar, exposto ao "ridículo" por culpa de seus próprios atos, é representado tal qual um prisioneiro à beira da sentença final. O antes 'chefe da literatura nacional', como diziam os jornais à época da estreia da ópera de Carlos

O mesmo jornal no editorial da edição, em texto intitulado *Pelos Teatros*, registra opinião que vai na mesma direção de todos os outros veículos, dizendo que o embargo sem precedentes na história do teatro carioca baseava-se, simplesmente, em "mesquinhos motivos" (Mefistófeles, agosto de 1874, n. 8, p. 2).

Única opinião dissonante, mas que nem por isso deixa de alfinetar um pouco o romancista cearense, aparece no jornal *O Mosquito* no mesmo dia da publicação da charge que tratava do embargo da peça, a 11 de agosto. Em coluna anônima intitulada *Duas vezes... é moléstia* o jornalista lembra os envolvidos na 'Questão Guarani' e defende que se Alencar tivesse tomado tal atitude apenas por "sede" de popularidade, não teria seguido no preito depois do sucesso que a peça obteve. Do contrário, diz o jornalista anônimo, Alencar teria agido assim motivado pela preocupação com as "imitações" e que muito embora pudesse ter exagerado ou se equivocado no episódio, tudo isso era perdoável, dado a imensa contribuição do "nosso primeiro romancista".

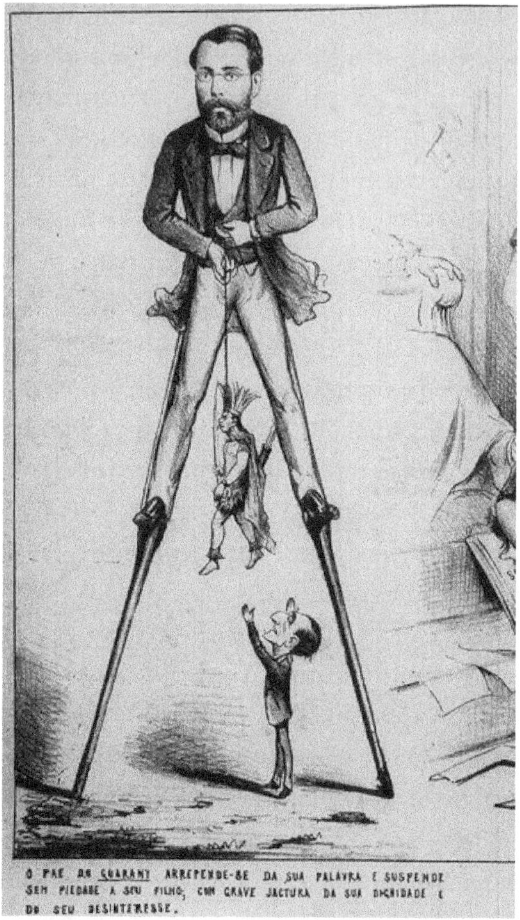

Figura 4 - Charge sobre José de Alencar suspendendo *O Guarani* (1874)
Fonte: *Vida Fluminense*, 15 de agosto de 1874. Hemeroteca digital da Biblioteca Nacional

Figura 5 - Charge sobre a polêmica do drama *O Guarani* (1874)
Fonte: *Mefistófeles*, n.8, agosto de 1874. Hemeroteca Digital da Biblioteca Nacional

O último trecho é, ainda, indicioso do sucesso de José de Alencar em seu tempo, pois, segundo o colunista do *Mosquito*, ele estava entre aqueles poucos escritores que se fazia publicar aos 2 ou 3 mil exemplares. Assim, homem de tamanho sucesso não se envolveria em uma polêmica movido apenas por motivações mesquinhas. Pelo contrário, se era facultado a alguém tais caprichos, esse alguém, na opinião do jornalista, era José de Alencar.

De fato, em nenhuma das cartas, textos que Alencar publicou, atacando o empresário Heller, o romancista criticou a adaptação propriamente dita, feita por Visconti Coaraci e Pereira da Silva. As contestações ficaram sempre no que dizia respeito aos direitos autorais e, sobretudo ao número de apresentações que se faria.

Embora não haja registros mais pormenorizados para além daqueles legados pela crítica de teatro do momento, pode-se depreender algo da adaptação dramática por meio do plano geral que a companhia Heller fez publicar nos jornais muito provavelmente com objetivos de divulgação do drama.

Vejamos alguns aspectos do roteiro do espetáculo:

DENOMINAÇÃO DOS ATOS E QUADROS E DESCRIÇÃO DO CENÁRIO TODO NOVO E PINTADO PELOS CENÓGRAFOS HUASCAR E GIACOMO[7]

Prólogo e l.° quadro
O Segredo das Minas
Mata virgem à beira de uma montanha (Trabalho do Sr. Huascar)

2.° quadro
O Mar de Prata
Interior das Minas (do mesmo)
3.° quadro
Palácios Encantados

7 Esse roteiro foi extraído de (FARIA, 1982, p. 79-83). O autor registra que se trata de um "anúncio publicado nos jornais". Não foi possível localizar a fonte original em que foi divulgado; muito provável que tenha sido no *Jornal do Comércio*, onde era comum esse tipo de veiculação. Em todo caso, como a obra de FARIA, muito voltada à crítica do teatro de Alencar, é confiável, resolvemos aqui por bem utilizar a fonte de segunda mão e dar o crédito a quem a encontrou.

Interior de um palácio encantado, onde as huris e virgens formam graciosos grupos (do mesmo)

1.° ato — 4.° quadro
O Guarani
Terreiro em frente à casa de D. Antônio (trabalho do Sr. Giácomo)

Ato 2. ° — 5.° quadro
Os Aventureiros
Terreiro da casa de D. Antônio, cercado por uma muralha (trabalho do Sr. Huascar)
Este quadro terminará, cantando o ator Áreas a célebre AVE-MARIA acompanhado pelo corpo de coristas

Ato 3.° — 6. ° quadro
Desafio e Traição
Varanda aberta do pouso dos aventureiros. Rochedo por toda a parte, grande cascata ao fundo. Efeito de luar (trabalho do Sr. Giácomo)
Neste quadro cantar-se-á a conhecida canção SENZA TETTO, SENZA CUNA cantada pelo Sr Areas e corpo de coros

7.° quadro
A Revolta
A mesma cena do 1.° ato

8.° quadro
A Seta do índio
Aposento de Cecília à elegância da época (trabalho do Sr. Giácomo)

Ato 4.° — 9.° quadro
O Campo dos Aimorés
Campo à beira da mata virgem. Ao fundo a cabana do cacique (trabalho do Sr. Huascar)
Neste quadro em que tomam parte mais 250 pessoas terão lugar
A banda selvagem; Os grandes bailados; O passo das flechas; A marcha dos Aimorés; A corrida veloz e fantástica; A grande entrada triunfal; O cacique no seu Palanquim; Entrada dos aventureiros; Combate final. tudo ensaiado pelo 1.° bailarino POGGLIOLESI

10.° quadro
A Explosão
A mesma cena do 1.° ato

11.° quadro e último
A Inundação
O Rio Paquequer em ocasião de enchente a sumir-se ao longe,
iluminado pelo
ARCO-ÍRIS (trabalho do Sr. Huascar)
PERI E CECÍLIA ABRAÇADOS
são levados pela corrente atravessando a cena sobre o grelo de uma
Palmeira

(FARIA, 1982, p. 79-83)

Pelo que é possível depreender a partir do plano geral da peça, pode-se afirmar que ela seguiu em grande medida – excetuando o prólogo que parece ser muito mais para ambientar os cenários do que encaminhar a estória – a ordem dos fatos e das partes da narrativa tal qual organizadas no romance original: o espaço ao redor de Mariz, o aparecimento de Peri (1° ato) e dos aventureiros (2° ato); os desafios e as traições que levam ao antagonismo de Loredano; A revolta Aimoré motivada pelo assassinato de uma índia; Peri defende Ceci de Loredano (3° ato); A guerra com os Aimorés; A explosão da casa de Mariz; A inundação do Paquequer; Peri e Ceci abraçados (4° ato).

Assim como o livro, organizado em 4 partes, a peça foi montada em quatro atos e, em cada qual, as situações sucederam na mesma ordem em que foram criadas e apresentadas no romance folhetim. Os expectadores assistiam provavelmente, então, a algo muito fidedigno ao livro; tratava-se, pois de uma fiel imitação e talvez por isso José de Alencar tenha criticado, como vimos, algo ou outro da montagem, mas não do texto, da adaptação em si.

Em todo caso o romancista não cessou nas discussões com o empresário Heller sobre os números de apresentações e elas seguiram até setembro quando o empresário, enfim, publicou os termos que colocaram ponto final ao litígio: "declaro que tendo chegado a um acordo com Exm. Sr. conselheiro Alencar na questão da infração da cláusula 2a do contrato (...) obriguei-me a depositar a quantia de 1000$ em benefício da Santa Casa de Misericórdia do Ceará." (*Jornal do Comércio*, 23. set. 1874, p. 3).

Enfim, entre as polêmicas em torno das primeiras adaptações de *O Guarani*, o romance muito se fez conhecer. Em parte porque as produções que animaram as recriações do livro foram vultuosas, em parte porque o autor do original se envolveu polemicamente no processo, diga-se de passagem, não no processo de recriação, mas no de veiculação.

Não se pode afirmar que sem as adaptações para a ópera de Carlos Gomes e para o drama de Coaraci e Silva, *O Guarani* teria chegado onde chegou. De outro maneira se pode afirmar que essas adaptações condicionaram muito a popularização da estória em seu tempo, sobretudo na década de 1870. Fica a questão se essa projeção contribui de algum modo para firmar o lugar que o título ocupa nos anais da literatura nacional. Parece que sim.

Em todo caso, Alencar lucrou financeira e simbolicamente com as primeiras edições e recriações do seu *Guarani*. Com elas descobriu que a literatura, o resultado do fazer literário, não pertence apenas ao seu autor, ainda mais quando se trata de uma estória com características tão adaptáveis, imitáveis rumo a mitificação. No fim até mesmo os distantes doentes da Santa Casa da terra natal do autor acabaram por receber algo de *O Guarani*.

Até aqui a ideia foi inventariar as versões de *O Guarani* nas duas primeiras décadas após seu lançamento. Como vimos, fica patente que o romance, e por conseguinte o mito, como manda o protocolo das múltiplas falas em que ele precisa ocorrer para assim ser considerado, não foi cria apenas de Alencar, pelo contrário, recebeu impulso decisivo nas suas adaptações que lastrearam reproduções, polêmicas e o popularizou dez anos após seu lançamento.

Ora, se os mitos precisam ser recontados para que sua estória seja compartilhada em múltiplas falas, então, nesse quesito *O Guarani* não escapou ao que diz a teoria. Agora, nosso movimento vai no sentido de acompanhar a trajetória de sua consagração após esse primeiro período que denominados como o de cristalização da obra o que significa dizer que o livro ocupou lugar de destaque na produção cultural do período reservando espaço suficiente para sua permanência.

Uma estória em múltiplas formas

Após a morte de Alencar em 1877, *O Guarani* será editado ao menos outras cem vezes. Ainda no século XIX serão três edições da obra original, sendo uma pelo detentor oficial dos direitos, B. L. Garnier, em 1883; uma por P. Campos editor, também em 1883 e outra em 1885 pela editora Crédito Popular.

Anos depois, em 27 de março de 1880, *O Guarani*, agora mais uma vez na ópera de Carlos Gomes, ganha o palco a muito pretendido pelo maestro de Campinas que o fez encenar no badalado teatro São Carlos no Chiado, em Lisboa.

Depois da revolução liberal do Porto e da restauração portuguesa a ópera de Lisboa havia se tornado o espaço de distinção da nova burguesia ilustrada de Portugal. Para um brasileiro encenar em tal espaço significaria quase uma resposta ao antigo colonizador como se disséssemos que não só existíamos, a despeito de sermos antiga colônia, como fazíamos óperas, peças da civilização, que podiam ser encenadas e vislumbradas pela antiga metrópole[8]. Ainda mais que era uma ópera com ares brasileiros e indígenas. A crítica, salvo um ou outro senão, recebeu bem a ópera de Gomes. Fez sucesso e imprimiu em Portugal a cenas do romance de Alencar e

8 Sobre esse aspecto ver mais em COELHO, 1996

> para além das opiniões *dilettanti* publicadas pelas colunas da imprensa de espetáculos, parece evidente que a encenação de *O Guarany* foi recebida com entusiasmo pelos frequentadores do São Carlos (...) a capacidade de envolvência do espetáculo e as ressonâncias que produziu nos círculos mundanos do Chiado, precisamente o espaço onde o que subia a cena lírica era ou não socialmente legitimado, poderiam levar a considerar-se Carlos Gomes, até certo ponto como autor português". Graças principalmente à excelência das vozes e ao arrojo dos cenários, a representação de O Guarany transformou-se num acontecimento excepcional, como revela a reação do público que "tem enchido o teatro S. Carlos para ouvir a ópera do maestro brasileiro"(...) (COELHO, 1996, p. 176-77).

No século XX, *O Guarani* será editado a partir de 1900 e foi raro o ano em que alguma casa editorial não o publicou. Na verdade não há uma década em que o livro não apareça entre aqueles clássicos da literatura nacional, com ao menos quatro ou cinco edições.

Entre mais de uma centena de edições, ao menos seis serão traduções: duas para o alemão, duas para o espanhol, uma para o italiano e outra para o inglês. De fato, considerando os mais de cento e cinquenta anos desde que apareceram os primeiros capítulos de *O Guarani* no *Diário do Rio de Janeiro*, não foram muitas as traduções que a partir dele se realizaram.

Assim, porque é difícil precisar o número exato de edições – se é que isso nos levaria a alguma conclusão importante – bem como porque seria enfadonho repassar uma a uma as que encontramos, até porque são em grande parte reproduções simples da original; preferimos aqui selecionar aquelas edições mais representativas por que comemorativas, ilustradas, inspiradas ou adaptadas e, sobretudo, reimpressas diversas vezes.

Das edições mais antigas às mais recentes, alguns pontos de encontro, no que diz respeito às representações sublinhadas pelos editores, adaptadores, ilustradores ou organizadores, podem ser denotados no sentido de tecer a rede de significados que foram sendo criados e reproduzidos ao longo de mais de um século e meio de edições quase ininterruptas. Aqui, se não podemos afirmar ao certo que *O Guarani* é a obra mais reeditada do país, podemos, com boa chance de acerto, dizer que ele está entre as mais replicadas, com múltiplas versões, na indústria editorial brasileira.

Assim, nosso critério de seleção enquadrou aquelas edições, por assim dizer, especiais. Especiais porque ilustradas ou porque fruto de composição interessante para os propósitos desse capítulo, quais sejam aqueles que querem compreender a direção das versões, das recriações do romance *O Guarani*, por meio de sua reproduções, em um primeiro momento, impressas. Ao mesmo tempo e no mesmo sentido realizamos levantamento das adaptações para outros gêneros e mídias para os quais esse romance de José de Alencar adaptado. Veremos que não são poucas as imitações do livro para o cinema e que ele encontrou lugar, também, além de estampas de sabonete, em série de TV e letra de música de samba enredo.

Entrementes, não há diversas versões de *O Guarani* nas belas artes. De fato – salvo engano – a única pintura com alguma circulação que se refere diretamente ao romance é *Ceci e Peri* de Horácio Pinto da Hora numa versão de relação.

O pintor, representante sergipano do romantismo, realizou o quadro em 1882, oito anos antes de seu falecimento em Paris. Como muito dos românticos brasileiros na literatura, o artista tinha a França como referência. O quadro de Horácio Hora retrata a parte final do capítulo X, *O Cristão*, quando Peri, após ser convertido ao cristianismo por Mariz, salva Cecília do incêndio e a leva para longe do combate com os Aimorés, deitando-a em uma canoa que seguirá à deriva pelas águas do Paquequer. Esta é a última cena antes do epílogo e do dilúvio que conduzirá o casal para o final aberto.

A cena pintada por Hora em exposição no Museu Histórico de Sergipe[9] retrata Peri de pé na canoa fitando o horizonte como que buscando o melhor caminho para seguir e proteger Cecília. O índio pintado pelo romântico sergipano é uma figura de corpo com músculos bem definidos, cabelos um tanto cumpridos e amarrados e um saiote de pano branco, vermelho e azul que, diga-se de passagem, por coincidência ou intenção do pintor, não se sabe, são as cores do pavilhão francês significando o mote revolucionário de 1789: liberdade, igualdade, fraternidade. Aos pés de Peri, dormindo sobre um manto que forra a canoa, está Ceci, de pele alva e cabelos loiros. A profundidade do sono da donzela branca se mistura a aparente calmaria do rio e da mata frondosa que forra as laterais do quadro e que ao fundo desaparece junto com o rio.

Esta cena de conteúdo relacionado ao início da parte final da narrativa e de forma – do herói e da donzela – imitada da referência romântica europeia será lugar comum em muitas ilustrações posteriores feitas a partir ou para o livro, pois, muito embora não se tenha notícia de outras pinturas baseadas em *O Guarani*, serão muitas as ilustrações, como veremos, feitas para edições e adaptações da obra.

Um ano depois da pintura de Horário Hora, em 1883, o poeta simbolista João da Cruz e Souza (1861-1898) escreveu um poema intitulado *O final do Guarani*. Trata-se de mais uma versão de relação de *O Guarani* na qual o autor ressalta as características fabulares do

9 Infelizmente não tivemos acesso a imagem em qualidade suficiente para reprodução gráfica da pintura . Em todo caso, no blog do Museu Histórico de Sergipe há uma reprodução em baixa resolução que pode ser visualizada no endereço eletrônico < http://museuhsergipe.blogspot.com.br/2012/12/romantismo-de-cecy-e-pery.html> Acessado em: nov. de 2017.

romance de Alencar fazendo alusão, no título, justamente ao elemento de eternidade de narrativa: o final aberto.

O argumento do soneto é baseado na relação amorosa entre Peri e Ceci ressaltando as características de um e de outro quanto ao seu lugar étnico e estético na narrativa. Destaca-se o último verso em que o autor registra que os dois, o índio e a branca, perderam-se na "noite serena do ideal"; e eis, pois, que o poema é marcado pela mesma idealização que garante o final aberto do livro; final esse que encaminha a estória para o mito que o poeta acaba por colocar em relevo.

> **O final de O Guarani**
> *(Santos, 15 jul., 1883)*
>
> Ceci – é a virgem loira das brancas harmonias,
> A doce-flor-azul dos sonhos cor-de-rosa,
> Peri – o índio ousado das bruscas fantasias,
> O tigre dos sertões – de alma luminosa.
>
> Amam-se com o amor indômito e latente
> Que nunca foi traçado nem pode ser descrito.
> Com esse amor selvagem que anda no infinito.
> E brinca nos juncais – ao lado da serpente.
>
> Porém... no lance extremo, o lance pavoroso,
> Assim por entre a morte e os tons de um puro gozo,
> Dos leques da palmeira à nota musical...
>
> Vão ambos a sorrir, às águas arrojados,
> Mansos como a luz, tranqüilos, enlaçados
> E perdem-se na noite serena do ideal!...
>
> (SOUZA, 2008, p.80).

Entre uma ou outra reedição ou reimpressão do romance na primeira década do século XX aparecem as primeiras adaptações de *O Guarani* para o cinema. O fato é que a narrativa de Ceci e Peri será utilizada quase uma dezena de vezes por cineastas brasileiros e estrangeiros; algo esse que contribui muito na nossa hipótese - de que *O Guarani* é uma das obras literárias mais imitadas na história da cultura brasileira - pois, de fato, é difícil encontrar qualquer outro romance nacional que tenha recebido nove adaptações pela sétima arte.

Dos três primeiros filmes realizados a partir do romance *O Guarani* se tem pouca notícia e as imagens se perderam. Em todo caso, eles acompanham as primeiras fases do desenvolvimento cinematográfico nacional: é de 1908, época dos filmes cantados, o curta metragem de Benjamin de Oliveira; e de 1911 a filmagem de Salvatore Lázzaro. Por serem da fase dos filmes ditos 'cantados' é bem provável que fossem baseados na ópera de Carlos Gomes. Não é estranho constatar que entre os diretores estrangeiros que adaptaram *O Guarani* para o cinema estão, como veremos, quatro italianos; até porque, por meio da ópera de Carlos Gomes, a estória repercutiu bastante na Itália.

A terceira adaptação do romance para o cinema é de 1916. Dela, tais quais as anteriores, só podem ser encontradas notícias e não imagens. O cineasta italiano Vittorio Capellaro será responsável pela direção desse filme que parece ter consistido em um ensaio para o filme que o mesmo diretor voltará a gravar dez anos depois.

Antes da segunda produção de Capellaro, João de Deus fará chegar às telas a quarta adaptação de *O Guarani* para o cinema. Trata-se de um longa metragem de noventa minutos, produzido pela *Carioca Filmes* e por Alberto Botelho a partir da ópera de Carlos Gomes.

Embora não tenhamos tido acesso à película e não saibamos, pois, se ela ainda existe em condições de ser vista, foi possível localizar um cartaz de divulgação do filme que indicia algo interessante para o nosso propósito de repassar as imitações do romance.

No cartaz (Figura 6), abaixo do título escrito em caixa alta, fez-se questão de chamar atenção para a pretensa "grandiosidade" do filme que deveria ser compatível com a obra dos dois bustos que chancelam a produção centralizados entre os nomes do produtor e do diretor:

José de Alencar, o criador, à esquerda e Carlos Gomes, o recriador/imitador, à direita. Ademais, o cartaz ainda promete uma "encenação luxuosa", "digna do público" brasileiro que rivalizaria com "os melhores filmes estrangeiros"; enfim era *O Guarani* (1920) de João de Deus, pelo menos no que registra o cartaz, "o mais perfeito e completo filme brasileiro" até aquele momento. A *Companhia Brasil Cinematográfica* e a *Carioca Filmes* parecem ter escolhido uma história a altura da sua empreitada ou, pelo contrário, parece ter tido que colocar a sua empreitada a altura da obra que escolheram registrar em película.

O cartaz é ilustrado com fotos de personagens e cenas do filme e aí mais indícios sobre as imagens produzidas a partir de *O Guarani* são reveladas: pode-se ver como foram representadas Dona Lauriana e Cecília, bem como Peri vestido todo de panos e plumas brancas que faz lembrar mais um índio habitante do norte da américa do que um ameríndio meridional. Enfim, o filme prometia rivalizar com os melhores estrangeiros, porque não copiar-lhes os tipos indígenas?

As quatro cenas escolhidas para ilustrar o cartaz serão vistas ulteriormente em outras versões do romance. Momentos altos da narrativa não passarão desapercebidos pelos seus imitadores e não passou desapercebido à Alberto Botelho e João de Deus: abaixo à esquerda a conversão de Peri; no centro Peri e Ceci enfrentam o dilúvio no Paquequer agarrados a uma palmeira. A trilha sonora do filme? A ópera de Carlos Gomes. Claro.

Menos de uma década depois do lançamento do filme de João de Deus o diretor italiano Vittorio Capellaro – o mesmo que já havia realizado uma adaptação de *O Guarani* em 1916 – vai empreender uma nova filmagem do clássico de José de Alencar. Infelizmente, tal como se observa a respeito de boa parte no material fílmico dos primeiros tempos, não foi possível ter acesso à película de Capellaro, mas duas fontes ligadas ao projeto são boas pistas para capturar o espírito geral da obra.

Em um cartaz de divulgação do filme de 1926 (Figura 7) pode-se ler sobre a produção:

> O Guarany, que inspirou a Carlos Gomes a ópera que o consagrou, é o mais popular dos romances brasileiros. Apresentando esta produção, a *Paramount Pictures* sente o inefável prazer de ter contribuído, na medida de suas forças, para o reerguimento da cinematografia nacional, prestando acima de tudo uma homenagem especial à grande Nação Brasileira.

Interessante notar a ênfase dada pelos produtores e divulgadores do filme no caráter nacional e, ao mesmo tempo, nacionalista da produção. Não se tratava apenas da adaptação de um dos "mais populares romances brasileiros", mas, sim, de uma adaptação capaz de "reerguer" a atividade cinematográfica brasileira com uma "homenagem especial" à nação uma vez que o filme - como se pode depreender por outros textos do cartaz - retrataria os "lindos cenários naturais", revelando a mata e o índio com grandeza e originalidade. A aposta da *Paramount Pictures* foi produzir um filme brasileiro cujo enredo retrata os inícios do Brasil e, por isso, daria forças ao nascente cinema nacional.

A película de Capellaro teve alguma repercussão. Cenas do filme serão utilizadas, dois anos depois, em uma interessante edição de *O Guarani* produzida pelo *Jornal do Brasil* em 1928. A preparação da edição que teve "o intuito de vulgarizar ainda mais as interessantes cenas desta popularíssima obra" foi ilustrada com fotos de personagens e cenas do filme que, segundo os editores, já tinha obtido "enorme sucesso quando exposto no Rio e S. Paulo" e continuava, à época, "sendo muito apreciado em todos os recantos do Brasil e do estrangeiro". (ALENCAR, 1928, p.3)

Os fotogramas utilizados na ilustração da edição do *Jornal do Brasil* (1928) formam a segunda pista de como foram representadas as personagens e algumas das situações do romance.

Figura 6 - Cartaz do filme *O Guarani* (1920)
Fonte: <<http://www.bcc.org.br/cartazes/cartaz_fb/001888>> Acesso em: fev.2016

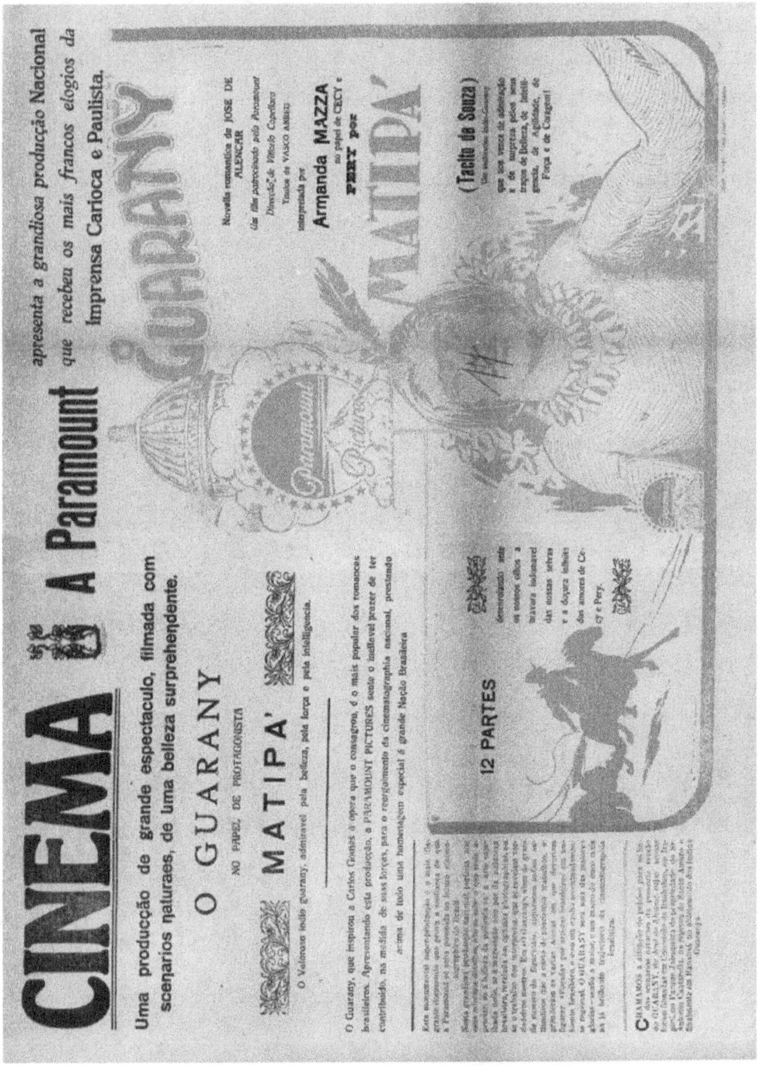

Figura 7 - Cartaz do filme *O Guarani* (1926)
Fonte: <<http://vejasp.abril.com.br/blogs/cinema-filmes/files/2011/05/O-Guarany.jpg>> Acesso em: jan. 2016

Em dois desses fotogramas (Figura 8) é possível ver a caracterização de Peri e Ceci. O índio é retratado com pequena plumagem branca na fronte, colares feitos com sementes e espinhos e uma túnica branca sobre o dorso nu; é visível o uso de maquiagem com o provável intuito de aproximar a cor da pele do ator com uma tonalidade, por assim dizer, mais índia. Aqui vale denotar que apesar da busca de originalidade que o cartaz dizia ter o filme, não se procurou um ator com características fenotípicas mais próximas a de alguma etnia indígena brasileira. Pelo contrário o papel foi representado por um ator cujo fenótipo nada se aproximava da indígena.

Figura 8 - Os personagens Peri e Ceci no filme *O Guarani* (1926)

Fonte: Edição do *Jornal do Brasil* de *O Guarani*, 1928 - Acervo do autor

A personagem Ceci é representada por uma mulher branca, com maquiagem marcante nos olhos e lábios. O que mais chama a atenção, no entanto, são as oposições de figurino escolhidas para contrastar com Peri: em lugar da pluma do índio, um colar de pérolas sobre a fronte; em lugar dos colares feitos de sementes, uma cruz cristã sobre o peito encoberto pelo vestido branco. A oposição indígena e civilização, muito reforçada por Alencar no romance, parece ter condicionado muito as escolhas do figurinista de Capellaro.

Entre as cenas do filme de Capellaro escolhidas para ilustrar a edição especial do *Jornal do Brasil*, duas podem ser colocadas em destaque, pois parecem - como veremos ao longo desse capítulo - indispensáveis para boa parte das adaptações do romance, independentemente da mídia utilizada.

A primeira delas é a cena da conversão de Peri adaptada do capítulo X da quarta e última parte do original, intitulada *O Cristão*, na qual Peri é batizado por Mariz para que, uma vez habilitado pelas leis do Deus dos homens brancos, pudesse tomar Cecília nos braços e levá-la para longe do núcleo familiar e, consequentemente, do iminente perigo representado pelos Aimorés. Para Mariz, somente a um homem cristão poderia ser confiada a vida de um dos seus. Peri, devoto de Ceci, não demora a aceitar a condição da conversão e rapidamente se coloca aos pés do patriarca para consumar o seu batismo.

Essa passagem do livro, de fato, não parece ser sem importância, pois é parte constitutiva e final do processo que progressivamente vai afastando Peri de seu estado inculto em direção a suposta condição de cristão e civilizado. Não estranha, pois, que além de, em boa parte das adaptações ela ganhar destaque, ainda tenha sido escolhida pelos editores do *Jornal do Brasil* para ilustrar a edição especial de *O Guarani*.

No fotograma (Figura 9) pode-se ver, de pé ao centro, o patriarca Mariz com cabelos e barbas longas que com uma das mãos em riste e a outra com uma espada, unge o devoto Peri que de joelhos e com a mão sobre a lâmina da espada do patriarca, olha para cima , isto é, para Deus, assim como todos os outros agregados da casa de Mariz, bem como Dona Lauriana, que circundam a cena.

Figura 9 - O batismo de Peri no filme *O Guarani* (1926)

Fonte: Edição do *Jornal do Brasil* de *O Guarani*, 1928 - Acervo do autor

Figura 10 - Peri e Ceci na canoa no filme *O Guarani* (1926)

Fonte: Edição do *Jornal do Brasil* de *O Guarani*, 1928 - Acervo do autor

Na busca cronológica das versões de *O Guarani* somos levados aos musicais cariocas nas primeiras décadas do século XX.

A outra cena que também é, como veremos, lugar comum nas adaptações de *O Guarani* e que foi escolhida para compor a ilustração da edição de 1928, refere-se àquela que liga o último capítulo da quarta parte com o epílogo do livro. A mesma que há pouco analisamos quando da disposição do quadro de Horácio Hora.

Assim, mais uma vez podemos ver (Figura 10) Ceci deitada inconsciente na canoa, enquanto Peri a vela, antes que, pouco depois, sejam levados ao final aberto pela correnteza do Rio Paraíba. Vale notar que no plano filmado foi escolhido um ângulo, assim como no quadro de Horácio Hora, que valoriza a grandeza do rio, a natureza, em relação às personagens.

O teatro musical ligeiro consistia na apresentação de peças musicais rápidas, produzidas com baixo custo, cujos personagens eram tipos estereotipados a partir do cotidiano citadino, sobretudo das classes mais baixas. Assim eram representados, de maneira carnavalesca, o mulato, o comerciante português, o malandro e etc. Cada espetáculo não ficava mais do que uma ou duas semanas em cartaz.

Essas apresentações atraíam multidões para os teatros e, por isso, constituíram "um fenômeno de popularidade" dos mais relevantes na história do teatro brasileiro. O sucesso de público era garantido por uma "mistura de sensualidade, política, música e humor" que reunia milhares de expectadores provindos, sobretudo, das classes menos abastadas (HERCULANO, 2001, P. 43).

Em linhas gerais pode-se dizer que, "apesar da sua pouco pretensão literária ou cultural, esse gênero de teatro estava dando início a um verdadeiro redescobrimento do Brasil, ao colocar em cena a linguagem das ruas" e "uma crítica humorada dos costumes e das imagens que representavam o brasileiro" (HERCULANO, 2001, p. 43).

Nesse contexto é que foi encenada, em 1934, no *Teatro João Caetano*, o musical *Foi seu Cabra*l de Freire Júnior, cuja trilha sonora se transformará, no mesmo ano, em uma amplamente repercutida marchinha de carnaval intitulada *História do Brasil* de autoria de Lamartine Babo. Juntas são duas imitações de relação de *O Guarani*:

Foi seu Cabral
de *Freire Júnior*
(1934)

TODOS
Quem inventou o Brasil?

OFICIAL
Foi seu Cabral no dia 21 de abril.

TODOS
Será o hino Nacional!

CABRAL
Agora, marujo português,
Chegou a tua vez
O que espera afinal?
Espalhe a raça lusitana,
A terra americana
bem fundida a Portugal.
As índias bonitas aqui estão
bem juntinhas à mão
É só pedir o seu carinho.
Os índios, coitados, são otários,
Que fiquem solitários
A ouvirem um fadinho.

TODOS
Quem foi que inventou o Brasil?
Foi seu Cabral
Foi seu Cabral
No dia 21 de abril
Dois meses depois do carnaval!

Depois Ceci amou Peri
Peri beijou Ceci
Ao som do Guarani
Do Guarani ao Guaraná
Surgiu a feijoada
E depois a parati.

PERI
Brasil, sinto a tua força hidráulica!
É a tua voz metálica!
Serei o teu Peri...

SEVERA
E eu tua Ceci.

AMBOS
O Peri e a Ceci
Do grande Guarani!

DALTON E ROLDAN
Não o levarás!
O índio guarani
Não sairá daqui

ROLDAN
Neste sertão imenso
Onde canta o sabiá,
Arriscando o meu corpo
Para aqui, para acolá

DALTON E ROLDAN
P'ros nativos desta terra
Trazemos instrução
Amamos os nossos índios
Com calor no coração

***

História do Brasil
de *Lamartine Babo*

Quem foi que inventou o Brasil?
Foi seu Cabral...Foi seu Cabral!...
No dia vinte e um de abril...
Dois meses depois do carnaval!...
Depois...
Ceci amou Peri
Peri beijou Ceci
Ao som...
Ao som do Guarani!...
Do Guarani ao guaraná...
Surgiu a feijoada,
E mais tarde o Parati!
Depois...
Ceci virou Iaiá...
Peri virou Ioiô...
De lá...
Pra cá, tudo mudou!
Passou-se o tempo da vovó...
Quem manda é a Severa
E o cavalo Mossoró.

Na composição para o musical de Freire Júnior, da qual participou Lamartine Babo e outros diversos autores, são encontradas cinco estrofes com referências diretas ao par romântico mestiço da estória de José de Alencar.

A marchinha faz troça com o descobrimento do Brasil e satiriza a mestiçagem entre o branco português e o índio, caracterizando esse último, não sem forte ironia, como néscio que se entrega facilmente à cultura europeia.

A referência direta a Peri e Ceci aparece na sexta estrofe que ironiza a relação entre os dois como as causas das misturas que levam a itens típicos da cultura e culinária nacionais, tais como o guaraná, a feijoada e a parati.[10]

Os compositores ressaltam a força hidráulica do país no que pode ser compreendida como uma referência a grandeza dos rios que, como no romance de Alencar, levam Ceci e Peri para o destino nacional. A letra ainda faz referência, de certo que também com alguma ironia, ao amor que os brasileiros teriam pelos indígenas e que levar a instrução a esses povos seria a prova maior de cuidado para com eles.

A carnavalização do tema visa descontruir com ironia e humor a imagem indianista gravada no imaginário nacional, qual seja a do índio heroico e imponente. Na letra do musical de Freire Júnior, bem como na marchinha de Lamartine, tal como no romance de Alencar, Peri e Ceci constroem o Brasil. Entretanto, diferentemente do final de Alencar, o final da estória não é aberto.

Na marchinha de Lamartine Babo, depois de consumado o amor entre Ceci e Peri e terem surgido o guaraná, o guarani, a feijoada e a parati, Ceci vira Iaiá, isto é, senhora, e Peri torna-se Ioiô, isto é, senhor. Lembremos que Iaiá e Ioiô eram tratamentos de reverência utilizados no Brasil colonial e imperial.

Ainda, na letra de Babo, já teria passado o tempo onde Ceci e Peri seriam importantes, pois, agora quem mandava era 'a severa' e o 'cavalo Mossoró', referências a dois fenômenos culturais daquele momento. A primeira diz respeito, provavelmente, ao primeiro filme sonoro português, intitulado *A severa* cujo roteiro parece guardar semelhanças - não porque seja resultado de adaptação, mas tão simplesmente pelo cunho romântico - com a estória de *O Guarani*. A segunda referência diz respeito a um cavalo de corrida que ficou muito

---

10 Até a primeira metade do século XX era comum, no Brasil, se referir à cachaça como Parati que é na verdade metonímia da mais famosa localidade carioca de produção do item à época.

conhecido em 1933 por ter sido campeão do primeiro grande prêmio brasileiro de hipismo, realizado em 6 de agosto daquele ano.

Assim, pois, segundo a metáfora de Lamartine Babo os mitos de Ceci e Peri teriam, àquela altura do Brasil moderno, se transformado, respectivamente, em tipos da classe pequeno burguesa; uma mais assemelhada a uma dama protagonista de filme português e outro a um cavalo de corrida. Essas as facetas dos novos mitos na ironia de Babo.

Em 1937 vem a público a primeira adaptação de *O Guarani* para os quadrinhos. Trata-se de uma edição realizada pelo Correio Universal, adaptada e ilustrada pelo pintor, historiador e jornalista carioca, Francisco Acquarone (1898-1954).

A adaptação de Acquarone foi realizada no contexto de uma série que o autor e ilustrador produziu para o *Correio Universal* nos anos 1930, adaptando obras de literatura nacional e estrangeira para o formato de quadrinhos no que parece ter sido iniciativa pioneira desse tipo. O *Correio Universal* era uma publicação carioca semanal, espécie de almanaque de variedades muito popular naquela década.

Para o *Correio Universal*, Francisco Acquarone adaptou e ilustrou obras, tais como *O sertanejo*, de José de Alencar; *Os cossacos*, de Tolstói; *Um começo de vida*, de Balzac; *Homens do Mar*, Victor Hugo; *Nana*, de Zola; *Alma de criança*, de Dostoievski, entre outros (ALENCAR, 2017, p. 9).

A estória adaptada por Acquarone segue a risca a ordem das partes tais como dispostas no original, suprimindo alguns episódios de menor importância, mas quase sempre reproduzindo os textos tais como elaborados por Alencar, sobretudo nos diálogos para a composição dos balões de texto dos quadrinhos.

As ilustrações elaboradas por Acquarone seguem o estilo típico dos *cartoons* produzidos à época nos Estados Unidos e como podemos ver a partir do cenário da capa (Figura 11) o ilustrador deu ênfase à batalha do núcleo de Mariz contra os Aimorés, colocando Peri e Ceci em primeiro plano.

Na ilustração da capa, Peri resgata Ceci e a moça é representada dormindo nos braços do índio, com longos cabelos loiros e vestido e sapatos que certamente não seriam comuns em tempos do Brasil colonial. O mesmo anacronismo e, nesse caso, distanciamento de verossimilhança pode ser notado na representação que o ilustrador faz de Peri, pois o índio aparece enorme, musculoso, com longos cabelos pretos adornados por penachos e uma curta sunga branca que recobre as partes púbicas; imagem muito distante, pois, de qualquer índio habitante do território colonial brasileiro em idos do século XVII.

A ilustração produzida por Acquarone, pensamos, emula mais as figuras da personagem Tarzan e Jane, criada pelo estadunidense Edgar Rice Burroughs (1875-1950) em 1912 e popularizada em quadrinhos norte americanos no final da década de 1920.

Ora, em todo caso, se as ilustrações da adaptação de Acquarone não foram felizes em aproximar a representação que fez do índio da realidade brasileira, veremos que o mesmo não se pode dizer de sua aceitação, pois, pela comparação, como ficará evidente ao analisarmos mais a frente outras produções para os quadrinhos, a edição do Correio Universal parece ter influenciado de forma decisiva as adaptações posteriores do gênero.

Uma pouco menos de uma década depois da adaptação ilustrada de Acquarone a Livraria H. Antunes levou as prateleiras uma edição pequena, embora com texto integral de *O Guarani*. A edição simples realizada em papel grosseiro e páginas francesas provavelmente chegou a custos bem módicos para o público. A livraria, editora do livro, havia sido fundada em 1909 por Hector Antunes "visando principalmente a revenda de livros importados de Portugal" (HALLEWELL, 2012, p. 308). No contexto do avanço do número de leitores, bem como de edições e exemplares a Livraria H. Antunes tornar-se-á importante no Rio de Janeiro e fará chegar ao público livros com as características denotadas nesta edição frugal de *O Guarani*.

Figura 11 - Capa de *O Guarani* em quadrinhos (1937)
Fonte: Edições do Senado Federal, volume 235, 2017.

Como já dissemos, a edição de H. Antunes traz o texto integral de Alencar sem, excetuando atualização ortográfica, nenhuma mudança, alteração ou adaptação do texto. A despeito disso, dois elementos são dignos de nota sobre a preparação dessa edição popular: em primeiro lugar quando comparados o índice da edição com o índice ou sumário de qualquer outra, nota-se que o epílogo do livro que inicia logo após o capítulo dez da quarta parte, intitulado *O cristão* e é dividido em cinco partes, foi publicado com títulos que só existem na edição de H. Antunes e foram, portanto, criados pela livraria. Assim, esse item, apesar de ser uma imitação de simples reprodução tem algo, também, de versão de adaptação.

As partes que receberam títulos pela editora são: *Sobre o Paquequer* referente a parte em que Peri salva Ceci da batalha contra os Aimorés e a faz saber da morte de sua família, bem como da conversão do índio; *Salve, Rainha* que é o título dado pela editora a parte em que se conta a travessia de canoa de Ceci e Peri e, também, de quando rezam juntos pela primeira vez; *A refeição* que é a parte em que Peri reflete sobre a impossibilidade de habitar o espaço dos brancos junto a Ceci, vislumbrando um futuro incerto; *A filha do deserto* é o título dado a penúltima parte do livro quando Ceci decide ficar com Peri na natureza, se dizendo brasileira e preparada para viver com seu amado irmão na vastidão da mata. Nessa parte também inicia o temporal que causará o dilúvio levando à *Tempestade*, que é o título dado a parte em que, sobre a palmeira, Peri e Ceci somem na vastidão do rio Paraíba.

Essas inserções de título talvez não causem nenhum impacto sobre a ordem dos fatos e a leitura, mas inicia algo que será comum nas edições do porvir que é a liberdade editorial de colocar ou suprimir títulos, reproduzir ou suprimir notas e etc. Ainda, em se tratando de uma edição popular, isto é de papel simples e formato pequeno visando o baixo custo, pensamos que talvez o editor não quisesse causar estranheza no público ao identificar as últimas cinco partes apenas com algarismos romanos, bem como não tenha querido usar a palavra 'epílogo' evitando assim o que poderia parecer algo de difícil compreensão para leitores de bolso. Aliás, essa é a primeira edição de bolso de *O Guarani.*

Outro aspecto da edição que vale alguma análise é a ilustração, única do volume, impressa na capa em papel revista. Embora a edição não faça referência ao nome do ilustrador, pode-se depreender que foi feita especialmente para o livro, pois há remissão direta a itens utilizados ao longo do enredo, tais como o arco de Peri levado em sua mão direita, bem como a pistola, presente de Ceci, em sua cintura.

Na ilustração (Figura 12) o homem que espreita a donzela branca mais se parece com um jovem saído de alguma situação na antiguidade Grega do que um índio nos trópicos americanos. A túnica branca amarrada com um cocar contrasta com a plumagem superior que mais parece um adereço de cabeça de algum bobo da corte na idade média. Ainda, ao longe, pode-se ver a moça representando Cecília que traja um longo e pesado vestido que parece ter sido inspirado na era vitoriana ou coisa que o valha. Enfim, alguém pode discutir e argumentar que a ilustração traz uma ou outra referência construída no texto por Alencar, mas, em todo caso, é inegável que há uma enorme distância entre a representação ali criada e a projeção mais fiel ao cenário colonial brasileiro. Por essas e outras que vimos e que ainda veremos é que foi sendo construída uma certa imagem, uma certa representação das cenas d'*O Guarani* que podem até ser próximas das descrições de Alencar, mas, ao mesmo tempo, se deixam levar por referências clássicas, iconografias muito distantes da que se poderia projetar como a mais fidedigna para o período e localidade retratados.

Nos anos 1940 também apareceram outras duas adaptações de *O Guarani* para os quadrinhos contribuindo para o que aqui vamos denominar superpopularização do texto. Sobre esse aspecto as referências são esparsas e não pudemos encontrar as revistas originais, mas há notícias sólidas de que o cartunista Jayme Cortez tenha publicado tiras de história em quadrinhos de *O Guarani* no jornal *Diário da Noite* e que, na mesma década, Gedeau Malagola publicou a história de José de Alencar adaptada para tiras na *Revista Vida Juvenil* da editora *Vida Doméstica*.[11]

De fato a década de 1940 foi relevante para o aclive de popularização das produções do mercado editorial brasileiro, pois foi nela que principiou a atividade dos chamados 'clube dos livros' e entre esses destacou-se "o mais democrático, de Mário Graciotti, baseado em três princípios: "texto limpo e anotado, preço barato, entrega em domicílio." (HELLEWEL, 2012, p. 548).

11 Há referências sobre esses itens na historiografia sobre quadrinhos no Brasil (GONÇALO JÚNIOR, 2004) e (CYRNE; MOYA; D'ASSUNÇÃO; AIZEN, 2002) mas, infelizmente, não conseguimos acessos aos originais.

Figura 12 - Capa de edição de *O Guarani* (1943)
Fonte: Acervo do autor

Aqui, é curioso notar que Graciotti iniciou as atividades do *Clube do Livro*, em julho de 1943, justamente com a publicação de *O Guarani* de José de Alencar e "daí em diante, lançou mensalmente uma obra de literatura, muitas vezes um romance brasileiro inédito, para um quadro calculado, em janeiro de 1969, em mais de cinquenta mil sócios" (HALLEWEL, 2012, p. 548). Importa frisar que o famoso empreendimento que animou por décadas as estantes brasileiras, tenha iniciado sua coleção com o mesmo romance qual ora nos ocupamos.

Outra versão de *O Guarani* que aparece entre as décadas de 1940 e 1950 está impressa em uma coleção de doze inusitadas estampas em papel veiculadas de forma promocional nas embalagens de uma famosa marca de sabonetes fabricados pela *Perfumaria Myrta* no Rio de Janeiro.

A empresa de produtos de higiene utilizava os cartões com estampas e histórias ou textos explicativos no verso para impulsionar as vendas de um de seus principais produtos, o sabonete *Eucalol*. As séries numeradas e colecionáveis eram inspiradas ou baseadas em personalidades, temas como produtos ou animais do Brasil e etc. Dos temas selecionados para compor as séries fizeram sucesso aqueles voltados a mitos da antiguidade clássica, folclore e histórias da prosa universal, tal como *Don Quixote*. Os cartões das estampas *Eucalol* foram e ainda são muito colecionados, embora sua fabricação tenha sido interrompida em fins dos anos 1950.

A estampas *Eucalol* fizeram adaptação de *O Guarani* de José de Alencar dentro de uma série temática denominada *As mais belas lendas do Brasil*, formando a série de doze cartões aos quais nos referimos. Embora não tenha sido possível precisar o ano exato de impressão e circulação dos cartões da lenda de *O Guarani*, tendemos a achar, pelo tipo do cartão quando comparados a outras séries do período, que devem ter sido produzidos entre 1945 e 1955. Em todo caso, é importante ressaltar que não há créditos do adaptador da estória em nenhuma das cartas. *O Guarani* foi veiculado nas estampas dos sabonetes *Eucalol* como uma lenda brasileira, como se fosse uma história folclórica e de domínio público.

O primeiro cartão apresenta Mariz, sua casa, o núcleo familiar e os aventureiros; o segundo apresenta Álvaro e Peri como pretendentes em disputa por Cecília; o terceiro apresenta Loredano e seu plano de raptar Cecília; o quarto trata do episódio da caça da onça por Peri que quer satisfazer o desejo de Cecília em ter um animal selvagem; o quinto trata do episódio em que Peri enfrenta os Aimorés pela primeira vez; o sexto aborda a cena em que Loredano tenta invadir o quarto de Cecília e é impedido por Peri; o sétimo trata da morte de Álvaro e do suicídio de Isabel; o oitavo aborda o início da guerra contra os Aimorés e a preparação de Peri para fugir com Cecília; o nono cartão trata da parte em que Mariz recusa os pedidos de Peri para fugir com Ceci, dizendo que só aceitaria se Peri se tornasse cristão. Peri, então, anui ao pedido de Mariz. O décimo cartão descreve como Peri foge com Cecília em uma canoa e a faz saber dos acontecimentos que abateram sua família. O décimo primeiro cartão descreve como Ceci decide viver na mata com Peri e como os dois passam a reconhecer o amor um no outro. O décimo segundo faz saber de uma tempestade e como Peri salva Ceci do futuro incerto levando-a pela correnteza sobre a palmeira.

Em linhas gerais podemos dizer que os cartões acompanham o fluxo da história, alterando-o um pouco apenas, por motivos óbvios, no sentido da condensação. Essa condensação dos fatos da história original acaba por deixar algumas questões em aberto como, por exemplo, o motivo pelo qual o ataque aimoré acontece, bem como a adoração de Peri por Cecília e a disputa da moça por ele, Álvaro e Loredano que fica um tanto quanto subentendida.

Outrossim, três cartões merecem destaque na análise, pois dois são, mais uma vez, reprodução de duas sendas recorrentemente destacadas nas versões d'*O Guarani*. O outro é o último que altera completamente o final da estória original, caracterizando a série como versão do tipo adaptação.

O cartão de número quatro estampa o trecho da estória no qual Peri enfrenta uma onça com o objetivo de dominá-la e levá-la de presente à Cecília que, ironicamente, pensando ser impossível, havia provocado o índio dizendo querer uma onça de presente. No livro, o capítulo 'A luta' é o quarto da primeira parte e marca em altiplano mitológico a apresentação da personagem Peri.

De fato essa parte do romance que ocupa, a depender da edição, coisa como 7 ou 10 páginas, é uma das que mais recebem relevo nas versões de *O Guarani*. Não foi diferente nas Estampas *Eucalol* e não será diferente em versões ulteriores.

Na imagem que ilustra o cartão de número 4 (Figura 13) pode-se ver Peri carregando a onça aprisionada a uma vara, enquanto Cecília e Isabel se espantam ao ver a cena. Vale denotar a riqueza do traço na ilustração dos vestidos, do véu e do adereço de cabeça da moça que se debruça sobre a janela. Há, também, riqueza de detalhes no traçado e nas cores do alpendre, bem como do jarro de barro, do arco e da seta que adornam a carta. O texto do verso resume em um parágrafo o argumento do capítulo quatro da primeira parte da estória original:

O nono cartão da série (Figura 14) é senda do capítulo *O cristão* que, tal qual *A luta*, é reiteradamente destacado nas adaptações do romance. A ilustração retrata Peri ajoelhado em frente a Dom Antônio de Mariz. O índio de dorso nu tem a cintura coberta por um saiote de plumas e a cabeça adornada por uma pena. O índio reverente espera, na imagem, a benção do fidalgo português trajado tal como um nobre da idade média. A esquerda, em segundo plano, um aventureiro atira contra os Aimorés atrás de um muro recortado como de um castelo medieval, dando a ideia de que a conversão de Peri acontecera em meio à luta. No verso o texto do cartão faz legenda à ilustração contando que o índio convertera-se para salvar Cecília e que D. Antônio batizou-o dando-lhe, inclusive, o seu próprio nome ao índio. Tratava-se, pois, não só de um batismo cristão, mas também de um batismo de fidalguia.

Usem o sabonete E U C A L O L, á base da EUCALIPTO, por ser de um effeito therapeutico maravilhoso, por ser deliciosamente perfumado e fabricado com materias primas escolhidas, enfim, por ser o ideal dos sabonetes de toilete.

Exijam a FITA VERMELHA de garantia

Um dia Ceci disse a Peri que tinha vontade de possuir uma onça, viva. Peri foi à floresta, brigou com uma, amarrou-a e trouxe-a nas costas para oferecer de presente à Ceci. D. Laureana ficou com muito medo e não quiz que a onça ficasse no castelo.

Creme Dental EUCALOL á base de Eucalypto

O melhor para a hygiene da bocca — A ultima palavra da sciencia

PERFUMARIA MYRTA S. A. — RIO DE JANEIRO — CAIXA 1886

Figura 13 - Estampa 4 de *O Guarani* nos sabonetes Eucalol
Fonte: Acervo do autor

O décimo segundo cartão (Figura 15) merece destaque na análise porque além de se tratar de imagem muito destacada nas versões de *O Guarani* teve, nas Estampas *Eucalol*, o final completamente adaptado. Trata-se de ilustração da última cena do romance, última parte do epílogo, quando após a tempestade Peri e Ceci somem no horizonte do Rio Paraíba. Peri, novamente representado com cabelos longos e uma pluma de adereço na cabeça, guia com as mãos o tronco improvisado como canoa. Cecília sentada atrás segura no peito de Peri e tem um semblante feliz. A ilustração não destoaria muito do que foi escrito por Alencar não fosse a legenda que os editores de *Eucalol* fizeram estampar no verso: em lugar do final aberto guiado pela força do rio que faz o casal ficar à deriva rumo as incertezas do futuro, preferiram, talvez para bem agradar os colecionadores e dar certeza do final da série, recriar o final fazendo com que Peri e Ceci encontrassem "lugar firme" onde se casaram, tiveram filhos e foram felizes. De fato a adaptação das estampas *Eucalol* parece decisiva em não aceitar o final aberto de Alencar que, sem dúvidas, por força da forma, poderiam prejudicar ou confundir os colecionadores. O final não poderia ser poético e aberto, mas sim fechado e comercial como pede o figurino dos produtos promocionais. O interessante para nós, no entanto, é notar que até para isso *O Guarani* serviu ou foi utilizado mesmo que sem seu final aberto.

Na mesma época das estampas *Eucalol* foi lançada mais uma versão fílmica do romance de Alencar que nesse caso era, na verdade, uma adaptação da ópera de Carlos Gomes.

Segundo o *Dicionário de filmes brasileiros longa metragem* (2009) o filme foi lançado no Rio de Janeiro em 1950. A produção foi realizada pela empresa romana *Universalia Filmes*, com direção de Riccardo Fressa. Do filme de 90 minutos gravado em 35 mm, preto e branco, pouca notícia se tem; apenas que tinha trilha sonora fiel a ópera que lhe inspirou e, pelo que podemos depreender, não foi um sucesso. Vale aqui apenas o registro para o inventário, pois pouco podemos dizer do seu conteúdo.

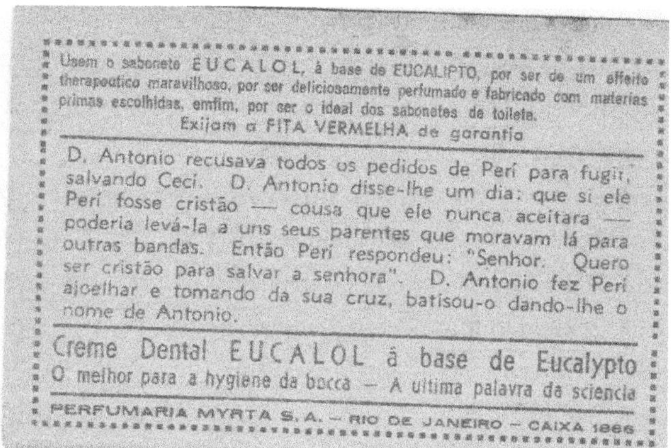

Usem o sabonete EUCALOL, à base de EUCALIPTO, por ser de um effeito therapeutico maravilhoso, por ser deliciosamente perfumado e fabricado com materias primas escolhidas, emfim, por ser o ideal dos sabonetes de toilete.

Exijam a FITA VERMELHA de garantia

D. Antonio recusava todos os pedidos de Perí para fugir, salvando Ceci. D. Antonio disse-lhe um dia: que si ele Perí fosse cristão — cousa que ele nunca aceitara — poderia levá-la a uns seus parentes que moravam lá para outras bandas. Então Perí respondeu: "Senhor. Quero ser cristão para salvar a senhora". D. Antonio fez Perí ajoelhar e tomando da sua cruz, batisou-o dando-lhe o nome de Antonio.

Creme Dental EUCALOL à base de Eucalypto

O melhor para a hygiene da bocca — A ultima palavra da sciencia

PERFUMARIA MYRTA S. A. — RIO DE JANEIRO — CAIXA 1866

Figura 14 - Estampa 9 de *O Guarani* nos sabonetes ***Eucalol***
Fonte: Acervo do autor

No início da década de 1950 virá a público a primeira edição, versão do tipo reprodução, das obras completas de José de Alencar. A iniciativa editorial de porte que reuniu 16 volumes ricamente comentados e ilustrados partiu do editor José Olympio que no pós-guerra "interessou-se por coleções ilustradas de clássicos da literatura e de obras sobre o Brasil" (HALLEWELL, 2012, p. 147). *O Guarani* abriu a série com ilustrações de Tomás Santa Rosa.

O empreendimento da *Livravia José Olympio Editora* foi bem sucedido, como muitos outros a que se dedicou a empresa. A edição das obras completas de José de Alencar alcançou ao menos uma dezena de reimpressões e exemplares ainda podem ser achados com facilidade em sebos e bibliotecas.

Além, o próximo item do inventário requer alguma contextualização.

Em fins da década de 1940, o jornalista baiano Adolfo Aizen fazia chegar ao mercado brasileiro as histórias em quadrinhos em formato similar àquele que consagrou o gênero no ocidente. O empresário dono da *Editora Brasil-América* (EBAL) criara, a partir de direitos comprados da série estadunidense *Classic Comics*, as *Edições Maravilhosas*, que consistia em números de quadrinhos baseados em grandes clássicos da literatura ocidental.

O primeiro número da série, lançado em 1948, era uma adaptação do consagrado romance de capa-espada *Os três mosqueteiros* de Alexandre Dumas. A série seguirá, nos primeiros anos de existência, sempre à mercê das edições norte-americanas. "Mas em agosto de 1950 o número 24 da *Edição Maravilhos*a apresentou (...) em lugar de uma tradução da *Classics Ilustrated* original(...) o romance brasileiro *O Guarani*, de José de Alencar." (CYRNE et alli, 2002, p.43). Tratava-se de uma edição ricamente ilustrada por André Le Blanc (1921-1998) "que já tinha começado uma carreira de sucesso nos Estados Unidos e chegara a ser, inclusive, assistente do famoso Will Eisner(...)" (CIRNE et alli, 2002, p.47).

Usem o sabonete EUCALOL à base de EUCALIPTO, por ser de um effeito therapeutico maravilhoso, por ser deliciosamente perfumado e fabricado com materias primas escolhidas, emfim, por ser o ideal dos sabonetes de toilete.

Exijam a FITA VERMELHA de garantia

Um dia, como uma enchente ameaçasse alagar tudo, Perí quebrou uma palmeira, colocou Cecí nela e emquanto a moça segurava nos seus hombros ele ia guiando a palmeira. Chegaram depois a um logar firme. Alí se casaram, foram felizes e tiveram muitos filhos. E assim terminou a história de Perí e Cecí.

Creme Dental EUCALOL à base de Eucalypto

O melhor para a hygiene da bocca — A ultima palavra da sciencia

PERFUMARIA MYRTA S. A. — RIO DE JANEIRO — CAIXA 1866

Figura 15 - Estampa 12 de *O Guarani* nos sabonetes ***Eucalol***
Fonte: Acervo do autor

A imitação do tipo versão de *O Guarani* por Le Blanc para os quadrinhos alcançou o sucesso esperado em uma série já conhecida do público ledor. A primeira edição de 1950 esgotou rápido. Em 1952, uma segunda tiragem foi preparada, mas não chegou às bancas de jornais pois foi perdida em um incêndio ocorrido nas instalações da editora. A terceira reimpressão, segunda edição da adaptação a chegar ao público, foi realizada em 1954, mantendo toda a composição da primeira.

A versão do tipo adaptação de André Le Blanc é bastante fiel ao roteiro original do romance. As cenas seguem em grande parte a ordem em que são apresentadas no livro, mas o desenhista haitiano retira as analepses do texto de modo que a história ganha apenas um fluxo de tempo narrativo. Assim, as idas e vindas no tempo presentes na narrativa de Alencar são suprimidas com o provável intuito de tornar a estória mais fluída para os leitores de quadrinhos. Aliás, essa a característica dos textos: mais fluídos. Alguns trechos e diálogos são aproveitados integralmente do romance, outros são livremente inspirados, mas mantêm a ideia central sem prejuízo do fluxo narrativo criado por Alencar. Enfim, a imitação de adaptação de Le Blanc respeita o texto e a ordem do texto criada por José de Alencar. Retirando uma ou outra cena dispensável para a narrativa, o leitor da *Edição Maravilhosa* saberia de toda a história de *O Guarani* sem precisar ler o romance original.

Em se tratando de uma adaptação para os quadrinhos é indispensável alguma análise das ilustrações de Le Blanc. Na edição de cinquenta e uma páginas em preto e branco, apresentadas por uma capa colorida, o ilustrador procurou figurar, à exemplo do que fez com o texto, os personagens e as cenas tal qual descritas no romance original.

No entanto, é certo que a proximidade do autor com a forma norte-americana e também com a adaptação de Francisco Acquarone anteriormente analisada - de produzir quadrinhos não o afastou por completo de traços que podem fazer lembrar um cartaz hollywoodiano.

Vale notar que, na capa, (Figura 16) há, tal como na capa da adaptação de Acquarone de 1937, um certo aspecto de Tarzan e Jane nas figurações de Peri e Ceci; o índio musculoso a segurar uma dama ruiva em um vestido que certamente encaixaria melhor em qualquer figurino de filme da década de 1950 do que em uma dama luso-brasileira de idos do século XVI. Em todo caso, Peri perdeu os cabelos longos e a pena solteira como adorno de cabeça que até ali aparecia de maneira reiterada nas imitações d' *O Guarani*.

A despeito desses e outros tópicos que aparecem intermitentemente aqui e ali ao longo dos quadrinhos, a impressão geral é que o artista preocupou-se muito com a verossimilhança do tempo da estória deixando escapar - por força de seu próprio tempo ou do melhor traço para o mercado de seu tempo - uma ou outra corruptela anacrônica ou antimímica.

Na versão de Le Blanc na *Edição Maravilhosa* duas sendas mímicas dos capítulos *A luta* e *O cristão* voltam a aparecer. A primeira (Figura 17) mostra Peri enfrentando a onça munido apenas de uma forquilha feita com um galho e como "estes dois selvagens das matas do Brasil voltam a se medir cada um com suas armas" não há nada nas mãos de Peri que seja item da civilização. Trata-se do homem 'puro' enfrentando a natureza, tal como na concepção mitológica de Alencar. Le Blanc interrompe a cena nesse ponto (p. 5) suspendendo o desfecho do leitor e criando o suspense que move a leitura.

Ainda na versão de Le Blanc a senda da conversão de Peri em seis quadros resume o último capítulo anterior ao epílogo de Alencar (Figura 18). O resumo é bastante fiel aos diálogos e às descrições de Alencar figurando, inclusive, o momento no qual o índio beija a cruz de Mariz. Os traços do cartunista deixam, pois, transparecer todo os elementos de servidão voluntária na relação do indígena, agora convertido, com os homens brancos.

Ainda em 1954, a *Livraria Progresso Editora*, sediada na cidade de Salvador, editou as obras completas de José de Alencar e adicionou à edição de *O Guarani* o que talvez seja o item mais inusitado entre as versões de relação criadas a partir desse.

Figura 16 - Capa de *O Guarani* em quadrinhos (1954)
Fonte: Acervo do autor

Figura 17 - Peri enfrenta a onça em *O Guarani* em quadrinhos (1954)
Fonte: Acervo do autor

Figura 18 - A conversão de Peri em *O Guarani* em quadrinhos (1954)
Fonte: Acervo do autor

Trata-se de *O Licenciado* de Pompilio Cavalcante de Moura, escritor sobre o qual não conseguimos obter informações e do qual essa parece ser a única obra que, ao longo dos anos, animou não mais que poucos comentários aqui e acolá pelo curioso da empreita.[12]

O livro é um romance de 229 páginas que se pretende uma continuação de *O Guarani*, criando desenlaces para o conhecido final aberto de Alencar. Nele são narrados os fatos ulteriores ao dilúvio e os destinos de Peri e Ceci após sumirem no horizonte no tronco da palmeira.

Antes que tratemos do conteúdo da estória de Pompilio vale alguma referência sobre o prefácio assinado pelos editores, pois é bastante interessante para uma caracterização da obra. Vejamos:

> Alencar [deixa] suspensa uma interrogação sobre o fim de Peri e Ceci, acenando, através desta dúvida, com a esperança de um destino para além das águas revoltas do Paquequer em cheia.
>
> Foi talvez para responder a essa interrogação e para realizar esta esperança, que Pompilio Cavalcante de Moura, sobre discreto anonimato das três iniciais do seu nome, publicou *O Licenciado*, onde procurou dar uma sequencia lógica aos acontecimentos do livro, para conduzi-los ao clássico *fim feliz* pelo qual ansiavam todos os leitores e leitoras românticos, como hoje a maioria dos espectadores de filmes cinematográficos, para atender ao gosto dos quais, os americanos fabricaram o invariável e monótono *happy end* de todas as suas películas.
>
> A linguagem demasiadamente preciosa do autor, a inverossimilhança chocante das cenas, a impropriedade de expressões, a completa falta de coerência, de espírito de observação, as falhas mesmo elementares de uma boa composição

12 O assunto foi tema de artigo de BOECHAT, 2007.

> gramatical, fazem deste romance, um *pendant* demasiadamente fraco, ao lado da grande obra de Alencar.
> Faltam-lhe a força descritiva, o senso dramático, a prosa ágil e cheia de poesia do grande romancista brasileiro.
> Mas, para a imensa massa dos leitores de *O Guarani*, atendeu ele àquela insatisfeita indagação do fim de Ceci e Peri. E embora pouco divulgado até hoje, ainda dele se fala, e é procurado como raridade, passando de mão em mão os escassos volumes que existem.
>
> (...)
>
> Ao lançarmos a presente edição da obra de Alencar, resolvemos reeditar *O Licenciado* como um apêndice de *O Guarani*, porque, embora reconheçamos as suas modestas, ou mesmo ausência de qualidade e méritos literários, julgamos que ele é bem o testemunho da incontestável influência que o grande romancista brasileiro exerceu sobre os seus contemporâneos e pósteros (MOURA, 1954, p. 6-8).

O prefácio dos editores é muito elucidativo e, excetuando o enorme juízo negativo que fazem da obra de Pompilio, deixa claro o objetivo da iniciativa de se fazer publicar a continuação de *O Guarani*.

Nos termos do juízo que os editores fazem da obra tendemos a concordar que de fato não se trata de um texto que mereça atenção pelo valor literário. Muito pelo contrário, a obra é sôfrega e escrita em uma linguagem quase barroca, na qual empilham-se adjetivos excessivos e descrições sofríveis.

Entretanto, dado que esse inventário das reproduções e recriações de *O Guarani* objetiva visitar tudo que encontramos, não seria legítimo deixar escapar alguma análise desse item deveras curioso e raro, o qual, pelas venturas das fontes de pesquisa, tivemos acesso.

O Licenciado é dividido numa nota ao leitor; uma nota preliminar; dez capítulos e um epílogo.

Na nota ao leitor, Pompilio conta em pouco mais de duas páginas como lhe ocorreu a ideia do empreendimento e que sua intenção era apenas pôr no papel um final que lhe ocorreu para, enfim, fechar o que Alencar deixou propositalmente aberto. Receoso do que poderia dizer a crítica o autor de *O Licenciado* avisa que sua intenção não seria igualar-se ou ficar ao lado de Alencar a quem considerava um "gênio brasileiro" (MOURA, 1954, p. 10). Sua intenção era, por outro lado, apenas pôr a prova um exercício de literatura.

Adiante, na nota preliminar, Pompilio faz relembrar a passagem final de *O Guarani* quando Peri e Ceci desaparecem no horizonte sobre o tronco da palmeira e, preparando o caminho para sua continuação, escreve que "Deus amparou, afinal, estas vítimas simpática [Peri e Ceci] protagonistas sublimes nesse drama palpitante, de lances surpreendentes..."(MOURA, 1954, p. 12). Depois disso faz críticas aos críticos que disseram ser impossível um humano realizar a façanha de Peri que com a própria força retirou a palmeira do solo para fazê-la de objeto de salvação e encerra dizendo que preferia a invenção de Alencar a opinião dos críticos "perluxos" (MOURA, 1954, p. 13). Ironicamente o continuador do mito não queria aceitar o heroísmo de Peri.

Do primeiro ao terceiro capítulo o autor narra como Peri e Ceci, após salvaram-se da torrente navegando pelo Paquequer, chegam à aldeia Goitacás de Peri. Lá o casal é recebido pela família de Peri e Ceci será alimentada e descansará. Ceci estabelecerá relações com a mãe e a prima de Peri. Digressões com a estória de Alencar são feitas em diversos pontos para criar os enlaces narrativos. Fracos, entretanto, não passam de referências a um outro personagem ou passagem de *O Guarani*.

O quarto capítulo é destinado à revelação do amor de Peri a Ceci. Uma vez que tinha sido batizado por Mariz em *O Guarani*, fica aberto o caminho para o casamento entre as duas etnias, uma vez que o único obstáculo para que isso ocorresse era o fato de Peri não ser católico.

No quinto capítulo Cecília, por ideia de Peri, escreve a seu irmão D. Diogo. O filho de Mariz recebe a carta na capitania do Rio.

Ficamos sabendo que Isabel também se salvou e reside com o irmão e o tio Crispim. A carta pede providências e fazia informar que Ceci se casaria com Peri. A notícia é recebida com reprovação, mas ao final D. Diogo se prepara para ir ao encontro da irmã.

No capítulo sexto, D. Diogo encontra Peri e a irmã. Entre as provisões e objetos que leva ao casal, o filho de Mariz leva roupas para Peri. D. Diogo conta a irmã que a família só aceitaria o seu casamento com o índio caso Peri passasse por um processo de civilização, isto é, ele seria enviado à Lisboa onde receberia educação, aprenderia a língua, ofício e arte.

No sétimo capítulo, Peri revelará os seus planos para sua aldeia e convoca a todos para que selem a paz com os brancos. No oitavo capítulo, Peri se prepara para a viagem à Lisboa e embarca rumo a metrópole portuguesa. No nono capítulo o autor narra a entrada de Peri em uma casa de educação em Lisboa e como o índio, depois de longo processo, torna-se um licenciado em ciências médico cirúrgicas. Daí o título que Pompilio dá a sua obra de relação com *O Guarani.*

No décimo capítulo, intitulado *Cinco anos depois*, o autor narra viagens de Peri pela Europa e de como ele volta ao Rio de Janeiro. Cecília tem um assomo ao ver Peri e desmaia. Peri, agora médico, a faz recobrar a consciência utilizando-se de sais medicinais. Não era mais um índio, mas sim um cavalheiro, um homem civilizado e de ciências.

O epílogo do livro narra um sarau na casa de Peri e Ceci. O anfitrião, um índio treinado nas modas da civilização, saúda a todos, convoca um brinde e a reprodução do hino nacional português.

A estória de Pompilio é uma tentativa mouca de continuação de *O Guarani.* Visivelmente, em diversos momentos, o autor tenta utilizar-se dos mesmos recursos de Alencar: opõe a cultura do índio a dos portugueses, mas busca a miscigenação dos elementos por meio de um sincretismo absurdo que não há em Alencar; tenta criar verossimilhança histórica utilizando-se de nomes de personagens reais, mas a pesquisa é parca; atropela os sentidos da narrativa esforçando-se em criar um final condizente com o princípio da coabitação de índios e portugueses. Não completa nenhuma das tarefas e não empolga na sequência dos fatos. Quer criar uma estória de mestiçagem, mas sobrecarrega a tinta nos itens da civilização, afinal para Peri "vencer no meio" teve de se instruir no mundo dos brancos. Nada sobra da cultura indígena como parecia querer Alencar.

Assim, em todo caso, o livro é curioso pela raridade e pela ambição da iniciativa, mas acaba como um apêndice sem importância para *O Guarani*, uma vez que se trata de uma aventura literária diletante, desconhecida do público e de qualidade duvidosa.

No mesmo ano em que foi publicada essa inusitada tentativa de continuação de *O Guarani* pela *Livraria Progresso Editora*, a escola de samba carioca *Império Serrano* escolhia o romance de Ceci e Peri como tema para seu samba enredo.

Na década de 1950 o carnaval tal como conhecemos em sua faceta moderna - agremiações institucionalizadas, competindo entre si pela primeira posição, com hierarquia bem definida de componentes e alas - já existia e evoluía na capital da república, tentando sempre surpreender o público e a mídia com a escolha de temas ousados, e originais para os desfiles. Os sambas-enredos, mais ou menos polêmicos, mais ou menos críticos ou, mais ou menos ousados coincidem sempre no tema geral, qual seja, pela exaltação, denúncia ou homenagem, o nacional.

Os anos 1950 foram importantes para o que se pode considerar um segundo momento de institucionalização e popularização do carnaval, pois, no período, foi criada a divisão de grupos de escolas de acesso e principais, bem como a *Associação das Escolas de Samba da Cidade do Rio de Janeiro*. O carnaval das escolas de samba tornara-se no que há de mais importante nas manifestações culturais do primeiro quarto de cada ano no país.

No dia 28 de fevereiro de 1954, vinte e uma escolas desfilaram seus sambas enredos na Avenida Presidente Vargas, no centro do Rio. A agremiação *Estação Primeira de Mangueira* venceu o campeonato conquistando 180 pontos com o enredo *Rio através dos séculos, passado e presente.* O segundo lugar na classificação foi conferido à escola *Império Serrano* que com o samba-enredo *O Guarani*, atingiu 177 pontos na avaliação dos jurados – três a menos do que a agremiação vencedora.

O samba-enredo, versão do tipo relação, composto por Silas de Oliveira, Waldir Medeiros, João Fabrício e Antônio Santos é uma homenagem explícita ao criador de *O Guarani.* O mais interessante, entretanto, é notar que a letra do samba faz, logo após a homenagem à Alencar, uma referência direta à adaptação de Carlos Gomes que, segundo os autores, "musicou *O Guarani*". De fato a associação do sucesso de Alencar, bem como de Gomes a *O Guarani* e, por conseguinte, de Gomes a Alencar não escapou nem na composição de um samba enredo. De certo modo é como se a história da estória de *O Guarani*, aquela referente a sua composição e reprodução, não possam ser dissociadas, nem quando a ideia é homenagear apenas ao criador da estória. Já não podem ser dissociados os elementos externos dos internos da obra.

A letra curta não deixa, pois, de recorrer a uma senda mimética da estória para criar seu desenlace de rima e narrativa; mais uma vez é 'a luta' que é representada, pois lutando "com a onça enfurecida" é que Peri oferta seu amor, "com risco da própria vida", marcando o enfrentamento da natureza e a devoção como características marcantes de um personagem índio, o "devotado Peri".

Destarte, também devotados e fiéis ao enredo de Alencar os compositores da *Império Serrano* preferiram terminar a letra do samba do mesmo modo que Alencar termina o romance, deixando o heroísmo de Peri ser levado pela natureza. Mais uma senda mimética a reforçar a necessidade do futuro aberto arquitetado por Alencar.

O Guarani

Silas de Oliveira, Waldir Medeiros, João Fabrício e Antônio dos Santos

(Samba enredo do Império Serrano, 1954)

Procuramos homenagear
A José de Alencar
Evocando seu passado de escritor
De ricas obras foi autor
Exaltamos *O Guarani*
Que é inspirado no amor de Peri
Pela fidalga Ceci
Lá, lá, lá, lá, lá
Assim Carlos Gomes, célebre maestro
Musicou *O Guarani*
Homenageando ao devotado Peri
Tendo lutado com a onça enfurecida
Pra ofertar a seu amor
Com risco da própria vida
Amor que nasceu sem vaidade
E seria levado pela tempestade

Em 1958, vem a público a primeira edição, por assim dizer, oficial, ou melhor dizendo, promovida por uma instituição do Estado, de *O Guarani*. Pouco mais de 100 anos depois de D. Pedro II ter financiado com o erário do Império a edição de *A Confederação dos Tamoios* de Gonçalves de Magalhães, José de Alencar ganhara, enfim, o mesmo lugar oficial que o do seu antagonista. Trata-se de uma edição crítica organizada por Darcy Damasceno, poeta e funcionário federal da Divisão de Manuscritos da Biblioteca Nacional.

Essa edição crítica, versão de reprodução inspirada no centenário da obra, produzida pelo Ministério da Educação e Cultura e pelo Instituto Nacional do Livro, arrola ao texto integral do romance uma série de referências e notas organizadas por Darcy Damasceno às alterações gramaticais e estilísticas realizadas por José de Alencar nas quatro edições que o autor presenciou.

Para além dessas questões de pesquisa literária que o livro traz, o mais importante para nosso propósito, entretanto, é frisar esse caráter oficial, estatal da publicação que, tal qual a impressão ornamental de Magalhães em idos imperiais, teve "tirados, fora de comércio, vinte exemplares especiais em papel linho Westerpost" - como se pode ler no colofão da publicação - criando, assim, o fetiche necessário a uma edição comemorativa de um clássico brasileiro. Daí porque a citamos nesse inventário das versões de *O Guarani*.

Um ano após a publicação de *O Guarani* pelo Governo Federal, chegava às prateleiras a quinta edição da adaptação do romance por Terra Senna que, animado pela "fisionomia brasileira das páginas vivas" do romance, resolveu imitar o livro "numa adaptação especial para a juventude" (TERRA SENNA, 1955, p.5).

Não pudemos precisar se a adaptação de Terra Senna é a primeira direcionada para o público infantojuvenil. De fato, as histórias em quadrinhos são da mesma época, mas são um outro gênero. Assim, se a de Terra Senna não é de fato a pioneira na adaptação literária de *O Guarani* pode ser considerada uma das primeiras para o público infantojuvenil. Mas, qual o teor da adaptação? São as palavras do próprio autor que o deixam transparecer, bem como transparecem, também, suas intenções cheias dos embustes e mitos típicos que *O Guarani* foi construindo e legando ao longo de suas versões. São palavras do adaptador:

> Há muito que aprender em qualquer daqueles majestosos quadros que Alencar nos pinta, onde a coragem, a inteligência e a beleza do tipo físico do nosso índio, tão maravilhosamente encarnado na figura máscula de Peri, se ajustam e se confundem e se completam na majestade da terra, no encantamento da paisagem, na pujança, enfim, da natureza(...)

> Há que notar ainda, no romance de Alencar, a pureza da alma de Ceci que se diz, também, "filha desta terra, criada no seio desta natureza e amando também este belo país".
> A lealdade e a coragem de D. Antônio de Mariz e toda a sua gente mostram o valor daqueles bravos portugueses que aqui viveram e aqui trabalharam para a formação da nacionalidade.
> É, portanto, *O Guarani* um livro que os moços precisam conhecer no que ele possui de mais brasileiro, para melhor julgarem o Brasil da época da colonização, o Brasil das florestas imensas, o Brasil dos selvagens valorosos, de coração e ânimo fortes, prontos para a luta franca e leal, dotados sempre de uma sensibilidade a que se não pode negar certo humanismo que os missionários viriam ainda cultivar.
> Nesta adaptação procuramos respeitar a obra de Alencar em sua essência, ou seja, na parte histórica do romance e nos seus lances mais emotivos.
> Assim, também nos esforçamos por não prejudicar o sentido primacial da obra, nos seus trechos descritivos da natureza, conservando-os, em alguns capítulos, aproximadamente como os escreveu Alencar, para que os nossos jovens leitores tomem conhecimento mais íntimo com o estilo do autor.
> Obedientes a esse critério, que julgamos o mais acertado em adaptações de obras desta classe, transcrevemos, por exemplo, integralmente, no último capítulo, a descrição da enchente do Paraíba(...)
> Este o espírito de nosso trabalho ao adaptar primores literários: levar a mocidade a interessar-se por eles, após ter noção do que realmente valem (TERRA SENNA, 1955, p. 5).

Não pudemos furtar a longa citação do trecho da introdução de Terra Senna à sua adaptação, pois são marcantes os argumentos quanto aos traços míticos herdados da obra de Alencar. O índio másculo e heroico, a donzela pronta à miscigenação, o colonizador positivo são tipos que transbordam nas motivações alegadas pelo adaptador para a iniciativa da adaptação. Ainda, os valores que imanados das personagens poderiam servir como valores a serem aspirados pelos jovens leitores da adaptação: coração e ânimo fortes abertos a luta leal e franca - valores esses identificados com o espírito nacional que a estória do romance faria efluir às novas gerações. Afirma, pois, Terra Senna, um suposto caráter formador do romance. Formador no que diz respeito ao espírito nacional fortemente vinculados – como devem ser nos mitos – aos inícios, a gênese, no caso, à época da colonização.

Demais, no que diz respeito à adaptação em si, ela ocorre passiva como declara o adaptador, pois não altera em quase nada a história original, reproduzindo, inclusive, em muitos pontos, a descrição das cenas e os diálogos com as mesmas palavras de José de Alencar. Tratase mais de uma síntese, uma versão reprodução simplificada, facilitada, do que propriamente uma adaptação.

Outra adaptação de *O Guarani* para a juventude foi realizada por André Carvalho e publicada pela editora mineira *Itatiaia*, no décimo segundo número da coleção *Clássicos da Juventude*, em 1964. A coleção até ali só tinha reunido títulos de autores estrangeiros tais como *O último dos moicanos* de James Fenimore Cooper, *A ilha do tesouro* de Robert Louis Stevenson, *Robson Crusoé* de Daniel Defoe, entre outros títulos de aventura atrativos para leitores jovens.

Os livros da série eram ilustrados com dezesseis gravuras coloridas. Entre aquelas preparadas para *O Guarani* reaparece a senda de *A luta*. Nela (Figura 19) Peri levanta em uma forquilha a onça pintada com a qual travou combate. Peri aparece representado com a cabeça adornada por dois penachos e uma túnica branca sobreposta por um saiote de plumas vermelhas. De fato, pode-se dizer que o ilustrador preocupou-se em aproximar o fenótipo dos personagens ao tipo indígena habitante do Brasil e aproximou as vestes do índio àquelas descritas por Alencar. Não sem algum exageros tentou a verossimilhança com a realidade e, também, com a ficção, produzindo algo híbrido entre um herói de vestes gregas e plumagens indo-americanas. Em todo caso, é a representação do índio na relação da luta com a natureza que mais uma vez é imitada com destaque em uma ilustração de *O Guarani*.

Figura 19 - Peri enfrenta a onça em adaptação de *O Guarani* (1964)
Fonte: Acervo do autor

Na década de 1970 *O Guarani* é mais uma vez levado para o formato dos quadrinhos. Trata-se da adaptação de Edmundo Rodrigues produzida para a série *Obras Primas da Juventude em Quadrinhos* das *Edições O Livreiro* de São Paulo.

Nessa adaptação a história foi dividida em quatro partes: 1) os aventureiros; 2) Peri; 3) os Aimorés e; 4) a catástrofe, seguindo uma divisão coerente com o fluxo da história original. A versão, menos ousada que a de Le Blanc, faz uma tentativa de aproximar a imagem de Peri de um herói do tipo dos quadrinhos da época que integrará na figuração da personagem elementos que transmitam a noção de força e masculinidade.

Na capa da revista (Figura 20) pode-se perceber a inflexão que o artista faz ao caracterizar Peri como um homenzarrão de músculos bem definidos, cabelos longos e postura atlética. Sobre seus braços jaz uma Ceci adormecida com fartos cabelos castanhos esvoaçados à moda hollywoodiana.

Ao longo da história pode-se perceber que houve pouca ou nenhuma preocupação do quadrinista quanto à verossimilhança dos tipos. Peri mesmo, afasta-se muito do fenótipo indo-americano, assemelhando-se mais aos traços masculinos de heróis da produtora *Marvel Comics.*

Não obstante, há preocupação do adaptador em acompanhar o fluxo da estória original colocando os fatos e diálogos na mesma ordem e ênfase de Alencar.

À guisa de análise, destacamos na versão de Edmundo Rodrigues, mais uma vez, as duas cenas fartamente reiteradas nas ilustrações das adaptações: *A luta* e *O cristão.*

Em quatro quadros (Figura 21), Rodrigues desenha o capítulo *A luta* fazendo uso de poucas legendas, retratando um índio de corpo hercúleo com músculos bem definidos que com destreza domina uma onça selvagem. Pouco mais adiante, Rodrigues destaca em um quadro horizontal o episódio da conversão de Peri (Figura 22). Note-se que na sua versão para o capítulo o quadrinista desenha Mariz batizando Peri não com as mãos - tal como é descrito por Alencar - mas com a espada, tal como sagrando um cavaleiro à moda do medievo. Acrescenta ainda uma legenda lateral que hiperboliza a ação do índio que teria não só se convertido, mas, também, "renegado seus deuses" para receber o batismo e salvar sua senhora. Sacrifício, devoção, aculturação são os termos que transbordam do quadro desenhado por Rodrigues nessa adaptação de *O Guarani*.

Figura 20 - Capa de *O Guarani* em quadrinhos (década de 1970)
Fonte: Acervo do autor

Figura 21 - Peri enfrenta a onça nos quadrinhos *O Guarani* (década de 1970)

Em 1978 vem a público mais um filme nacional que recria a história do romance de José de Alencar. *O Guarani* é um longa metragem colorido com 135 minutos, dirigido e produzido pelo cineasta paulistano Fauzi Abdalla Mansur.

A película inicia com a *ouverture* da ópera de Carlos Gomes, enquanto um letreiro cursivo e com moldura neoclássica prologa a estória apresentando a época, o cenário e seus habitantes, sintetizando os dois primeiros capítulos da primeira parte do romance. Logo depois aparece primeiro, Peri, vestindo uma túnica branca e um penacho vermelho junto a rede onde repousa Ceci, com longos cabelos loiros e vestido azul. O diretor parece seguir *ipsis litteris* as indicações de figurino dispostas por Alencar no original.

Figura 22 - A conversão de Peri nos quadrinhos *O Guarani* (década de 1970).
Fonte: Acervo do autor

Buscando uma síntese que unirá vários dos episódios do livro as cenas serão sobrepostas em plano descontínuo: ora Peri caçando a onça, quando já aparece como ficará por todo filme: de dorso nu apenas com as partes íntimas cobertas por um saiote de pele de animal; os bandeirantes aventureiros chegando e a deliberação de Mariz após saber do assassínio da índia Aimoré por Dom Diogo.O que fica evidente ao longo do filme é que Fauzi procura gerar uma dupla verossimilhança: com o livro, roteiro de Alencar e a pesquisa histórica. Diferente de muitas das representações e iconografias apresentadas até aqui, Mansur procura por meio do figurino e da fotografia, aproximar as cenas de seu filme da realidade colonial. Fica evidente que houve pesquisa para além do romance na tentativa de conferir maior fidedignidade histórica à película.

Não obstante essas considerações não excluem o fato de que, mais uma vez, o ator escolhido para representar Peri em nada se assemelha fenotipicamente a qualquer etnia indígena do Brasil meridional. O ator é um jovem moreno, corpulento, alto, de músculos bem definidos. Um 'galã', como é usual dizer no senso comum para se referir a belos atores. A tentativa do figurino foi aproximar o tipo do ator ao do indígena pelo corte de cabelo 'tigela', liso e adornado por uma fita. O resultado acaba por ser caricatural.

A personagem Cecília também é representada de forma quase caricatural. Para reproduzir o fenótipo, seguindo as indicações de Alencar, o figurinista dispôs uma peruca de um loiro quase alvo fazendo a personagem destoar completamente do núcleo familiar.

Em termos gerais o roteiro do filme acompanha a disposição dos capítulos do livro e as falas são bastante fiéis as compostas por Alencar. Exceção que se deva fazer diz respeito apenas aos letreiros que ora ou outra aparecem para encaminhar o fluxo da narrativa sem que seja preciso criar e filmar todo o andamento descrito por Alencar.

Após os primeiros sessenta minutos, o filme vai gradativamente abandonando os longos diálogos de modo a incorporar uma estratégia de ação. As cenas ensolaradas do início vão ganhando ar lúgubre e sombrio, criando o pano de fundo para as tramas de Loredano e a batalha contra os Aimorés. São momentos altos a descoberta da traição de Loredano (1h 50'); a morte de Álvaro (1h 55') e; o início da batalha aimoré (1h 59').

O momento que vai encaminhar a película para o seu desfecho se dá a partir das 2h 05' quando Peri se apresentará a Mariz com o objetivo de salvar Cecília da batalha Aimoré, mas, curiosamente, Mansur escolheu dar pouca ênfase ao batismo do índio por Mariz. A cena se encaminha mais no sentido de Peri jurar salvar Ceci do que na conversão ao cristianismo. De fato, o índio se ajoelha frente a Mariz, mas não recebe o batismo do fidalgo como no romance de Alencar.

As cenas finais da batalha Aimoré e do incêndio na casa de Mariz são bastantes escuras e sombrias, iluminadas quase que apenas pelas chamas da guerra. Em meio a escuridão Peri, sorrateiro, escapa com Cecília no colo enquanto os Aimorés arrombam as portas do casarão do fidalgo.

Essa parte lúgubre será contrastada logo depois pela imagem de uma frondosa cachoeira num plano que vai se abrindo para a mata e para o rio ensolarados. Um letreiro adornado com moldura neoclássica registra *O dilúvio*; e logo essa sequência será interrompida pela forte chuva que fará Peri arrancar a palmeira e salvar Cecília da torrente da natureza. Durante toda essa parte final não há diálogo. Apenas Peri reproduz como narrador a história do mito Tamandaré, tal como no livro de Alencar. A última cena retrata as silhuetas de Peri e Ceci sobre o tronco, dispostas sobre o fundo de um calmo ocaso em um enorme rio.

O filme de Mansur é, enfim, uma tentativa de fazer jus a história de fato traindo um pouco alguns exageros românticos de Alencar, mas sem lograr êxito nessa tarefa, acaba por reproduzir de forma quase caricatural o par romântico. Esse o ponto em que a película encontra quase todas as outras imitações do romance.

Ademais, fica evidente a tentativa do diretor de conferir um pouco mais de verossimilhança histórica à obra. O que mais chama atenção, no entanto, é a fuga do tema da conversão de Peri. Esse momento quase catártico é abandonado em essência muito provavelmente para não forçar a tinta na aculturação de Peri e imprimir, assim, um herói indígena mais 'puro'.

Ademais, não há notícias que *O Guarani* de Fauzi Mansur tenha sido um sucesso de público e/ou crítica. A despeito da produção cuidadosa e um tanto quanto grande para os padrões da época o filme aparece listado sem muitos comentários entre as três dezenas de outros que o diretor fez (RAMOS; MIRANDA, 2000, p.353-54). Tudo leva a crer que não tenha sido considerado, como de fato até hoje não é, um filme importante. À guisa de comentário e curiosidade, no entanto, vale dizer que o *Canal Brasil* – canal a cabo em operação – às vezes o coloca na sua programação de filmes históricos.

Dois anos depois do lançamento do filme de Mansur, o *Grêmio Recreativo Escola de Samba Arranco* tornava-se vice-campeã do Bloco 1 do carnaval carioca com o samba enredo *O Guarani* do carnavalesco Geraldo Cavalcanti. Abaixo dispomos a letra do samba enredo seguida de alguma análise:

O Guarani

Samba enredo, 1980, GRES Arranco

Beleza
Uma história em passarela
Do Rio Paquequer
Que a natureza arquitetou,
Construiu e conservou
Assim surgiu Peri, filho de Ararê
De origem Goytacaz, o imortal
Que no solar de D. Antônio de Mariz
Passou a ser figura principal
Que mostrou a sua habilidade
Ao salvar da morte a senhora, ô
Sonhada deusa dos cabelos cor-do-sol
Que em seu devaneio apareceu
Peri depois de ser convidado
De Ceci foi ser escravo, ela agradeceu

Índio valente, guerreiro, guarani
Tudo fez pra salvar Ceci

Ao se fazer prisioneiro de três Aymorés
Peri... Foi salvo por aventureiros
Que chegaram da cidade de São Sebastião
Daí o valente guerreiro
Voltou ao solar e depois foi embora
Levando consigo a senhora, desceu rio afora
Ouviu a explosão
Travou luta contra a enchente
Venceu, foi em frente sua embarcação

Tu viverás, tu viverás
Comigo eternamente junto a ti

Falou Peri
Eis a corrente viva de amor
Do Romance "*O Guarani*"

A letra do samba-enredo é quase um resumo da história do romance de José de Alencar. Diferentemente das outras composições de samba sobre *O Guarani*, na versão da GRES Arranco não há referência em homenagem a José de Alencar ou Carlos Gomes, bem como não há alusões ao caráter nacional da história. A composição parece querer contar uma estória apenas no sentido de reproduzi-la tal como uma lenda, diga-se de passagem, "viva de amor", saída do "romance *O Guarani*. Aqui vale o registro mais para que se coloque uma espécie de naturalização d'*O Guarani* enquanto lenda viva, tal como colocam os autores nessa versão de relação e também vale ressaltar que se trata de uma história cujo herói "valente" e "guerreiro" é um "índio guarani". Isso é "a corrente viva de amor", é uma corrente índia, valente e que luta pela permanência de sua mensagem. O nacional aqui é subliminar, mas é índio.

Em 1990, o *Programa Estadual de Leitura do Rio de Janeiro* fez produzir, trinta e dois anos após a edição crítica de Darcy Damasceno publicada pelo *Ministério da Educação e Cultura*, a segunda edição institucional de *O Guarani*.

Trata-se de uma edição voltada ao ensino infantil, adaptada pelo jornalista gaúcho Fernando Castro e ilustrada pelo cartunista Ziraldo. A adaptação de pouco mais de 30 páginas dividiu o romance de Alencar em quatro partes que organizam a reescrita da história por Castro. Reescrita porque o adaptador aproveitou apenas o argumento e a ordem dos fatos narrados por Alencar, mas não se utilizou de nenhuma das frases ou diálogos do autor, pois recriou e reescreveu tudo de modo a produzir algo apetecível e de fácil entendimento para o leitor em formação. Trata-se, pois, de uma versão de adaptação.

A adaptação de Castro começa com o capítulo *A fortaleza de Dom Antônio*, no qual descreve o cenário, Mariz e sua família, os agregados, Peri e Ceci. Do ponto de vista da ação, são duas as passagens escolhidas por Castro: o assassinato da índia Aimoré por Dom Diogo e a caça da onça por Peri, fato esse que encerra o capítulo e é ilustrado por Ziraldo vinculando a iconografia do livro infantil às sendas comuns nas ilustrações de *O Guarani*. O índio criado por Ziraldo, tais como os criados pelos quadrinistas que o antecederam, é hercúleo, com uma tapa-sexo que mais se assemelha a de um super-herói dos quadrinhos norte-americanos. Vide a mesma representação caricatural do casal (Figura 23) – quase emulando um casal da *Disney*, algo entre *Bela Adormecida* e *Alladin* – na capa do livro.

Figura 23 - Capa de adaptação de *O Guarani* (1990)
Fonte: Acervo do autor

No segundo capítulo intitulado *Os apuros de Cecília*, o adaptador recriará as passagens em que Peri salva Cecília das investidas Aimorés e de Loredano, bem como construirá o antagonismo do frade italiano e sua ruína.

O terceiro capítulo, *A fúria dos Aimorés*, será destinado à recriação da batalha com os Aimorés e a fuga de Peri e Ceci. Aqui chama a atenção a reescrita da cena da conversão pelo adaptador, pois se durante todo o livro não houve muita preocupação com as falas e os tópicos frasais produzidos por Alencar, o mesmo não acontece em relação a essa passagem. A recriação de Castro nesse momento não só é muito parecida com o original como é relativamente longa quando comparada a outros momentos adaptados no livro. Vejamos:

> (...) como você não é cristão, não posso te confiar a vida de Cecília. Meus Deus jamais me perdoaria se eu entregasse a vida dela nas mãos de um selvagem que não acredita Nele - explicou o velho.
>
> — Pois se o Deus de vocês proíbe Peri de salvar Cecília porque Peri não é cristão, então me faça cristão agora. Para salvar a vida de Ceci, Peri aceita o Deus de vocês - disse o índio.
>
> (...)
>
> — Você faria isso para salvar Cecília?
>
> — Para salvar Ceci, Peri faz qualquer coisa - respondeu, ajoelhando-se diante de D. Antônio.
>
> — Então vamos batizá-lo agora. Minha religião permite que em caso de urgência um homem possa batizar outro mesmo não sendo padre – explicou o homem, oferecendo a cruz para o índio beijar. Peri beijou (p. 36-37).

Há uma ênfase do adaptador nesse momento da história no sentido de garantir ao leitor o entendimento de que a resolução do enredo, isto é, a salvação do par romântico, só teve saída na conversão de Peri. Castro acaba por usar nesse ponto as mesmas tintas de Alencar para resolver a introdução de Peri no núcleo civilizado e consequentemente na redenção do casal. Isso, no entanto, não aconteceu de forma inconsciente como prova a preocupação do autor-adaptador no prefácio à edição, onde avisa que a história se passa em 1604

> "(...) pouco mais de cem anos depois da descoberta do Brasil. Com costumes tão diferentes, índios e brancos não viviam em paz naquela época(...) Além de fazê-los trabalhar, os fidalgos não respeitavam os costumes dos índios nem a religião deles, cujos deuses eram representados pelos elementos da natureza, o sol, as águas etc. Os colonizadores desejavam que os índios se tornassem cristãos como eles e passassem a andar vestido, aprendessem a língua portuguesa e a ter educação europeia. É importante dizer que o livro busca conciliar as raças e conta como Peri conquistou a amizade e a confiança dos portugueses até ser convertido em cristão por amor e devoção à Cecília. O autor coloca o índio na posição do "bom selvagem". Mas como sabemos, o homem branco foi responsável, em todo o continente americano, pela extinção das tribos (CASTRO, 1990, p. 5-6. grifo nosso).

Como se pode denotar pelo trecho supracitado Castro faz a crítica da realidade, mas não trai a ficção ao ser fiel ao conteúdo de Alencar em sua adaptação. Curioso notar que há uma ambiguidade ao colocar Peri como o "conquistador" da amizade e da confiança de seus conquistadores parecendo assumir um pouco a mesma posição conciliadora de Alencar que logo a seguir ele parece criticar.

A adaptação termina com o capítulo *A fuga de Peri e Ceci*, baseada nas quatro partes do epílogo da obra original. Essa parte seria, também, fiel ao conteúdo de Alencar se o adaptador não resolvesse sensualizar e resolver a pulsão sempre reprimida no original, fazendo, na última cena, Ceci dar "um lindo e apaixonado beijo na boca"(p.47) de Peri, antes dos dois sumirem "de vez no horizonte".

Em se tratando do gênero novela *O Guarani* apareceu como base de uma obra de teledramaturgia na extinta TV Manchete. A minissérie intitulada *O Guarani* foi produzida em 35 capítulos exibidos entre 19 de agosto e 28 de setembro de 1991. Com direção de Marcos Schechtman e música de Alberto Rosenblit, o roteiro foi recriado em uma versão adaptada a partir da obra de José de Alencar pelo novelista Walcir Carrasco. Ao todo a série acumulou pouco mais de 20 horas.

Como se trata de série de rede de TV extinta, não foi possível ter acesso a todo o conteúdo filmado, mas ainda é possível ver um ou outro capítulo esparso no canal de vídeos de internet, *Youtube*. Vale ressaltar alguns elementos possíveis de serem captados por esses 'cacos' na internet: apesar do ator que representa Peri - aos moldes do que havia sido feito até ali em outros filmes e iconografia a partir da obra - não ser um índio, houve preocupação da produção e da direção com a verossimilhança histórica, pois se pode constatar a preocupação desses para com figurino, cenário e mesmo com figurantes uma vez que foram utilizadas etnias indígenas na composição das aldeias e dos personagens indígenas, excetuando Peri que mais uma vez é representado, por assim dizer, por um galã. Ainda, ao contrário de outras produções, como o filme de Mansur, que produziu uma Ceci caricatural, os produtores buscaram uma 'loira legítima' para interpretar o papel. A apresentadora de programa infantil Angélica foi escolhida para completar o par romântico da história.

A minissérie não foi um enorme sucesso, mas sua repercussão não foi pequena. As pesquisas do Ibope à época revelam que a produção alcançou cerca de 13% dos lares brasileiros com televisão. A título de comparação vale dizer que produções de grande sucesso alcançam em média 30 pontos na pesquisa realizada pelo Ibope. *O Guarani* da TV Manchete teve, pois, um desempenho médio, alcançando centenas de milhares de expectadores.

Assim, mais de 130 anos após *O Guarani* ter saído em rodapés no *Diário do Rio de Janeiro* ele continuava demonstrando sua eficácia narrativa. Aliás, vale lembrar que o recurso analéptico usado por Alencar é basicamente, como dissemos alhures, o mesmo utilizado nas novelas e minisséries, espécies de folhetins modernos.

No mesmo ano em que foi ao ar a minissérie *O Guarani*, os escritores André Carvalho e o ilustrador Célius Áulicus fizeram chegar ao público infantojuvenil, pela editora *Lê*, o livro *Nas terras do índio Peri* - uma adaptação livre de *O Guarani* de José de Alencar, como se pode ler no frontispício da edição que alcançou 5 reimpressões; a última em 1998. Trata-se, portanto, de mais uma versão de relação com *O Guarani*.

A história de ares fantásticos de Carvalho e Áulicus, trata de um grupo de crianças que receberam a tarefa escolar de ler *O Guarani* de José de Alencar, mas que, frente ao desafio da leitura, preferem viajar no tempo e assistir a história ao vivo em 1604. Assim, por meio da "espaçotempomanguia" - uma máquina do tempo construída por Tusuca, uma das crianças personagens - o grupo de crianças é levado a viver a história de Peri e Ceci nos tempos coloniais.

Todo o desenrolar da história se dá sob o olhar das crianças que a cada passagem vão sendo colocadas frente ao desafio de entender a estória e a história na sincronia com o tempo do qual vieram. É, por assim dizer, um livro que tenta preparar o olhar da criança para ultrapassar anacronismos ao mesmo tempo em que recria a estória de *O Guarani* na toada de Alencar.

Os autores vão e voltam na estória, tal como Alencar, mas essas idas e vindas podem ser livremente administradas pelo grupo de crianças por meio do relógio da "espaçotempomanguia". Quando falta algum elemento para compreender os fatos, as crianças adiantam ou regressam no tempo da estória de Peri e Ceci para assim poder desvelar a narrativa.

A narrativa segue nesse fluxo, acompanhando o roteiro de Alencar até o capítulo IX, quando as crianças, Tusuca e Laurinha, entram na história saindo do papel passivo de mero observadores. Isso se dá quando Peri em fuga dos Aimorés parece perder o fôlego e cai da ribanceira. As crianças então descem da máquina do tempo e levam Peri ao alto do monte onde esse bebe o antídoto contra o veneno que havia tomado para contaminar a carne que seria comida no ritual Aimoré.

A passagem é uma tomada de posição dos autores no sentido de orientar para um papel do indivíduo na estória e na história, isto é, como se dissessem, as crianças não devem olhar passivamente para um índio que sofre um mal. Elas devem, por outro lado, ajudá-lo. Mas o computador da "espaçotempomanguia" chamado Aristóteles alerta que isso pode alterar todo o final e que, portanto, era arriscado sair da posição de observadores passivos. À guisa de ilustração do que consideramos ser central na obra, transcrevemos o trecho em questão:

> Em voo rasante sobre a floresta, os garotos acompanharam Peri que corria como um desesperado, buscando os altos da serra.
> O índio lançava as pernas para frente e dava passos gigantescos, como se fosse uma ema fugindo do caçador. Mas ofegava e o seu corpo brilhava, coberto de suor grosso. Tusuca e Laurinha notaram que ele perdia a antiga agilidade e ia perdendo também o fôlego.
>
> — Vamos ajudá-lo – propôs a menina.
>
> — Não – retrucou Aristóteles. — Estamos aqui apenas como observadores. Nada de entrar em questões que não são nossas.
>
> Tusuca, que até ali concordara com as ponderações do sábio computador, foi contra desta vez:
>
> — Acho que temos que ajudá-lo mesmo. Esse negócio de observador não dá certo.

> — Mas a estória tem que ter o prosseguimento correto e original - disse ainda o robô-computador com toda racionalidade.
>
> Naquele momento, Peri, que alcançara uma vereda íngreme, despencou-se no chão e ali ficou estendido. Tusuca não teve dúvidas.
>
> — Vamos lá, sim senhor.
>
> — Vocês vão estragar a estória - disse Aristóteles.
>
> — Podemos estragar a estória, mas não deixaremos o pobre morrer a míngua (CARVALHO, 1991, p. 78-79).

As crianças decidem, pois, agir para ajudar Peri, mas o prosseguimento da estória será tal qual o original. As preocupações de Aristóteles - o robô-computador - não se realizaram e mesmo com a ação dos espectadores a estória seguiu o seu fluxo, pois a seguir virá a conversão de Peri, a inundação e a passagem em que Peri arranca a palmeira para salvar Ceci. Nesse ponto em que o par romântico começa a sumir no horizonte, Laurinha quer mais uma vez intervir na estória temendo que com eles aconteça o pior. No entanto Aristóteles incontinente impede que isso ocorra dizendo que eles já haviam dado muito palpite e que a história tinha que "terminar como foi escrita" (CARVALHO, 1991, p.86):

> — E como ela termina? - Quis saber Tusuca.
>
> — Justamente com estas palavras: "A palmeira, arrastada pela torrente impetuosa, fugia... E sumiu-se no horizonte."
>
> — Bonito pra chuchu - completou a menina. — Mas eu bem que queria saber se Peri e Ceci se casaram e tiveram muitos filhos...

— Esta não é uma estória de fadas - Falou Tusuca, acelerando o espaçotempomanguia numa curva apertada.

Os autores fazem chocar o plano da história de fato, da estória do livro e da fantasia das crianças num jogo narrativo que objetiva justamente questionar o lugar da ficção, bem como o papel do indivíduo que lê passivamente ou que interpela, recria ou intervém na história e na estória, assim como é o próprio ato criativo deles na imitação de relação de *O Guarani*.

De todo modo, a participação das crianças no enredo do livro, o curso e o final da trama não foram alterados. O descontentamento de Laurinha para o com o final aberto, tal como pode ser lido no excerto supracitado, é contraposto pelo realismo de Tusuca que sentencia: "— Esta não é uma estória de fadas", tal como parece ser a estória que recriam por meio da "espaçotempomanguia".

Em todo caso, apesar da criatividade da adaptação livre dos autores, a estória de *Nas terras do índio Peri* tem uma tranquilidade ficcional para com o livro que recriam. Assumem uma meta-narrativa interessante que brinca com as temporalidades e recria o romance, mas isso sem de fato - como queria o robô-computador Aristóteles - interferir no fluxo da narrativa original.

Para além dos aspectos internos, devemos registrar que o livro de Carvalho e Áulicus teve boa vendagem. Depreende-se isso do número de edições alcançadas; 5 no total.

Em 1994, a editora *Callis* fez chegar ao público infantil uma série intitulada *Ópera para crianças*. A consagrada escritora de livros infantis, Ruth Rocha, foi convidada para a preparação da adaptação da ópera *O Guarani* de Carlos Gomes que por sua vez, como sabemos, é baseada no romance homônimo de José de Alencar.

A série fez algum sucesso nas livrarias e a adaptação de relação de Ruth Rocha acompanhada de ilustrações de Angelo Botino da ópera *O Guarani*, alcançou a marca de sete edições em apenas um ano de circulação. Atualmente ainda é possível adquirir o livro que está em circulação pela editora *Salamandra* que o mantém em catálogo na versão impressa, bem como na digital o que confirma o sucesso e a permanência da adaptação.

A edição original pela editora *Callis* é ricamente ilustrada e impressa em papel *couché*. O desenhos feitos por Angelo Botino parecem buscar mais verossimilhança histórica do que as produzidas para quaisquer outras adaptações ilustradas, mas ora ou outra acabam por resvalar no que nesse ponto já sabemos ser corriqueiro nas representações iconográficas de *O Guarani*.

Em relação ao texto resultado da adaptação de Ruth Rocha pode-se dizer que, de um modo geral, a autora esmaeceu o efetivo de crueldade e morbidez que a narrativa original contém. Por exemplo, ela prefere dizer que os Aimorés foram levados ao conflito com os portugueses não porque esses últimos assassinaram uma índia da etnia, mas porque um dos portugueses feriu uma índia. Do mesmo modo, a autora prefere apenas ferir e não matar o personagem Álvaro. Mesmo a guerra com os Aimorés termina sem baixas.

Ruth Rocha segue à risca o roteiro de Gomes e Scalvani, modificando apenas o *thanatos* numa direção mais apetecível ao público infantil para o qual a edição se destina. Assim como na ópera, Loredano chama-se, na versão de Rocha, de Gonzales. Os Aimorés não serão responsáveis pela destruição da casa de Mariz, mas sim o próprio fidalgo que prefere explodir tudo a entregar Cecília a Gonzales. Antes de explodir a própria casa, Mariz entrega Cecília a Peri sem que para isso seja feito qualquer ato de conversão. Aliás, o elemento religioso nunca abandonado nas adaptações anteriores da obra é completamente obnubilado por Ruth Rocha. O final também será diferente, pois desaparece a cena do dilúvio e o casal vendo de longe as chamas da explosão "embrenham-se na mata em busca de um lugar onde possam viver e ser felizes..." (ROCHA, 1995, p.38). Vale dizer que toda a adaptação é pontilhada de versos rimados e diálogos simples e rápidos.

Assim, a adaptação de Ruth Rocha elimina toda e qualquer alusão à morte; toda e qualquer alusão à religião, bem como toda e qualquer interpenetração de fatos. A narrativa é conduzida em uma única temporalidade e não há idas e vindas, tampouco sobreposições de cenas ou diálogos.

Ao final do livro uma nota explicativa é bastante indicativa do teor da publicação, qual seja tratar um pouco da história do Brasil colonial sem muitos senões quanto as contradições e violências do período. Muito diferente, pois, do texto que prefacia a edição do *Governo do Estado do Rio*, adaptada por Fernando de Castro, alhures analisada. Transcrevemos abaixo a nota explicativa da adaptação de Ruth Rocha:

> A história se passa pouco depois do descobrimento, apresentando um romance indianista que tem como personagens principais um índio guarani e uma donzela portuguesa. A trama também revela os primeiros anos de nossa história. Afinal, os aventureiros eram os nossos bandeirantes, e o tesouro de D. Antônio, nossas ricas pedras preciosas, tão cobiçadas pelos europeus que para o Brasil vieram (ROCHA, 1995, p. 40).

Enfim um dos adaptadores conseguiu ser mais romântico que Gomes e mais até que o próprio Alencar.

Em 1996 a atriz e cineasta Norma Bengell realiza o que é, até então, a nona e última filmagem de *O Guarani*. A produção resultou em uma película de 91 minutos realizada pela *Riofilmes* com trilha sonora de Wagner Tiso, sendo, assim, a primeira filmagem do romance cuja trilha não foi aproveitada da consagrada ópera de Carlos Gomes.

O roteiro do filme de Bengell segue a ordem dos fatos tal como formulados no romance de Alencar. Vale ressaltar que o elemento religioso é muito ressaltado no filme, pois são muitas as cenas em que crucifixos e imagens religiosas aparecem em segundo plano, remetendo à aura católica que ambientava os cenários da colonização. As tomadas das construções, entretanto, principalmente da face externa da casa de Mariz, acabam por imprimir um tom medieval uma vez que as torres e as paredes da casa mais se assemelham a um castelo da idade média.

A representação do índio Peri é muito cuidadosa, como é toda a pesquisa de figurino e cenário. Há inclusive o cuidado de vestir o índio com a túnica branca apenas quando esse já está ambientado na casa de Mariz, remetendo à ideia de que se trata de um elemento de aculturação. Quando a cena se passa na casa Peri aparece vestido, tal como na floresta está, por assim dizer, com a indumentária original, isto é, dorso nu e púbis coberto com penachos.

Muito embora o figurino e a caracterização sejam mais cuidadosos o ator, Márcio Garcia, escolhido para interpretar o índio, segue o padrão de 'galã' tal qual nas outras filmagens do romance. Aqui vale ressaltar que todo o elenco é formado por artistas muito conhecidos do grande público por meio das telenovelas. Loredano, por exemplo, é interpretado por José de Abreu, Isabel por Glória Pires, Álvaro por Marco Rica.

A catarse do filme, quando os personagens da casa de Mariz se preparam para morrer como "portugueses e cristãos" (1h 17'), em meio a batalha com os Aimorés é a cena da conversão de Peri, sagrado cristão por Mariz que coloca a espada sobre a cabeça do índio enquanto uma bandeira com a cruz da ordem de cristo é incendiada pelos Aimorés. As cenas finais retratam Peri levando Ceci para longe da explosão, mas Bengell encaminhará os dois para o final aberto pela mata sem reconstruir a cena do dilúvio e da fuga no tronco da palmeira. O elemento heroico e de força sobre humana de Peri é abandonado pela diretora muito provavelmente para não trair com o fantástico o efeito de verossimilhança que tentou imprimir durante todo o filme. Lembremos que esse é o mesmo recurso adotado na ópera de Carlos Gomes.

Em termos gerais, pode-se dizer que o filme de Bengell é a melhor adaptação de *O Guarani* para o cinema; pelo menos entre aquelas que ainda podem ser acessadas é a única que foge de lugares comuns: não aproveita a trilha 'natural' de Carlos Gomes; não sobrecarrega nas tintas próprias da literatura, procurando uma linguagem mais propriamente cinematográfica e preocupa-se mais com a pesquisa que leva a caracterização e figurinos mais condizentes com a era colonial.

À época de seu lançamento o filme gerou polêmica ao acusarem a diretora de superfaturar a obra por meio de leis de incentivo à produção audiovisual. Em todo caso, se o filme custou de fato os três milhões declarados, esses parecem, ao que tudo indica, ter sido bem empregados.

Dois anos após o lançamento do filme de Bengell, o escritor gaúcho Moacyr Scliar publicou na série *Descobrindo os Clássicos* da editora *Ática* o livro infanto-juvenil *Câmera na mão, o Guarani no coração*.

O livro conta a história de um estudante de comunicação que prepara uma adaptação de uma cena de *O Guarani* para participar de um concurso de cinema em sua cidade. Para a cena o jovem estudante Renato vai ler o romance e conhecer os seus pormenores: era um livro escrito por um jovem adulto de 27 anos, publicado nos rodapés do jornal, esse jovem tornara-se um dos mais importantes escritores brasileiros, além de jurista e deputado e etc.

Scliar encontrou uma estratégia narrativa que vai pouco a pouco construindo a história da feitura do romance por Alencar, bem como a própria estória do livro, entremeada na história de Renato.

Na narrativa de Scliar um dos principais problemas enfrentados por Renato e o grupo de amigos que vai fazer a adaptação é encontrar um ator de fenótipo próximo ao indígena para a interpretação de Peri. Este, aliás, parece ter sido o principal problema colocado aos diretores na realidade das adaptações de *O guarani* para o cinema. Problema esse, diga-se de passagem, nunca enfrentado ou, se enfrentado, jamais resolvido.

A estória de Scliar vai, capítulo a capítulo, acompanhando a ordem dos fatos da estória de Alencar e os estudantes serão cada vez mais atraídos para o centro da trama e para as ambiguidades em relação à realidade de fato. Alguns capítulos de Scliar são muito representativos disso como, por exemplo, *De como encontramos Peri na vida real* no qual Renato reflete após terem encontrado atores para todos os personagens, menos para Peri:

> Faltava Peri. Precisávamos, urgente, encontrar alguém para o papel.
> E teria de ser um cara muito bom. Não poderia ser um índio fajuto, fabricado com maquiagem, daqueles índios que apareciam nos antigos filmes americanos, prontos para serem trucidados pela cavalaria. Não, eu queria um índio mesmo, um tipo que correspondesse à descrição – e ao entusiasmo – de Alencar. Mas onde encontrá-lo? Onde estavam os milhões de índios que habitavam o Brasil à época do descobrimento? A dúvida me inquietava: à medida que avançávamos no texto (Severo narrando, nós lendo em casa), ficava clara a importância dada pelo autor ao personagem (SCLIAR, 1998, p. 56-57).

Renato acabará por achar o 'seu índio' ao acaso. Um rapaz moço e corpulento, descendente de índios por parte de Pai – assim como teria sido um suposto filho de Peri e Ceci – apelidado Cacique, vizinho de uma amiga. O problema é que Cacique não queria aceitar o convite por achar caricato fazer peças, filmes e etc. com índios. Cacique era vigilante noturno e queixa-se que na realidade do dia a dia de trabalho não faltavam piadas racistas que lhe eram direcionadas: "Bugre pra cá, bugre pra lá" (SCLIAR, 1998, p.67). Renato argumenta com Cacique que ele poderia participar do filme levando para o grupo a experiência vivida e, justamente, homenageando os índios e impedindo mais um pastiche. Não sem relutar Cacique acaba por aceitar o convite de Renato.

Ao encaminhar as filmagens de *O Guarani* Renato e seus amigos deparam-se com o epílogo de Alencar e todos consideram o final aberto demais. Assim, no capítulo *De como Peri e Ceci escapam da tragédia. E, de quebra: a nossa versão para o final da história*, Renato e seus amigos criaram ao menos 3 finais diferentes para o romance. Como nenhuma das versões havia agradado, o grupo recorre a Cacique que diz:

> Acho essa história toda fantasiosa demais. Mas, palavra, eu gostaria que fosse verdade. Gostaria de ver o Peri chegando em algum lugar com a Cecília e sendo saudado como herói. Na verdade, nem precisaria disso. Se o tratassem decentemente, como um ser humano igual aos outros, já bastaria (SCLIAR, 1998, p. 99-100).

No capítulo seguinte, o antepenúltimo da estória de Scliar, intitulado *De como encontramos os descendentes de Peri - e, acreditem, muito pouco tinham a ver com o glorioso personagem* Renato, seus amigos e Cacique vão a convite do pai desse visitar uma reserva indígena. O que segue é a descrição do narrador Renato daquilo que viram, ele e seus amigos, na reserva:

> (...) A reserva era muito pior do que podíamos imaginar: umas trinta casinholas de madeira em péssimas condições, mais uma precária construção onde funcionavam a escola e o posto de saúde. Montes de lixo por toda a parte, esgoto fluindo a céu aberto, um cheiro nauseante. Quanto aos moradores, deixariam Alencar consternado; homens, mulheres e crianças malvestidos, muitos descalços, com aspecto deplorável (SCLIAR, 1998, p. 102).

E segue relatando sua impressão e seu sentimento sobre o que via:

> Confesso que me senti envergonhado de estar ali. Eu, bem vestido, bem alimentado, no meio de gente com problemas de sobrevivência. Mas eu tinha uma câmera na mão, e se pudesse usar aquela câmera para mostrar as condições deprimentes da aldeia – bem, alguma coisa já teria feito (SCLIAR, 1998, p. 102).

Nesse ponto Scliar completa o seu objetivo, qual seja fazer chocar a estória de Renato, com a de Alencar e com a realidade, expondo as feridas ficcionais de *O Guarani*, bem como a reprodução idílica e falsa que esse fazia gerar na realidade de seus leitores.

Não obstante o tom crítico e de desconstrução, Scliar leva a estória para um final um tanto quanto otimista: Renato e os amigos vencem o concurso com a adaptação da cena final quando Peri leva Ceci para o futuro incerto no tronco da palmeira; logo depois, sob a trilha de Carlos Gomes, a cena é cortada para as imagens que fizeram na aldeia antes descrita. O público cai em prantos. Renato e seus amigos doam o prêmio em dinheiro para os habitantes da reserva que visitaram. O final de Scliar, diferentemente do de Alencar, não é aberto.

O livro de Scliar é, entre todas as adaptações e obras baseadas em *O Guarani*, a única que reconta a estória de Alencar chocando-a com a história e com a realidade. Algo que tentamos empreender em todo esse trabalho, mas sem as intenções emocionais do escritor gaúcho, quais sejam elevar *O Guarani* como o maior romance nacional e pressioná-lo com a tristeza real da situação do índio brasileiro só que, mais uma vez, por meio da ficção. Aquela que ele criou para recriar os sentidos da estória de Alencar.

Em todo caso, o importante para nós, é que mais uma vez se falou, ou melhor, se criou ou recriou algo a partir de *O Guarani*. Scliar desconfia e ao mesmo tempo repõe o romance de Alencar.

A última adaptação que veio a público na década de 1990 foi feita para jovens leitores pela escritora e tradutora Renata Pallottini, com ilustrações de Cecília Iwashita. Essa adaptação foi reeditada em 1999 pela *Editora Scipione* na *Série Reencontro*.

Entre todas, podemos dizer que a adaptação de Pallottini é aquela que mais se preocupou com a facilitação da leitura, isto é, em tornar a leitura de um livro longo e, a essa altura, cheio de arcaísmos, num texto curto e com linguagem mais apetecível e compreensível a leitores de fins do século XX. Em relação a isso a nota que adaptadora faz para o livro é muito elucidativa:

> *O Guarani* foi, talvez, a primeira obra escrita para adultos que eu pude ler. Do prazer que essa leitura me deu ainda guardo lembranças, mas sou obrigada a reconhecer que tive algumas dificuldades. As descrições eram longas, o tratamento do tempo era complicado: marcas do romantismo que José de Alencar, um dos seus expoentes, tinha de respeitar e que correspondiam ao estilo da época.
>
> Facilitar essa leitura e esse prazer foi o meu maior objetivo; sempre se espera que, ao ler uma adaptação, seja de ficção para teatro, para cinema, para televisão, seja simplesmente uma "re-escrita", o leitor vá, um dia, procurar o original, para assegurar-se de como era o modo de escrever do autor primitivo, que é bom conhecer, a seu tempo.
>
> Espero ter facilitado a leitura de *O Guarani* para os jovens, sem ter sacrificado a qualidade do primeiro texto (PALLOTTINI, 1999, p. 4).

A versão de Renata Pallotini propõe uma completa reorganização do enredo de Alencar, pois ela redistribui e sintetiza o original em vinte e seis pequenos capítulos, cujos motes são os personagens e as principais passagens do livro.

Assim, a cada dois ou três capítulos que apresentam cenários e/ou situações, a autora apresenta um novo personagem organizando cartesianamente o plano da obra, suprimindo assim as muitas sobreposições e idas e vindas do original.

Peri será o primeiro personagem apresentado, depois Álvaro e Cecília. Dom Antônio só aparecerá no décimo sétimo capítulo de modo que na versão de Pallottini a família portuguesa, o núcleo familiar, embora importante, não é a força centrífuga da trama. Essa é substituída pela presença de Peri que é posta em relevo durante todo o livro, muito mais que em Alencar.

Ademais, a autora utiliza-se muito pouco de períodos do original. Trata-se, de fato, de uma reescrita facilitadora da obra. Não perde em essência dado que a empreita foi bem realizada, mas, também, não adiciona nada de novo, nenhuma modificação de conteúdo, apenas de forma.

Quanto às ilustrações de Iwashita, elas são todas a carvão e em muitos momentos tem-se a impressão de que trata-se de desenhos feitos para uma peça de Shakespeare. Não inovam, mas repetem pouco. Não imitam quase nada das ilustrações para as outras tantas adaptações e reedições, com exceção apenas da cena final quando Peri navega com Cecília adormecida na canoa, rumo ao dilúvio que levará o livro ao final.

Em 2002, a escola de samba de Florianópolis, *Protegidos da Princesa*, foi campeã do grupo especial do carnaval catarinense com o samba-enredo *Uma ópera na avenida*. Era mais uma versão de relação com *O Guarani*.

A letra do samba é muito sugestiva quanto as formas pelas quais a narrativa de José de Alencar se consagrou, fazendo referência direta à ópera de Carlos Gomes, a resolução dos conflitos pelo amor de Ceci e Peri e ao batismo cristão do índio.

Uma ópera na avenida
Protegidos da Princesa, 2002

Oh, eu transformei
A passarela numa obra popular
Protegidos da Princesa

Faz da arte e a nobreza
Um romance a desfilar

Oh, Guarani!
Consagrada numa noite de gala em Milão
Fez do mundo o seu palco
Uma história de amor
Foi por Peri que Ceci se apaixonou

Se o amor chegar
Não dá pra controlar (bis)
Bate que bate
Coração vai balançar

E aí...
Foi preciso guerrear
Muita agitação no ar
Aventureiros lutam para conquistar e defender
A cobiça da riqueza, Dom Antônio impediu
Com coragem, um castelo destruiu
Batizado como cristão
Nasce da chama uma longa paixão

Iluminado pela mão divina
Carlos Gomes faz da arte uma obra-prima (bis)

Hoje a Protegidos canta
Se agiganta neste carnaval
Sua coroa brilha
Nos contagia no desfile principal

Comanda a festa, Princesa
Hoje o meu sonho é aqui (bis)
Porque eu sou ópera, sou índio guarani

Em 2007 a editora *Ática* editou a série *Clássicos Brasileiros em HQ*. Assim, mais uma vez - e não será a última - *O Guarani* será adaptado para o formato quadrinhos. Para a composição dessa nova edição a editora contratou o desenhista e roteirista Luiz Gê e o adaptador e roteirista Ivan Jaf.

A adaptação da dupla é mais intencionalmente voltada à transfiguração de Peri como um super-herói nos moldes clássicos dos quadrinhos. São os próprios autores, na parte suplementar do livro onde são apresentadas "curiosidades e realidades" sobre a obra de Alencar e a adaptação, que declaram esse objetivo num quadro de texto intitulado 'o primeiro super-herói brasileiro' o qual transcrevemos abaixo:

> Pela presença de personagens da História do Brasil *O Guarani* é considerado um romance histórico. Pode-se classificá-lo também como um romance indianista, voltado para a idealização heroica do nosso índio. A obra foi publicada 35 anos depois da Independência do Brasil, e na época buscava-se uma afirmação da nossa nacionalidade, com a criação de um herói eminentemente brasileiro. Não é a toa que Peri apresenta todas as virtudes humanas, e vale notar que nesta HQ seu caráter de super-herói foi acentuado por Luiz Gê, retratando-o à semelhança de Tarzan, "o rei das selvas" - ou "rei das florestas", como Ceci se refere a Peri(...) (GÊ; JAF, 2007, p. 92).

Esse quadro dos autores é muito elucidativo quanto ao roteiro e aos desenhos produzidos para a edição. De fato a adaptação é muito fiel à estória original, mas Peri é elevado a super-herói (Figura 24) e os quadros são construídos no sentido de criar os motes necessários ao aparecimento resoluto do índio; claro que isso também ocorre no romance original, mas aqui os significados super-humanos de Peri não aparecem apenas no momento em que ele arranca uma Palmeira com as próprias mãos, mas sim o tempo todo com ares de Tarzan, como dizem os autores.

De um modo geral, as ilustrações são figurativas e, diferentemente das outras adaptações para os quadrinhos, paisagens e cenários, centrais em *O Guarani*, não são postos em relevo. Também não se pode dizer que houve muita preocupação dos adaptadores para com a verossimilhança histórica, pois, algumas personagens são reproduzidas vestindo armaduras e lanças - itens nada comuns na indumentária dos primeiros colonizadores.

Embora o roteiro siga o original, os adaptadores escolhem suprimir – a essa altura uma senda corriqueira – a conversão de Peri. Afinal, não cairia bem a um 'super-herói' uma conversão religiosa bem no momento de salvar a 'mocinha'. Entrementes é a senda do domínio da natureza que, tal como em quase todas as outras adaptações de *O Guarani*, é repetida por Luiz Gê que desenha Peri enfrentando e caçando a onça pintada com um galho em forquilha. A cena se desdobra em duas dezenas de quadros. O mesmo ocorre com a cena final do casal na palmeira, mais uma senda comum, um dos poucos nos quais os adaptadores deixaram a natureza protagonizar.

Ademais, na parte suplementar da edição, os adaptadores falam sobre os "segredos da adaptação"(GÊ; JAF, 2007, p.93) onde explanam sobre as dificuldades e os desafios de adaptar uma obra literária para os quadrinhos. Nas palavras dos editores,

> A criação de uma história em quadrinhos é uma atividade muito prazerosa, mas bastante trabalhosa também, principalmente quando se trata da adaptação de um extenso clássico da literário. Para esta versão de *O Guarani*, o adaptador e roteirista Ivan Jaf precisou condensar um romance enorme em cerca de oitenta páginas de HQ, sem omitir passagens importantes e preservando a essência do clássico. O desenhista Luiz Gê, por sua vez, teve de ilustrar, com riqueza de detalhes, cerca de oitocentos quadros!

A explanação deixa escapar dois senões, pois o condensado de Ivan Jaf e Luiz Gê acabou por omitir passagens importantes, ou uma das mais importantes para todos os outros ilustradores e quadrinistas – a conversão de Peri, bem como não preservaram a "essência do clássico", uma vez que Peri foi transformado em uma espécie de Tarzan e a composição geral em muito destoou do sentido histórico conferido por Alencar.

Em todo caso, a parte suplementar do HQ é interessante, pois vai ser demonstrado como o texto original vira roteiro e como o roteiro orienta a composição do desenho, bem como são preparados os esboços até que ganhem cor e texto final.

Em síntese, o livro HQ de Gê e Jaf é uma produção cuidadosa e bem preparada em termos gráficos, mas o roteiro deixou-se contaminar pela forma externa dos quadrinhos à americana e muito se perdeu dos sentidos históricos e estilísticos do original. Serve como uma adaptação, mas não muito fiel se comparada às demais.

Em 2007, a editora *LP&M* na coleção *É só o começo* faz chegar ao mercado mais uma adaptação de *O Guarani* numa "versão adaptada para novos leitores" nos moldes daquela de Pallottini.

Com adaptação de Paulo Seben, revisão de Pedro Garcez, supervisão de Luís Augusto Fischer e ilustrações de Edgar Vasques, o livro de 70 páginas inicia com um caderno de preparação para a leitura onde a estória é resumida; são apresentados os personagens do livro em lista, bem como são descritos, em pequenos verbetes, os ambientes da estória.

Figura 24- O super-herói, Peri em *O Guarani* em quadrinhos (2007)
Fonte: Acervo do autor

Adiante, a estória de *O Guarani* é reescrita em quatro partes que mantêm os títulos dos capítulos centrais em cada uma das quatro partes de Alencar: Os aventureiros; Peri; Os Aimorés; A catástrofe. Dentro dessas partes, capítulos curtíssimos são subdivididos tais quais no original.

O texto é bastante simplificado, mas bastante fiel ao original. Em diversos pontos são adicionadas notas com o significado das palavras mais incomuns para jovens leitores. Trata-se, pois, de uma edição de facilitação da leitura; a menor e a mais simples entre todas as analisadas aqui.

Entre as poucas ilustrações de Vasques dispostas no livro reaparece a senda do domínio da natureza por Peri na mesma representação que em todas as outras. O Peri de Vasques, entretanto, tem feição menos cinematográfica havendo até certo exagero na rudeza da feição. A conversão de Peri é mantida, mas somente em texto.

A terceira adaptação de *O Guarani* na primeira década do século XXI será, mais uma vez, produzida em quadrinhos. Trata-se da adaptação de Walter Vetillo com ilustrações de Eduardo Vetillo editada em 2009 pela editora *Cortez*.

Entre todas as ilustrações produzidas para adaptações de *O Guarani*, a dos irmãos Vetillo é a que mais aparentemente se preocupou em representar a figura de Peri em conformidade ou proximidade com o tipo ameríndio meridional, fugindo do lugar-comum do estereótipo de herói ocidental do cinema e dos quadrinhos.

Peri é representado de forma mais simples que em ilustrações de outras adaptações. O adaptador preferiu, pois, se distanciar das formas e características descritas por Alencar e recriadas por seus adaptadores na direção de produzir um ícone mais condizente com o fenótipo dos índios que habitam o Brasil. A pluma e a veste de algodão dão lugar ao dorso nu. O corpo musculoso dá lugar a um corpo comum de homem sem exageros de compleição física.

O roteiro produzido para a adaptação é bastante simples, curto e com poucos diálogos, mas, de um modo geral, pode-se afirmar que os Vetillo foram bastante fiéis ao original acompanhando o fluxo da estória sem alterá-la.

A senda do domínio da natureza, entretanto, quando Peri caça a onça, desaparece, mas a da conversão é mantida na composição de dois quadros (Figura 25). Os desenhos são simples e parecem querer representar a frugalidade do meio e das gentes da era colonial e, nesse sentido, busca muito a verossimilhança histórica.

Uma cena, entretanto, deixa escapar, talvez ato falho, a figura de um personagem negro, figura inexistente no original e em quaisquer outras adaptações de *O Guarani*. Importante notar que esse personagem é inusitadamente inserido para agradecer a D. Antônio pela proteção que esse dava a seus vassalos. (Figura 26) O personagem negro ainda completa a D. Antônio: "— Que Deus o proteja!" Se consciente ou não, não sabemos, mas o fato é que os irmãos Vetillo foram os únicos a pintar um personagem - que nesse caso não chega a ser nem coadjuvante - negro em *O Guarani*.

Figura 25 -A conversão de Peri nos quadrinhos de *O Guarani* (2009)

Figura 26 - Personagem inusitado nos quadrinhos de *O Guarani* (2009)
Fonte: Acervo do autor

Ademais, a adaptação é uma das mais curtas produzidas para os quadrinhos e apesar de preocupada com as figurações é a menos interessante na estratégia narrativa e na composição dos diálogos que ora simplificam demais as construções do original e ora simplesmente o copiam.

A exemplo do que fez Ruth Rocha pela editora *Callis*, em 1994, a Editora Scipione, em 2011, produziu uma adaptação de *O Guarani* partindo da ópera de Carlos Gomes e não do romance de Alencar.

Essa adaptação da adaptação para a série *Ópera em quadrinhos* será roteirizada por Rosana Rios e ilustrada por Juliano Oliveira que fiéis ao libreto de Gomes e Scalvani, fazem Loredano virar o vilão espanhol Gonzales e Ceci ser raptada pelos Aimorés. Gonzales e seus comparsas se veem obrigados a lutar ao lado de Mariz contra os Aimorés e será o fidalgo a pôr fim à guerra incendiando a casa e sacrificando a família antes que os Aimorés invadissem a propriedade e matassem a todos.

A diferença apresentada na adaptação de Rios e Oliveira é a busca por uma representação das personagens que busca muito a verossimilhança étnica e histórica. Peri será concebido com características marcantes dos índios do Sudeste brasileiro e desaparecem os cabelos longos e o corpo hercúleo comuns nas demais representações.

A ambiência religiosa da história é posta em relevo ainda nas primeiras páginas do livro em uma ilustração que combina frutas tropicais a uma grande cruz dourada, os barris de pólvora da casa de Mariz, o arco e flecha e uma pistola. Assim, a natureza tropical, o cristianismo e a guerra aparecem emoldurando o prólogo dos quadrinhos que, diferentemente da versão ilustrada de Ruth Rocha, admite "traições e mortes" no enredo, tal como se pode ler na caixa de texto da abertura que situa o tempo, o ambiente e os protagonistas da estória:

> Século XVII no Brasil colonial, muitos buscam a fortuna; a mata é cena de traições e mortes; mas um homem e uma mulher enfrentarão intrigas, violências e preconceitos em nome de um grande amor... uma jovem cristã e um guerreiro indígena (RIOS, 2011, p. 5).

Curtos, mas ricamente ilustrados entre figurações e cenários os quadrinhos foram pontuados com caixas de textos e diálogos simples e sintéticos que se aproveitaram pouco do texto original.

Merece destaque a senda da conversão de Peri ilustrada em um quadro de meia página (Figura 27): Mariz segura uma tocha e uma cruz enquanto Peri de joelhos e cabeça baixa diz jurar a aceitação de Deus e da cruz, bem como a entrega a fé cristã. Essa ação permite que a estória siga como recontada na ópera, pois desaparecem o dilúvio e a palmeira e Peri salva Ceci embrenhando-se na mata atlântica.

Reproduções de cenas da natureza e de violência dão o tom geral da adaptação de Rios e Oliveira que escolhem, pois, um caminho mais sombrio para recontar a história tal como no romance de Alencar.

Na parte final onde são explicados detalhes da ópera, bem como da vida de Carlos Gomes e Antônio Scalvani, muito pouco se fala do romance de Alencar, exceto por uma única referência dizendo que Carlos Gomes teve a ideia da ópera quando encontrou uma tradução em italiano "do popular romance de José de Alencar" (RIOS, 2011. p. 34).

Figura 27 - A conversão de Peri no *O Guarani* em quadrinhos (2011). Fonte: Acervo do autor

Em termos gerais trata-se de uma adaptação cuidadosa para com as representações históricas e realista, embora não perca o fio do romantismo comum a estória do livro e, consequentemente, à ópera.

Ao que consta, a última adaptação de *O Guarani* foi realizada pelo cordelista cearense Antônio Klévisson Viana com ilustrações de Luís Matuto. A obra, uma adaptação do romance de Alencar para cordel, foi editada em 2014 pela editora *Amarilys*.

O Guarani em cordel é um livro de 87 páginas de redondilhas organizadas em centenas de estrofes de seis versos cada, com rima na última tônica organizadas na sequência A - B - C - B - D - B. As ilustrações de Matuto, algo como uma dezena delas, emulam xilogravuras todas impressas em preto e vermelho.

A história contada em versos segue a ordem dos acontecimentos, tal como criadas no original, mas não é anunciada nenhuma divisão entre as partes. No decorrer do texto as duas sendas mais reiteradas nas ilustrações das adaptações de *O Guarani* - o episódio da caça da onça por Peri, bem como sua conversão - ganham nova roupagem agora na forma poética. Vejamos o primeiro quando são apresentadas as características físicas de Peri e a caça da onça é descrita:

> Em pé, no meio do espaço,
> Por uma abóboda formado
> De grandes árvores, estava
> Um jovem índio encostado
> A um velho tronco de árvore,
> Por um raio decepado.
>
> Estava na flor da idade,
> Vestia na ocasião
> Uma túnica muito simples
> Do mais grosseiro algodão,
> Chamada de aimará
> Pelos índios do sertão.
>
> Sua pela cor de cobre
> Tinha reflexos dourados,
> Olhos de pupilas negras,

Com os cantos arqueados,
Boca forte, dentes alvos,
Cabelos pretos cortados.

Era de grande estatura,
Mão firme bem desenhada,
A perna ágil e nervosa,
Cabeça um pouco ovalada
Por um pequeno penacho
Era a mesma ornamentada.

De nossa selva o guerreiro
Era a mais perfeita imagem:
Possuía corpo esbelto
Igual a um junco selvagem
E a cena que mostraremos
Era loucura ou coragem:

Segurava o arco e as flechas
Na mão direita caída,
Perto dele, na folhagem,
Tinha uma onça escondida,
Enorme, e o índio no jogo
Punha em risco sua vida.

A onça, mirando o índio,
O seu bote preparava,
Mas o nativo, sorrindo,
Daquela fera zombava.
Olhando firme a felina,
Os seus olhos encarava.
(...)

Tudo isso se passou

No espaço de um minuto,
Sem que o índio perdesse
O animal e, astuto,
Pra capturar a fera,
Mostrava-se resoluto.

Embora ouse na forma, Klévisson Viana prefere a via segura para o conteúdo, pois lastreia os versos fiel ao texto de Alencar. A descrição do índio, da túnica de algodão, do penacho, do cenário, bem como da caça remete exatamente aos itens tais como narrados no original. Não ousa, pois, na reinvenção dos tópicos e referenciais narrativos.

Morrendo Álvaro de Sá
Em profunda comoção,
Dom Antônio chama Peri
Com heroica decisão:
Deu batismo para o índio,
Que deixou de ser pagão.

O autor de *O Guarani* em cordel, no entanto, parece não se contentar com o final aberto de Alencar e de forma licenciosa acaba por forjar os versos finais do livro num acróstico que forma seu próprio nome e que quer sintetizar os sentidos de *O Guarani* e da nação brasileira a seu ver, silvestre e multicor, isto é, miscigenada:

Alencar é cearense,
Klévisson Viana também.
Lendo Alencar foi além...
Esse livro nos pertence!
Valor que a todos convence.
Idolatrado o seu penhor,
Sua obra tem a cor
Silvestre do meu País,

Onde brotou a raiz
Numa Nação multicor.

Entre todas as imitações de *O Guarani* a de Klévisson parece ter sido a única realizada em uma forma reconhecida como 'tipicamente' brasileira. O cordel, além de seus elementos ditos tradicionais, são reconhecidos como a forma típica de fazer literatura popular do nordeste do país.

Assim, se nacional, *O Guarani* acabou por encontrar, e curioso que seja na última, pelo menos até aqui, a forma nacional para o seu conteúdo nacional. Entrementes, a redondilha maior e a língua portuguesa não são criações brasileiras, mas não há mal estar: *O Guarani* foi realizado em múltiplas versões e permaneceu.

O capítulo seguinte, tendo por base as análises até aqui empreendidas, pretende tecer algumas considerações de como se deu essa permanência tentando compreender a trajetória de *O Guarani*; um mito na realidade brasileira.

Nacional por imitação

O Guarani é um livro que decanta aspectos da sociedade brasileira no qual se encontra as origens do país na forma de ficção da realidade. Trata-se de um produto estético e sociológico resultante da prática literária de um autor da segunda metade do século XIX, no Brasil, e produto editorial de ordem capitalista no meio social de um país de capitalismo dependente. As condições em que foi editado são aquelas reconstruídas no primeiro capítulo. As formas pelas quais foi reiteradamente reproduzido são as que tratamos no tópico anterior.

Tendo em mente a rede complexa de variáveis que até aqui reunimos e tendo respondido positivamente à questão da permanência da estória, chegamos em um ponto onde se pode colocar uma outra indagação crucial: como se processou essa permanência? Ou melhor, como *O Guarani* passou de produto editorial, de romance, para a cristalização mítica no imaginário brasileiro? Pensamos que a resposta está implícita na rede de sentidos que a história do livro – e aqui estamos nos referindo as suas reproduções em múltiplas formas – deixa entrever.

Para melhor organizar as considerações que conformam a resposta à nossa pergunta, preferimos dispor a história do livro em fases. Essas fases sugerem uma certa ordem de etapas percorridas pelo livro em termos de mercado, pois ele surge amparado pelo momento de expansão das atividades editorias no Brasil, que ganhavam autonomia e cresciam desde a independência política, em 1822, bem como sugerem que a história foi experimentada por artistas em múltiplas técnicas de criação, reiterando o enredo do livro em um sentido cristalizador.

Denominamos cristalização o momento em que a estória da obra se desloca de seu ponto original e de seu criador e alcança uma transfiguração ideológica. Ela sai do suporte material, bem como de seu lugar enquanto ficção e, fenomenologicamente, se torna uma narrativa deslocada de seu conduto original.

Na situação de cristalização a obra ganha uma hiper-autonomia e muito embora se possa referir o seu ponto de criação e o seu criador, ela não está mais amarrada a seu lugar de criação, ficção e a sua tranquilidade ficcional. A cristalização se relaciona ao *status* de mito que a narrativa pode alcançar, abrindo-se a um campo mais amplo de interpretação do que na corriqueira recepção. Para cristalizar-se a obra precisa passar por recriações, versões, representações, como no mito.

Em certo sentido, pode-se argumentar que toda e qualquer obra de arte tem em si o potencial de cristalizar-se, mas esse potencial vai ou não ser realizado a depender de sua envergadura estética, bem como do momento de seu aparecimento e as condições objetivas para sua permanência.

Isto posto, pode-se concluir que a cristalização de *O Guarani* no meio social brasileiro ocorreu de modo paulatino, com poucas idas e vindas, e essa trajetória da obra pode ser sistematizada em etapas que identificam os elementos objetivos e superestruturais que a possibilitam:

1) Veiculação: *O Guarani* nasceu em folhetim. Seu alcance, pois estava condicionado por um veículo de circulação superior ao livro convencional. Os jornais se estampam dia a dia, a leitura é rápida, os capítulos em pequenas doses ocupam pouco tempo dos leitores. A reprodução típica do jornal permite um mão em mão e um boca a boca eficiente em termos mercadológicos. A suspensão criada para o efeito de 'continua no próximo capítulo' acaba por fidelizar o leitor. O teste feito no jornal abre caminho para que se possa, depois, imprimir o livro. Enfim, a veiculação inicial de *O Guarani* nos rodapés do jornal – e aqui não estamos deixando de considerar o mais importante, e do

que já tratamos amplamente, que o formato por si só não possibilita o sucesso da obra, uma vez que sua qualidade estética é variável indispensável para reunir leitores e crítica – possibilitou ampla tiragem e ampla repercussão do texto levando à iniciativa da edição em livro. O período de veiculação de *O Guarani* se dá ao longo de 1857.

2) Inserção: a recepção de *O Guarani* não foi apenas crítica e de fato esse tipo de recepção só principia quando de suas primeiras adaptações, sendo a realizada para ópera, por Carlos Gomes, a mais importante. No primeiro momento de recepção da estória, que vai de 1857 a 1870, ela é passiva, isto é, fica restrita apenas ao comentário cotidiano. O fato de não haver crítica especializada favoreceu, de certo modo, a sua recepção uma vez que não havia quem o criticasse do ponto de vista especializado.

O segundo momento de recepção inicia, em 1870, em uma mão dupla. A obra foi recepcionada ao mesmo tempo em que era imitada. Toda a década de 1870 foi, como vimos, indispensável para fundamentar os pilares nos quais se assentaria a estória na história.

Nesse sentido, uma obra que é recepcionada por meio de sua recriação tende a desenvolver a polifonia necessária à sua cristalização.

Ainda, os fluxos de público que – como indiciam as fontes – foram grandes para as primeiras adaptações para ópera e teatro se tornaram decisivos no processo de popularização da estória. Desse ponto em diante serão muitos os que podem falar, ou ao menos sabem da existência da estória, sem ao menos a terem lido. Trata-se de uma assimilação inconsciente rumo à cristalização.

3) Multiplicação: de 1870 aos nossos dias serão centenas de versões de *O Guarani* em múltiplos gêneros e múltiplos formatos. Esse elemento parece ser decisivo para maximizar o efeito de inserção, bem como de assimilação inconsciente da estória. A considerar que muitas das mídias escolhidas pelos adaptadores têm características de reprodutibilidade técnica mais eficientes para a massa – como é o caso do cinema, série de TV e quadrinhos - parece pacífica a ideia de que o

processo de cristalização da obra depende de sua multiplicação em formatos acessíveis a todos os públicos cujo suporte, faixa etária e etc., podem ser os mais variados.

A multiplicação é, pois, um processo objetivo de fazer a obra alcançar um grande número de expectadores e leitores num espaço de tempo muito menor que seria desprendido para a leitura do original.

4) Cristalização: a ideia e a figuração das personagens, os tipos, situações, cenários, frases sonoras, fartamente imitadas com remissão a estória produzem um não discernimento entre ficção e realidade. Afinados no mesmo diapasão da história - e aqui os romances históricos parecem ter potencial maior de cristalização - não é mais possível ao senso comum discernir o autor, a estória e história. Todos parecem estar presos as tramas da mesma lenda, que amarrada a uma rede mais ampla de significados sociais, aparece transfigurada como comum no cotidiano da cultura.

Nesse estágio Peri, por exemplo, não é apenas o índio da estória de *O Guarani* senão o índio brasileiro ou as duas coisas. Pouco importa ou simplesmente não se pensa o que tem de ficcional, pois há muito já é realidade, espécie de aura a realizar uma certa imagem de índio brasileiro. Referências cruzadas de realidade e ficção em um mesmo plano narrativo. O índio Peri, enfim, pouco tem de real quando comparado ao índio brasileiro, mas o índio brasileiro na realidade construída no imaginário nacional já não pode ser desatado da ideia de Peri.

A cristalização, enfim, encerra o ciclo. Seu resultado é o mito e por conseguinte a despolitização da realidade na medida em que a intenção histórica foi naturalizada e as contingências legadas a eternidade. (BARTHES, 1972, p.163)

Ora, a direção politizadora da estória estaria naquela direção interpretada pela crítica tal como em Alfredo Bosi (1992) e Renato Ortiz (1990); na desconstrução do mito que não se deixa levar na linha tênue da ficcionalidade para colocar relevo na domesticação indígena ou seu sacrifício, sua assimilação forçada e na violência do processo de colonização. São formas ativas de ler e imitar a estória.

Por outro lado, as imitações de *O Guarani* são, em grande parte, passivas em relação à estória original e se deixam levar pelo conduto narrativo do heroísmo indígena. Algumas poucas são ativas no sentido da politização, ironizando ou criticando as linhas de Alencar.

Na maior parte das imitações passivas são duas as sendas mímicas repercutidas com ênfase: 1) a captura da onça por Peri e; 2) a conversão de Peri. A primeira símbolo de enfrentamento da natureza para construção do herói; Peri, feito Davi, caça uma fera em mimético alto. O segundo símbolo da assimilação necessária à integração do herói na cosmologia cristã dos brancos, isso em mimético baixo. Um homem caçando uma onça sem armas é incrível, um homem sendo batizado é tranquilamente aceitável. O herói é sobre humano, mas não está acima das leis de Deus.

A maior parte das imitações são desse tipo e aceitam, pois, o mito seguindo sua trilha pelo mimético alto; cristão diga-se de passagem. Quase todas exaltando a figura heroica de Peri, como nos sambas enredo da Império Serrano e da GRES Arranco, de relação com *O Guarani*. Assim, também, serão os filmes, quadrinhos, poesia e pinturas versões da estória.

As versões ativas que objetivam desconstruir a estória e, por conseguinte, o mito são poucas e são todas de relação. Duas fazem isso pela ironia: as marchinhas *Foi seu Cabral* de Freire Júnior e *História do Brasil* de Lamartine Babo; outra pela crítica ativa tomando a estória original como metáfora invertida em narrativa que critica o imperativo colonizador por um lado e heroico indígena por outro. Trata-se de *Câmera na mão, Guarani no coração* de Scliar.

O que se pode depreender dessa análise é que a ficção venceu a realidade. Ou seja, com ela, a ficção, se construiu uma forma de olhar o Brasil na realidade. O que entra para a história e para as estórias é a figura de um índio herói e cristão. Um mito miscigenado que guarda o saber da natureza, a força sobrenatural e a fé cristã em seu tipo.

Mas o que dizer da forma? O que falar dos meios pelos quais a ficção foi imitada se cristalizando na realidade?

Ora, em um texto escrito, em 1986, intitulado *Nacional por subtração*, Roberto Schwarz aborda um problema sobremaneira discutido nos círculos intelectuais brasileiros interessados em cultura. Trata-se da ideia de que "brasileiros e latino-americanos fazemos constantemente a experiência do caráter postiço, inautêntico, imitado da vida intelectual que levamos" (SCHWARZ, 2014, p.81).

Esse mal-estar intelectual se deve ao fato de que, desde a independência, sobressai nas camadas intelectuais latino-americanas "um sentimento de viverem entre instituições que são copiadas do estrangeiro e não refletem a realidade local. Contudo, não basta renunciar ao empréstimo para pensar e viver de modo mais autêntico" (SCHWARZ, 2014, p.92).

O outro lado da moeda seria optar pelo resgate dos conteúdos que pensamos ser tradicionais e 'da terra', tais como os indígenas, por exemplo, à guisa de tentar esquivar-se das forças imperiosas que desde o centro europeu determinam as formas de pensar.

Essa estratégia, no entanto, posto que somos em parte frutos, também, da civilização europeia, estaria condenada pela impossibilidade da exclusão desse lado da mistura. A própria língua com a qual representamos seria por si só um problema uma vez que não é inteiramente nossa.

Em todo caso, a preocupação é que ao tentarmos revolucionar a linguagem acabamos sempre por escolher nas modas do mundo externo os meios pelos quais vamos tentar criar o novo. Estamos, pois, sempre copiando, mesmo quando o programa inclui o encontro da novidade.

Essa oposição entre o nacional e o estrangeiro, leia-se, o original e o imitado é, na verdade, falsa e (SCHWARZ, 2014, p.102) "impede de notar o que importa, a saber, a dimensão organizada e cumulativa do processo, a força potenciadora da tradição" (...) pois a "vida cultural tem dinamismos próprios, de que eventual originalidade, bem como a falta dela, são elementos entre outros."

O problema da cópia não é, entretanto, falso, posto que se visto "de um ponto estético e político" pode contribuir para a libertação "da mitológica exigência da criação a partir do nada" (SCHWARZ, 2014, p. 102).

Ora, o problema analisado por Schwarz pode parecer estranho à nossa investida uma vez que estamos tratando da imitação, das versões de uma produção brasileira no ambiente brasileiro.

Entretanto, como já discutimos, são inegáveis os impulsos da forma europeia que Alencar utilizou na composição do texto, mas, como parecia sofrer com o mesmo mal-estar da cópia, vide o seu programa crítico concretizado nos ataques à *Confederação dos Tamoios*, procurou um meio termo da receita incorporando o elemento indígena à mistura em busca do novo por meio da prosa.

Essa novidade da obra de Alencar – o herói indígena na prosa – é o que vai garantir justamente a contrapartida ao mal-estar da cópia. As imitações de *O Guarani* são acúmulo e significam a permanência de uma estória que se popularizou, muito provavelmente pelos conteúdos internos – uma vez que os formais são amplamente inspirados no romance histórico e de aventura, sobretudo o Francês do XIX - apaziguadores da força externa. *O Guarani* é, enfim, parte da tradição brasileira.

Em todo caso, vale lembrar aqui que a encenação e o sucesso da ópera de Carlos Gomes em Milão parece ter sido decisiva para a inserção da estória de *O Guarani no* cenário nacional. Se a Europa provou e gostou ela podia ser, enfim, servida no cardápio brasileiro. Fica subjacente, mais uma vez, a aceitação do nacional pela subtração ou pelo menos pela aceitação externa.

Ademais, o que há de nacional em *O Guarani* ou o que foi conferido de nacional a ele, não parece ter ocorrido por mera subtração. A noção de acúmulo da obra foi, entrementes, decisiva para que o seu lugar nacional fosse preservado, uma vez que resistiu até mesmo às críticas dos revolucionários modernistas da década de 1920 que reconheciam uma certa paternidade forçada de Alencar.

Não obstante, e aqui o argumento de Schwarz é muito conveniente, vale notar que muitas das imitações de *O Guarani* acabam por emular as formas e trejeitos da maneira externa – e talvez aqui seja melhor dizer capitalista – de reproduzir cultura. Vide, sobretudo, as análises que fizemos das imitações cinematográficas e em quadrinhos que correspondem diretamente ao modo de se fazer desenho e cinema nos Estados Unidos.

Assim, a força da tradição, do mito d' *O Guarani*, empurra suas versões, mas essas não virão despregadas das formas eficientemente comerciais de reproduzir cultura no capitalismo do século XX *a la* América do Norte. A forma, entretanto, não subtrai a força nacional transmitida nas versões do mito.

Assim, vimos, pois, como se deu o acúmulo e a permanência da obra e como ela se tornou nacional não só por subtração, mas por imitação do conteúdo em diversas formas e versões considerando o que foi produzido do último quarto do século XIX aos nossos dias.

De todo modo, o que está presente é força de um romance histórico, romântico e indianista quase *novel* , não fosse pela retração imposta pelo meio literário de parca circulação em seu início –, escrito no primeiro momento pós-colonial em que a escravidão era tudo em termos políticos, sociais e econômicos.

Em termos culturais, entretanto, era preciso obnubilar, subtrair a escravidão. Daí o projeto indianista do Estado. Para Alencar, assim como para outros intelectuais e literatos da época, a escravidão, realidade brutal, não combinava com o *wagon* do progresso e da primeira modernidade brasileira. Foi nessa ambiência francamente conservadora, para não dizer hipócrita, que Alencar escreveu *O Guarani*.

Ora, se a estória de *O Guarani* é um romance ambientado em momento pré-capitalista e o seu desenlace é marcado não pela competição, mas pela cobiça, o seu resultado enquanto produto é fruto do seguimento dessa história que é a de Alencar na qual há mais escravizados que leitores. Mais homens de Estado que burgueses e nenhum herói. *O Guarani* é, assim, um romance pré-moderno para uma realidade pré-moderna, pois a forma ficcional de Alencar não incorpora toda realidade senão porque é um mito e não uma comédia de costumes baseada nas convenções e no cotidiano.

Nas formas externas do velho mundo os heróis são sempre brancos, símbolos da cultura ocidental. No novo mundo encontrarão lugar nos tipos norte-americanos figurados, também brancos, com super poderes. Alencar criou um herói (não sem caráter como outros de nossa literatura) que muito tem ou muito foi reproduzido a partir do modelo branco típico ocidental, mas seu herói, conquanto não seja brasileiro nato porque é Goitacás, é, indiscutivelmente, índio. Peri não é um Tarzan.

Em todo caso, as bases materiais que permitiram a escrita dos capítulos, a impressão e a circulação do jornal, os meios de vida do escritor e as polêmicas em torno de *O Guarani* foram àquelas mantidas pela escravidão. Daí um romance como *O Guarani* preferir tratar das personagens brancas e indígenas da vida colonial e não daquelas que sempre moveram, de fato, a economia nacional.

Em relação a este aspecto, alguém pode argumentar que as personagens negras escravizadas são inexistentes em *O Guarani* porque a época escolhida para ser retratada no romance, precisamente 1603-1604, ainda não continha o largo uso dessa mão de obra nas unidades rurais da colônia. De fato, as fontes mostram (BLACKBURN, 2003) que por volta de 1570 "havia apenas uns dois ou três mil escravos africanos nas povoações portuguesas, comparados ao número dez ou quinze vezes maior de escravos indígenas" (p. 207) e que "de sua parte (tal como Peri) muitos índios evitavam a vida vigiada das aldeias e alguns preferiam até viver na propriedade dos colonos". (p. 207) De todo modo deve-se assinalar que:

> Em 1600, os africanos provavelmente ainda eram em menor número no setor açucareiro do que os trabalhadores indígenas em geral, escravos ou livres, que geralmente exerciam profissões artesanais. Mas a proporção de africanos não parava de crescer. Em todo o período de 1600 a 1650, pelo menos 200.000 africanos foram levados para o Brasil (BLACKBURN, 2003, p. 209).

Aqui alguém mais poderia ponderar que a realidade acima descrita se aplica mais ao Brasil setentrional, marcadamente açucareiro, o que não se aplica à realidade do setor colonial meridional onde se passa a estória de *O Guarani.*

Ora, em todo caso caberia contra argumentar que o autor de *O Guarani*, escolheu 'a dedo' o cenário que queria descrever justamente para não tocar em personagens que davam sentido à vida econômica de seu tempo, os negros escravizados. Tivesse o romance a presença destes, talvez os problemas dos meios de vida que produzem a vaga histórica propulsora dos protagonismos não se consubstanciariam do mesmo modo. A vida nos inícios coloniais no Sudeste foi, como sabemos, muito diferente daquela do Nordeste açucareiro onde foi muito mais amplo o uso da mão de obra compulsória dos africanos. A esta realidade setentrional é que pertencia José de Alencar: ele nasceu no Ceará. Entrementes, escolheu a realidade da colonização meridional. Ele mesmo mudaria para o Rio, onde os contrastes, embora grandes, diluíram-se mais na vida de desenho urbano evoluída de formas um tanto quanto menos primitivas do capital, se comparadas àquelas típicas do Brasil de cima cujo binômio 'casa-grande e senzala' pode ser metonímico para uma certa definição do mundo colonial luso-brasileiro.

Ainda, poderíamos também argumentar que se queria de fato, Alencar, falar dos princípios do Brasil que tivesse escolhido um tempo tal como o de fins do século XVIII e início do século XIX, quando inicia o declínio da economia açucareira. Esse, sim, um período decisivo para o que o país viria a ser em termos políticos, econômicos e culturais. Mas, pelo que se pode depreender, para a literatura conservadora do autor, seria incômodo demais tratar dos reais problemas que levaram o Brasil a ser o que é ou era no seu tempo. Alencar preferiu, não obstante o palco muitas vezes mórbido e violento de *O Guarani*, alguma tranquilidade. Afinal, ele prefere a ficção à realidade. Na relação de forças com os outros de seu tempo, tal como Domingos Gonçalves de Magalhães, era um não muito diferente, pouco ousado e evitou, tal como seu rival nas letras, o que era deveras importante para caracterizar a nação. De fato, inovou um pouco na forma ficcional, mas conservou o conteúdo de fuga da realidade.

Em todo caso, o fato é que Alencar, ao escolher a ficção, deixou, feito a cicatriz de Ulisses na *Odisseia* de Homero, algo no qual não se pode ou não se quer falar, mas que é revelador da realidade: o negro escravizado é uma presença ausente na economia política total de *O Guarani*, pois lembremos que o jornal onde foi primeiro publicado vivia, também, dos anúncios e classificados da escravidão. Alencar, um conservador - como viria a ser na política - seguiu à risca o modelo de pensamento de seu tempo e reiterou a ausência presente do negro em sua obra, exceto por uma ou outra peça que publicou ao longo de sua verve dramatúrgica.

A problematização desse elemento é deveras simples. Não chega a ser de fato um problema: Alencar seguiu a cartilha do pensamento de seu tempo numa época em que escravidão era quase que como naturalizada. Era realidade, mas não podia ser tema da ficção.

O problema então de *O Guarani* não é ausência da escravidão, posto que ela é justificável pela escolha do tempo da história em que se passa a estória. Mas a escolha do tempo da história para lavrar a estória, essa sim, talvez, não se justifique pelo tempo do autor, cheio de modernidade ornamental e escravidão. Como cronista e redator de jornal, Alencar olhou para o futuro, no romance, pelo menos em boa parte dos que escreveu, para o passado; mas não era míope: como qualquer observador em qualquer tempo, Alencar viu as coisas de maneira ambígua e muitas vezes contraditória.

Se por um lado gastava tinta a criticar o Estado e seus correligionários culturais, por outro lado imaginava uma evolução miscigenada e tenra para um país que resolveria as suas tensões étnicas e econômicas no amor, mas um amor reprimido e que vive nas sombras. A luz e o lúgubre, o romance e a política se entrelaçam na ideia do autor e nos dedos que deitam a pena em folhetins e personagens índios e urbanos.

Hoje, Alencar e *O Guarani* fazem parte do passado; mas são sempre presentes, querendo fazer, sem conseguir, esquecer as marcas da escravidão e a real situação dos índios em filmes, óperas, quadrinhos, adaptações das mais variadas. Mesmo a *Voz do Brasil,* na mimese das formas e dos tempos tem um quê de índio e um quê das superações prometidas pelos discursos presidenciais que a sucede.

O Guarani acompanhou o desenvolvimento da indústria de entretenimento do Brasil e foi produzido e reproduzido nas trilhas das transformações das imitações dos meios e gêneros desenvolvidos e inseridos no mercado ao longo de um século e meio. Se outros livros, outras estórias, alcançaram tal inserção é difícil dizer, mas qual deles é, também, e talvez por isso mesmo, um mito?

O Brasil que Alencar criou ainda é vivo, esmaecido talvez; mas em exposição nos dias 19 de muitos meses de abril e profundamente arraigado em nosso inconsciente nacional que vê a grandeza da natureza e a ideia de pureza indígena em quase tudo que se adjetiva como brasileiro, como nacional. Essa a ficção.

A realidade é que em idos de 1500 a população indígena no Brasil era de aproximadamente 3 milhões, à época da estória de *O Guarani* já estavam reduzidos à 700 mil, quando da época de Alencar eram não mais que 300 mil. Atualmente são pouco mais de 800 mil vivendo, em grande parte, abaixo da linha da pobreza. Se não ocupam as parcas áreas de preservação, estão à deriva em beiras de estradas, entregues às mazelas e aos expedientes informais de uma nação que nasceu na periferia do capitalismo, imitando formas externas e carregando o pesado fardo humano e moral da obra da escravidão.

Em busca de uma vida menos vulnerável e marginal, o indígena da realidade, assim como o da ficção de Alencar, ainda vive em constante diáspora em busca de seu lugar na nação. Ele, entretanto, não é herói e não tem par romântico branco, mas sua idílica figura, de pureza, nacionalidade e destino roubados, continua a nos inspirar na ficção do país que queremos e na realidade desigual sobre a qual navegamos rumo a um destino incerto.

Referências

Referências gerais

ALENCAR, José de. *Cartas sobre a Confederação dos Tamoios*. Rio de Janeiro: Empresa Tipográfica Nacional do Diário, 1856.

_____. *O Guarany*: romance brasileiro. Primeira parte. Rio de Janeiro: Empreza Nacional do Diário, 1857a

______. *O Guarany*: romance brasileiro. Segunda parte. Rio de Janeiro: Empreza Nacional do Diário, 1857b

______. *O Guarany*: romance brasileiro. Terceira parte. Rio de Janeiro: Empreza Nacional do Diário, 1857c

______. *O Guarany*: romance brasileiro. Quarta parte. Rio de Janeiro: Empreza Nacional do Diário, 1857d

_____. *Como e porque sou romancista* (1873). In:______. Romances ilustrados de José de Alencar. v.1. Rio de Janeiro: José Olympio editora, 1967, p. lxiii - lxxxvii.

______. *As minas de prata*. Rio de Janeiro: José Olympio Editora, 1955a.

______. *Guerra dos Mascates*. Rio de Janeiro: José Olympio Editora, 1955b.

______. *Sonhos D´Ouro*. Rio de Janeiro: José Olympio Editora, 1955c.

ALMEIDA, Rodrigo Estramanho de. *A realidade da ficção*:

ambiguidades literárias e sociais em *O Mulato* de Aluísio Azevedo. São Paulo: Alameda, 2012.

______. *Formação do Brasil no pensamento conservador de José de Alencar*. Anais do XVI Congresso da Sociedade Brasileira de Sociologia (SBS). GT21 - Pensamento Social no Brasil. Salvador, Universidade Federal da Bahia, 11. Set. 2013.

ALENCASTRO, Luiz Felipe de. Vida privada e ordem privada no Império. In: ______.(org.). *História da vida privada no Brasil*. v.2. São Paulo: Companhia das Letras, 1997, p.11-94.

ALONSO, Angela. *Ideias em movimento*: a geração de 1870 na crise do Brasil-Império. São Paulo: Editora Paz e Terra, 2002.

ANDERSON, Benedict. *Comunidades imaginadas*: reflexões sobre a origem e a difusão do nacionalismo. São Paulo: Companhia das Letras, 2008.

ANDERSON, Perry. Trajetos de uma forma literária. *Novos Estudos*. CEBRAP. 77, março, 2007.

AUERBACH, Eric. *Mimesis:* a representação da realidade na literatura ocidental. São Paulo: Perspectiva, 2011.

BARTHES, Roland. O efeito do real. In: ______. *Literatura e semiologia*: pesquisas semiológicas. Petrópolis: Editora Vozes, 1972, p.35-44.

BENJAMIN, Walter. A obra de arte na Era da sua reprodutibilidade técnica. In.: ______. Sobre arte, técnica, linguagem e política. Lisboa: Relógio D'Água Editores, 1992, p. 93-113.

BLACKBURN, Robin. *A queda do escravismo colonial*. 1776-1848. Rio de Janeiro: Record, 2002.

______. *A construção do escravismo no novo mundo*: do barroco ao moderno. Rio de Janeiro: Record, 2003.

BOECHAT, Maria Cecília Bruzzi. A 150 anos do Guarani: origens e destinos. *O eixo e a roda*: revista de literatura brasileira. Belo Horizonte, UFMG, v.15, 2007, p.139-149.

BOSI, Alfredo. Um mito sacrificial: o indianismo de Alencar. In: *Dialética da colonização*. São Paulo: Companhia das Letras, 1992, p. 176-193.

CHAIA, Miguel. Arte e política: situações. In.:______.(org.). *Arte e política*. Rio de Janeiro: Azougue Editorial, 2007, p. 13-39.

CANDIDO, Antonio. *Formação da Literatura Brasileira*: momentos decisivos 1750-1880. Rio de Janeiro: Ouro sobre Azul, 2006.

CARVALHO, José Murilo de. *A construção da ordem*: a elite política imperial/ *Teatro de sombras*: a política imperial. Rio de Janeiro: Civilização Brasileira, 2007.

CASANOVA, Pascale. *A República mundial das letras*. São Paulo: Estação Liberdade, 2002.

CASTELLO, José Aderaldo. A polêmica sobre A confederação dos Tamoios. *Críticas de José de Alencar, Manuel de Araujo Porto-Alegre, d. Pedro II e outros*; coligidas e precedidas de uma introdução por José Aderaldo Castello. São Paulo: Faculdade de Filosofia, Ciências e Letras da Universidade de São Paulo, Secção de Publicações, 1953.

COELHO, Geraldo Mártires. A voz do Brasil. In: *O gênio da floresta*: O Guarany e a ópera de Lisboa. Rio de Janeiro: Agir, 1996, p. 37-84.

COSTA, Cruz. *Contribuição à história das ideias no Brasil*. Rio de Janeiro: Civilização Brasileira, 1967.

COUTINHO, Afrânio. *A polêmica Alencar - Nabuco*. Rio de Janeiro: Tempos Brasileiros, 1978.

CUNHA, Manuela Carneiro. *Índios no Brasil*: história, direitos e cidadania. São Paulo: Claro Enigma, 2012.

CYRNE; MOYA; D'ASSUNÇÃO; AIZEN. *Literatura em quadrinhos*

no Brasil: acervo da Biblioteca Nacional. Rio de Janeiro: Fundação Biblioteca Nacional; Editora Nova Fronteira, 2002.

DAMASCENO, Darcy. Edição crítica. In: ALENCAR, José de. *O Guarani*: romance brasileiro. Rio de Janeiro: MEC; Instituto Nacional do Livro, 1958.

DE MARCO, V. *A perda das ilusões*: o romance histórico de José de Alencar. Campinas: Editora da Unicamp, 1993.

EL FAR, Alessandra. *O livro e a leitura no Brasil*. Rio de Janeiro: Jorge Zahar Editor, 2006.

ELIADE, Mircea. *Mito e Realidade*. São Paulo: Perspectiva, 2011.

ESTEVES, Antonio. *O romance histórico brasileiro contemporâneo* (1975-2000). São Paulo: Editora da UNESP, 2010.

FAORO, Raymundo. *Os donos do poder*: formação do patronato político brasileiro. São Paulo: Globo, 2001.

FARIA, João Roberto. José de Alencar: a polêmica em torno da adaptação teatral de *O Guarani*. *Letras*, Curitiba, n.31, 1982, p.59-101.

______ (org.). *Ao correr da pena: José de Alencar*. São Paulo: Martins Fontes, 2004.

FAUSTO, Boris. *História do Brasil*. São Paulo: Edusp, 2003.

FERREIRA, Maria Celeste. *O indianismo na literatura romântica brasileira*. Rio de Janeiro: Departamento de Imprensa Nacional, 1949.

FREY, Northrop. *Anatomia da crítica*: quatro ensaios. São Paulo: Realizações Editora, 2014.

FREYRE, Gilberto. *Casa-grande & senzala*: formação da família brasileira sob o regime da economia patriarcal. São Paulo: Global, 2006.

GONÇALO, JÚNIOR. *A guerra dos gibis*: a formação do mercado editorial brasileiro e a censura aos quadrinhos 1933-1964. São Paulo: Companhia das Letras, 2004.

GUIMARÃES, Manoel Luís Salgado. Nação e civilização nos trópicos: o

Instituto Histórico e Geográfico Brasileiro e o projeto de uma história nacional. *Estudos Históricos*, Rio de Janeiro, n.1, 1988, p.5-27.

GUINSBURG, J. Romantismo, historicismo e história. In: ______. *O romantismo*. São Paulo: Perspectiva, 2013, p.13-23.

HALLEWELL, Laurence. *O livro no Brasil*. São Paulo: Edusp, 2012.

HERCULANO, Antonio. O musical ligeiro carioca. In: *Do Guarani ao guaraná*: história, humor e nacionalidade. (catálogo de exposição). Rio de Janeiro: Ministério da Cultura; Casa de Rui Barbosa, 2001, p.43.

HOBSBAWM, Eric. Introdução: a invenção das tradições. In: ______; RANGER, Terence. (org.). *A invenção das tradições*. Rio de Janeiro: Paz e Terra, 1997.

______. *Nações e nacionalismos desde 1780*: programa, mito e realidade. Rio de Janeiro: Paz e Terra, 1990.

HOLANDA, Sérgio Buarque de. *Raízes do Brasil*. São Paulo: Companhia das Letras, 1995.

HOWE, Irving. *A política e o romance*. São Paulo: Perspectiva, 1987.

KRISTEVA, Julia. A produtividade dita texto. In: ______. *Literatura e semiologia*: pesquisas semiológicas. Petrópolis: Editora Vozes, 1972, p.45-88.

KUSCHNIR, Karina; CARNEIRO, Leandro Piquet. As dimensões subjetivas da política: cultura política e antropologia da política. *Estudos Históricos*, v.24, 199, p.227-250.

LAJOLO, Marisa; ZILBERMAN, Regina. *A formação da leitura no Brasil*. São Paulo: Ática, 1999.

______; ______. *A leitura rarefeita*: leitura e livro no Brasil. São Paulo: Ática, 2002.

LEOPOLDI, José Sávio. Rousseau: estado de natureza, o "bom selvagem" e as sociedades indígenas. *Alceu*, v.2, n.4, 2002, p.158-172.

LEVI-STRAUSS, Claude. A estrutura dos mitos. In:______. *Antropologia estrutural*. Rio de Janeiro: Tempo Brasileiro, 1996, p.237-266.

LIRA NETO. *O Inimigo do rei*: uma biografia de José de Alencar. São Paulo: Editora Globo, 2006.

LUKÁCS, György. *O romance histórico*. São Paulo: Boitempo, 2011.

MANNHEIM, Karl. O significado do conservantismo. In: FORACCHI, M. *Mannheim*. São Paulo: Ática, 1982, p.137-151.

MARCO, Valéria de. A *perda das ilusões:* o romance histórico de José de Alencar. Campinas: Unicamp, 1993.

MARTINS, Wilson. *História da inteligência brasileira*. Volume III (1855-1877). São Paulo: T.A. Queiroz Editor, 1993.

MARTINS, Ana Luiza. Imprensa em tempos de Império. In: ______; DE LUCA, Tania Regina. *História da Imprensa no Brasil*. São Paulo: Contexto, 2013, p.45-84

MAUSS, Marcel. *Sociologia e antropologia*. São Paulo: Cosac & Naify, 2003.

MELLO, Evaldo Cabral de. *O norte agrário e o Império*. Rio de Janeiro: Topbooks, 1999.

MENEZES, Raimundo de. *José de Alencar*: literato e político. São Paulo: Livraria Martins Editora, 1965.

MEYER, Marlyse. O que é, ou quem foi Sinclair das Ilhas?. *Revista do Instituto de Estudos Brasileiros*, São Paulo, IEB-USP, n.14, 1973.

MIRA, Maria Celeste. *O leitor e a banca de revistas*: a segmentação da cultura no século XX. São Paulo: Olho D'água; FAPESP, 2001.

NICOLAU, Jairo. *Eleições no Brasil*: do Império aos dias atuais. Rio de Janeiro: Zahar, 2012.

ORTIZ, Renato. *Românticos e folcloristas*. São Paulo: Editora Olho D´água, 1992.

PARRON, Tamis Peixoto. *A política da escravidão no império do Brasil (1826 - 1865)*. Dissertação de Mestrado em História Social/ FFLCH/USP, São Paulo, 2007. Disponível em: http://www.teses.usp.br. Acesso em: Dez./2012

______. (org.). *Cartas a favor a escravidão* (José de Alencar). São Paulo: Hedra, 2008.

PROENÇA, M. Cavalcanti. Tentativa de Classificação da Obra de José de Alencar (Ficção). In: ALENCAR, José Martiniano de. *Romances Ilustrados de José de Alencar*. 7. ed. Rio de Janeiro: José Olympio. Brasília: INL, 1977. v.1.

RICUPERO, Bernardo. *O Romantismo e a ideia de nação no Brasil (1830-1870)*. São Paulo: Martins Fontes, 2014.

RIZZO, Ricardo M. *Entre deliberação e hierarquia: uma leitura da teoria política de José de Alencar (1829-1877)*. Dissertação Depto. de Ciências Políticas/FFLCH/USP, São Paulo, 2007. Disponível em: http://www.teses.usp.br. Acesso em: Dez./2012

RONCARI, Luiz. *Literatura brasileira*: dos primeiros cronistas aos últimos românticos. São Paulo: Edusp, 2002.

SALDANHA, Nelson. *História das ideias políticas no Brasil*. Brasília: Senado Federal, 2001.

SANT'ANNA, Afonso Romano de. *Análise estrutural de romances brasileiros*. Rio de Janeiro: Vozes, 1984.

SANTOS, Wanderley Guilherme. *Dois escritos políticos de José de Alencar*. Rio de Janeiro: Editora da UFRJ, 1991.

SCHWARCZ, Lilia. *O espetáculo das raças*: cientistas, instituições e questão racial no Brasil 1870-1930. São Paulo: Companhia das Letras, 1993.

______. Espetáculo da miscigenação. *Estudos Avançados*, v.8, n.20. São Paulo, 1994.

______. *As barbas do imperador*: D. Pedro II, um monarca nos trópicos. São Paulo: Companhia das Letras, 1998.

______. *A longa viagem da biblioteca dos reis*: do terremoto de Lisboa à independência do Brasil. São Paulo: Companhia das Letras, 2002.

______; STARLING, Heloísa. *Brasil*: uma biografia. São Paulo: Companhia das Letras, 2015.

SCHWARZ, Roberto. As ideias fora do lugar. In: *Ao vencedor as batatas*: forma literária e processo social nos inícios do romance brasileiro. São Paulo: Livraria Duas Cidades; Editora 34, 2000, p.9-31.

______. Nacional por subtração. In: *As ideias fora do lugar*: ensaios selecionados. São Paulo: Penguin Classics Companhia das Letras, 2014, p.81-102.

SILVA, José Eduardo Rolim de Moura Xavier da. *D'O Guarani a Il Guarany*: a trajetória da mimeses da representação. Maceió: Edufal, 2007.

SODRÉ, Nelson Werneck. Posição de José de Alencar. In: ALENCAR, José de. *Sonhos d'ouro*. 3. ed. Rio de Janeiro: José Olympio, 1951, p.11-26.

______. *História da imprensa no Brasil*. Rio de Janeiro: Civilização Brasileira, 1966.

______. *História da literatura brasileira*. São Paulo: Difel, 1982.

SKIDMORE, Thomas. *Preto no branco*: raça e nacionalidade no pensamento brasileiro. Rio de Janeiro: Paz e Terra, 1976.

SOUZA, João da Cruz e. *Obra completa*: poesia. v.1. Organização e estudo por Lauro Junkes. Jaraguá do Sul: Avenida, 2008.

SOUZA, Ney. Catolicismo, sociedade e teologia no Brasil Império. *Atualidade Teológica*, Rio de Janeiro, v.46, p. 127-144, jan./abr.2013

TAUNAY, Afonso d'Escragnolle. *Reminiscências*. Rio de Janeiro: Francisco Alves, 1908.

VIANA FILHO, Luís. *A vida de José de Alencar*. São Paulo: Editora da UNESP; Salvador: Editora da UFBA, 2008.

WEFFORT, Francisco. Segundo reinado: José de Alencar: indianismo e conservadorismo. In: ______. *Formação do pensamento político brasileiro*: ideias e personagens. São Paulo: Editora Ática, 2006.

Obras de referência

HOUAISS, Antônio. *Dicionário Houaiss da língua portuguesa*. Rio de Janeiro: Objetiva, 2009.

RAMOS, Fernão; MIRANDA, Luiz Felipe. (orgs.) *Enciclopédia do cinema brasileiro*. São Paulo: Editora Senac, 2000.

SILVA NETO, Antonio Leão da. *Dicionário filmes brasileiros longa metragem*. São Bernardo do Campo: Edição do autor, 2009.

Jornais da época de Alencar

Diário do Rio de Janeiro. Rio de Janeiro: edições de 1 de janeiro a 20 de abril de 1857. Fonte: Hemeroteca Digital da Biblioteca Nacional.

Diário do Rio de Janeiro. Rio de Janeiro: edição de 4 de dezembro de 1870. Fonte: Hemeroteca Digital da Biblioteca Nacional.

Jornal do Comércio. Rio de Janeiro: edição de 2 de dez. de 1870. Fonte: Hemeroteca Digital da Biblioteca Nacional.

Jornal do Comércio. Rio de Janeiro: edições de abr. a out. de 1874. Fonte: Hemeroteca Digital da Biblioteca Nacional.

Jornal do Comércio. Rio de Janeiro: edição de 25. abr. 1874. Fonte: Hemeroteca Digital da Biblioteca Nacional.

Jornal do Comércio. Rio de Janeiro: edição de 23. set. 1874. Fonte: Hemeroteca Digital da Biblioteca Nacional.

Mefistófeles. Rio de Janeiro: edição n.8 de ago. 1874. Fonte: Hemeroteca Digital da Biblioteca Nacional.

O Mosquito. Rio de Janeiro: edição de 11 de ago. 1874. Fonte: Hemeroteca Digital da Biblioteca Nacional.

O Mosquito. Rio de Janeiro: edição de 15 de ago. 1874. Fonte: Hemeroteca Digital da Biblioteca Nacional.

Vida Fluminense. Rio de Janeiro: edição de 15 de ago. 1874. Fonte: Hemeroteca Digital da Biblioteca Nacional.

Acervos

-Casa José de Alencar - Universidade Federal do Ceára, Fortaleza, Brasil

-Fundação Biblioteca Nacional, Rio de Janeiro, Brasil

Sites

-Banco de conteúdos culturais: www.bcc.org.br

-Biblioteca Brasiliana Guita e José Mindlin da Universidade de São Paulo: https://www.bbm.usp.br

-Cinema Brasileiro: www.cinemabrasileiro.net

-Filmow-rede social de filmes e séries: www.filmow.com.br

-Fundação Nacional do Índio: www.funai.com.br

-Hemeroteca digital da Biblioteca Nacional: bndigital.bn.gov.br/hemeroteca-digital/

-Rede Manchete: www.redemanchete.net

-Revista Veja SP: www.vejasp.abril.com.br

Referências das versões de *O Guarani*

Livros

ALENCAR, José de. *O Guarani*: romance brasileiro. Rio de Janeiro: Jornal do Brasil, 1928.

______. *O Guarani*: romance brasileiro. Rio de Janeiro: Livraria H. Antunes, 1943.

______. *O Guarani*: romance brasileiro. São Paulo: Clube do Livro, 1943.

______. *O Guarani*: romance brasileiro. Ilustrações de Tomás Santa Rosa. Rio de Janeiro: José Olympio, 1943.

______. *O Guarani*: romance brasileiro. Edição crítica de Darcy Damasceno. Rio de Janeiro: Ministério da Cultura; Instituto Nacional do Livro, 1943.

______. *O Guarani*: romance brasileiro. Ilustrado em quadrinhos por F. Acquarone. Brasília: Senado Federal, 2017.

MOURA, Pompilio Cavalcante. *O Licenciado*: continuação de *O Guarani*. Salvador: Livraria Progresso Editora, 1954.

TERRA SENNA. *O Guarani*. Adaptação para a juventude. Rio de Janeiro: Editora Minerva, 1955.

CARVALHO, André. *O Guarani*. Coleção Clássicos da Juventude, n.12. Adaptação infanto-juvenil. Belo Horizonte: Editora Itatiaia, 1964.

CASTRO, Fernando. *O Guarani*. Adaptação infanto-juvenil. Ilustrações de Ziraldo. Rio de Janeiro: Secretaria de Educação; Programa Estadual de Leitura, 1990.

CARVALHO, André. *Nas terras do índio Peri*: um adaptação livre *de O Guarani* de José de Alencar. Ilustrações de Célius Áulicus. Belo Horizonte: Editora Lê, 1991.

ROCHA, Ruth. *O Guarani*. Coleção óperas para crianças. Adaptação infanto-juvenil. Ilustrações de Angelo Botino. São Paulo: Callis, 7a edição, 1995.

SCLIAR, Moacyr. *Câmera na mão, o Guarani no coração*. Coleção Descobrindo os Clássicos. São Paulo: Ática, 1998.

PALLOTTINI, Renata. *O Guarani*. Série Reencontro. adaptação infanto-juvenil. Ilustrações de Cecília Iwashita. São Paulo: Scipione, 1999.

SEBEN, Paulo. *O Guarani*. Adaptação infanto-juvenil. Revisão de Pedro Garcez, supervisão de Luís Augusto Fischer e ilustrações de Edgar Vasques. Porto Alegre: LP&M, 2007.

VIANA, Klévisson. *O Guarani em cordel*: baseado na obra de José de Alencar. Ilustrações de Luís Matuto. Barueri: Amarilys, 2014.

ROCHA, Ruth. *O Guarani*. Coleção óperas para crianças. Adaptação de Ruth Rocha; ilustrações de Angelo Botino. São Paulo: Salamandra, 2015.

Filmes

- *O Guarani*. Direção: Benjamin de Oliveira, 1908. (curta metragem), p&b.
- *O Guarani*. Direção: Salvatore Lázzaro. Rio de Janeiro: Empresa Lázzaro e Cia, 1911. 35mm, p&b.
- *O Guarani*. Direção: Vittorio Capellaro. São Paulo: Cia Cinematografica brasileira, 1916. (135 min), 35mm, p&b.
- *O Guarani*. Direção: João de Deus. Rio de Janeiro: Carioca Filmes, 1920. (90 min) 35mm, p&b.
- *O Guarani*. Direção: Vittorio Capellaro. São Paulo: Paramount Pictures, 1926. 35mm, p&b.
- *O Guarani*. Direção: Riccardo Freda. Rio de Janeiro; Roma:

Universalia Filmes, 1950. (90 min) 35mm, p&b.

- *O Guarani*. Direção: Fauzi Mansur. São Paulo: Embrafilme, 1979. (135 min) 35mm, col.
- *O Guarani*. Direção: Marcos Schechtman. Rio de Janeiro: Rede Manchete de TV, 1991. (minissérie) 35mm, col.
- *O Guarani*. Direção: Norma Bengell. Rio de Janeiro: Rio Filme, 1996. (91 min) 35mm, col.

Letras de músicas

- *Foi seu Cabral*. de Freire Júnior, 1934.
- *História do Brasil*. de Lamartine Babo, 1934.
- *O Guarani* (samba enredo da Império Serrano). de Silas de Oliveira, Waldir Medeiros, João Fabrício e Antônio Santos. Rio de Janeiro, 1954
- *O Guarani*. Samba enredo GRES Arranco. Rio de Janeiro, 1980.
- *Uma ópera na avenida*. Samba enredo da Protegidos da Princesa. Florianópolis, 2002.

História em quadrinhos

-*O Guarani*: romance de José de Alencar. Adaptação ilustrada de F. Acquarone, n.242-A, ano 8, Rio de Janeiro: Correio Universal, 1937.
- *O Guarani*: romance de José de Alencar. Edição Maravilhosa, n.24, fev. Adaptação e desenhos de André Le Blanc. Rio de Janeiro: Editora Brasil-América, 1954.
- *O Guarani*. José de Alencar. Coleção Obras Primas da Juventude em Quadrinhos. Desenhos de Edmundo Rodrigues. São Paulo: Edições O Livreiro, 1970.
- *O Guarani*. (José de Alencar). Clássicos brasileiros em HQ. Roteiro

e desenhos de Luiz Gê; adaptação e roteiro de Ivan Jaf. São Paulo: Ática, 2007.

- *O Guarani em quadrinhos*. Adaptação de Walter Vetillo; ilustrações de Eduardo Vetillo. São Paulo: Editora Cortez, 2009.
- *O Guarani de Antônio Carlos Gomes e Antonio Scalvini*. Adaptação e roteiro de Rosana Rios; desenho de Juliano Oliveira. Coleção Ópera em Quadrinhos. São Paulo: Editora Scipione, 2011.

Outros itens

- *O Guarani*. Série As mais belas lendas do Brasil:. Estampas dos sabonetes Eucalol. Rio de Janiero: Perfumaria Myrta. 1940-1950.
- *O final do Guarani*. Poema de Cruz e Souza, Santos, 15 jul., 1883.

Lista das figuras

Agradecimentos

À Miguel Chaia, Ude Baldan, Mariza Werneck, Marcelo Burgos e Rosemary Segurado pela leitura e comentários. À Mariana Egry, Dayse Serena e Pedro Macedo pela assistência na digitalização, digitação e organização das fontes.

À Coordenação de Aperfeiçoamento de Pessoal de Nível Superior (CAPES) pela bolsa de estudos concedida na vigência da pesquisa que resultou nesse livro.

Alameda nas redes sociais:
Site: www.alamedaeditorial.com.br
Facebook.com/alamedaeditorial/
Twitter.com/editoraalameda
Instagram.com/editora_alameda/

Esta obra foi impressa em São Paulo no inverno de 2018. No texto foi utilizada a fonte Minion Pro em corpo 10,25 e entrelinha de 15 pontos.